智 · 慧 · 爱
Sapientiae et Cordi

了 解 和 爱 ， 终 将 成 就 一 切 ！

月球上有三棵树
Overheard in a Dream

［美］桃莉·海顿（Torey Hayden）著

史锡蓉 译

图书在版编目（CIP）数据

月球上有三棵树 /（美）海顿著；史锡蓉译. —北京：华夏出版社，2015.1
（桃莉老师疗愈成长之旅）
书名原文：Overheard in a dream
ISBN 978-7-5080-8384-1

Ⅰ. ①月… Ⅱ. ①海… ②史… Ⅲ. ①问题儿童—儿童教育 Ⅳ. ①G765

中国版本图书馆 CIP 数据核字（2015）第 002199 号

OVERHEARD IN A DREAM by Torey Hayden
© Torey Hayden 2008
Simplified Chinese translation copyright © 2015
by Huaxia Publishing House
Published by arrangement with Curtis Brown Ltd.
through Bardon-Chinese Media Agency
ALL RIGHTS RESERVED

版权所有，翻印必究
北京市版权局著作权合同登记号：图字 01-2014-2479 号

月球上有三棵树

著　　者	（美）桃莉·海顿
译　　者	史锡蓉
责任编辑	朱　悦　陈志姣
责任印制	刘　洋
出版发行	华夏出版社
经　　销	新华书店
印　　刷	三河市少明印务有限公司
装　　订	三河市少明印务有限公司
版　　次	2015 年 1 月北京第 1 版 2015 年 4 月北京第 1 次印刷
开　　本	880×1230　1/32
印　　张	12.5
字　　数	268 千字
定　　价	39.80 元

华夏出版社　地址：北京市东直门外香河园北里 4 号　邮编：100028
网址：www.hxph.com.cn　电话：(010)64663331(转)
若发现本版图书有印装质量问题，请与我社营销中心联系调换。

推荐序

学习倾听孩子的声音

21世纪，随着互联网的飞速发展，世界愈加扁平，各种资讯以及教育理念以前所未有的强度冲击着我们。育儿的话题在当今的中国变得越来越引人关注，也越来越重要。第一代的独生子女如今已经为人父母。在仍然以传授知识、考试测评为教育主线的中国，孩子的压力越来越大，反抗也越来越大。家长们一方面渴望孩子快乐成长，另一方面又难以抗拒整个社会的潮流，站在孩子的身后，举着考试的大旗打压着孩子们。

前日参加一个活动，有一个讨论是关于"如何做高效能父母"的话题。家长们七嘴八舌，提出了一大堆的建议。我却在想，也许，我们都需要安静下来，学习倾听孩子的声音。

桃莉·海顿，被美国教育界盛誉为"爱的奇迹天使"，她的这套"桃莉老师疗愈成长之旅"都是从孩子的角度展开的，让我们这些糊涂的自以为是的大人有机会听到孩子们的声音，帮助我们贴近孩子那颗敏感的心，了解他们的需要和被爱的方式。

我非常感谢自己在芬兰的育儿经历，因为是个"外来母亲"，什么都不懂，所以必须倾听（即使如此，也常常做不到很好的倾听）。

在某种程度上，女儿教会了我很多。记得女儿12岁左右的时候，喜欢上了一个西方的摇滚歌星。这个歌星的所有造型，都让我有一种心惊肉跳的感觉。我非常担心女儿的"喜欢"，试图了解她为什么会以这样一个"不正派"的歌星为偶像。女儿却说，他在台上的打扮和表演只是一种渲泄，是他情绪或生命中的一个部分。她还批评我（和很多中国家长）以貌取人。可是，我依然不明白，这个摇滚歌星渲泄的哪一部分引起了一个12岁孩子的共鸣，当时非常担心（现在我越来越理解一个孩子成长过程中的困扰）。此后，我们也偶尔会为这件事展开讨论，直到她15岁的某一天，我们又谈起这个歌星，她跟我说了不久前发生的一件事：有一个青少年持枪伤人，而他恰是这个歌星的粉丝。这件事引起各方媒体的关注，甚至有一种声音质疑歌星的音乐对青少年的负面引导。有人采访这个歌星，问："如果你有机会对这个孩子说几句话，你会说什么？"他静默片刻，回答道："我什么也不会说，我会倾听。"女儿说："妈妈，你不觉得他是一个很有智慧的人吗？"

是的，倾听的力量超出你的想象！在这个充斥着各种声音和各种理念的噪杂世界里，"倾听"也许是我们需要学习的一个重要技能。

无论你是家长还是老师，如果你心里有爱，并愿意用对的方式支持到你所爱的孩子，不妨打开这套书，在桃莉·海顿的帮助下，走进孩子的内心世界，开始学会倾听。看看你是否能够听到他渴望长大的声音，听到他内心的无助和他的需求，他的自豪和喜悦，体会到他在生命初期学习生存技能的那份努力和不易。

如果我们能够带着深深的爱，细心地倾听，全然地信任，耐心地陪伴，也许，生命就会展现给你一个奇迹！

芬兰富尔曼儿童技能教养法中国推广第一人：李红燕

目　录

1　初见 _ 001
2　原始互动 _ 012
3　家族治疗 _ 022
4　餐厅偶遇 _ 031
5　真实与谎言 _ 040
6　托冈 _ 048
7　狗死了，猫知道 _ 057
8　周密的森林社群 _ 065
9　语法变动 _ 074
10　月球上的三棵树 _ 080
11　托冈的世界 _ 089
12　住在毯子下的人 _ 096
13　离开湖畔 _ 107
14　自己的孩子与别人的孩子 _ 114

15　狮子王的秘密 _ 125

16　充满谎言的中学时代 _ 138

17　杀生与质疑 _ 145

18　争执 _ 152

19　猫与血 _ 158

20　学医 _ 168

21　治疗 _ 178

22　与先知的命定相遇 _ 189

23　安塞 _ 203

24　陷入爱情 _ 207

25　死亡的映照 _ 216

26　不怕鬼的机器猫之歌 _ 223

27　渐行渐远 _ 231

28　地毯下的鬼 _ 238

29　前世今生 _ 245

30　医学与爱情的冲突 _ 250

31　血色创伤经历 _ 260

32　蒂法尼的来访 _ 268

33　恶地 _ 276

34　怀孕 _ 286

35　兄妹相处 _ 290

36　破镜重圆 _ 301

37　摩根娜的梦 _ 309

38　决裂 _ 316

39　分娩 _ 323

40　故事的终结 _ 329

41　图画故事 _ 338

42　何为真实？_ 348

43　噩梦重返_354

44　恶地野餐_366

45　真相大白_374

46　下一代的友谊_386

初 见

男孩苍白得宛如鬼魅、幽灵,单薄得像随时会灰飞烟灭一般。就九岁的年纪而言,他的个头实在很小,身体又瘦又弱。

男孩苍白得宛如鬼魅、幽灵,单薄得像随时会灰飞烟灭一般。就九岁的年纪而言,他的个头实在很小,身体又瘦又弱。他的头发像月光般浅淡,发丝既细又直。皮肤是像蜡那样的半透明色。因为身体的色调如此之淡,从远处望去,好像没有眉毛和睫毛,更给人一种他随时可能会消失的感觉。

"喵?"男孩发出一丝声响。

"嘿,康纳,"坐在椅子上的詹姆斯回应,"你不进来吗?"

"喵?"

他的腰上缠了好几条包了铝箔的绳子,从他身后垂到地板上。他手上抓着一只玩具猫,把它伸出来挡在前方,好像某种探测仪器,慢慢扫描房间的每一个角落。他随即发出一种类似金属"喀—喀—喀—"的奇怪声音,好像发射不出子弹的机关枪。接着,他又发出另外一种"哗、哗、哗"的声响,就像是某种东西转动的声音。他又向前几步,刚好能让朵丝用脚把他垂到地上的绳子往前拨,再把房门关上。

男孩回避詹姆斯的视线,眼睛紧张地四处张望,一只手在脸庞上不安地拼命拍打。他又开始发出"哗—"的声音。

詹姆斯为了鼓励男孩向前,站了起来,但男孩立刻紧张起来,将那只玩具猫像枪一样指着詹姆斯。"猫知道!"他大声地说。

詹姆斯停止动作:"你不希望我走近。"

"喀—喀—喀—哗—哗。"

"你希望我再坐下来。"

"哗。"

"没关系,"詹姆斯轻声地说,退回到桌旁的小椅子,"在这里,你可以决定要如何进行。"

康纳继续待在门边,谨慎地望着詹姆斯。至少詹姆斯是如此解读,因为康纳的视线始终没有和他接触,而是不断前后眨动眼睛,好像有眼球震颤的毛病。不过,詹姆斯觉得那只是一种不必靠视觉接触,就能搜集视觉讯息的方法。接着,他把玩具猫挡在前面,再向前进一步。紧抓着的那只猫仍然靠着他的后腿,好像在扫描詹姆斯似的上下移动。"猫知道。"他小声地说。

游戏治疗室的空间很宽敞,房间漆成淡黄色。颜色是詹姆斯挑选的,因为那种颜色让他想到阳光。倒不是真的有必要模仿阳光,毕竟房间的东边有一大扇窗子，大量的阳光会从那里照射进来，到了夏天，整间屋子会给人一种身处在撒哈拉沙漠的感觉。尽管如此，他还是很喜欢那种色调。

就像房间一样，里面所有的玩具也都是詹姆斯精心挑选的。他十分清楚自己想把这间游戏室布置成什么样的气氛：一个能让孩子感到无拘无束、敢自由碰触每样东西的房间。他第一次向珊蒂描述他理想的游戏室模样时，她说他根本是长不大的孩子，只想打造自己的童年。毫无疑问，她的话有一部分是真的，毕竟哪一个男人的内心里不躲着一个小孩？不过，她并没有体察到，那些也是他执业的工具，他只是希望把工作做到尽善尽美。

康纳小心翼翼地贴着房间四周慢慢移动。他沿着顺时针的方向，紧张地抓着那只玩具猫，像抓着一根探测器，紧贴着墙面走动。一路上，他用玩具猫的鼻子碰触房间里的家具、书架和各种玩具。他一边走一边发出"喵？喵？"的声音，那是他唯一发出的声音。

在房间里绕了一圈后，他马上开始绕第二圈。一个矮书柜搁在房间的右边，詹姆斯在那里面放了许多小玩具。柜子上面有几个篮子，装了满满的纸张、胶水、绳子、贴纸、毛线球，以及各种用来画图的用具。

"哗、哗、哗、喵？"

"如果你想，可以把任何一个篮子里的东西拿下来，"詹姆斯说，"这房间里每一样东西都可以拿下来玩，每一样东西都可以碰。在这间房间里，你可以自己做主。"

"喵？"男孩如此回应。

由声音判断，康纳正从詹姆斯的后方靠近他。起初，詹姆斯坐在小桌子旁时，康纳远远地避开他绕过去。这一次，康纳慢慢地靠过来。

"哗——哗。喀——喀——喀。"

詹姆斯坐在那里一动也不动，以免吓到男孩。

"哗。"声音从詹姆斯的背后传过来。

男孩的呼吸又急又浅，就像一只气管发炎的小狗，发出一种空洞的声音。男孩冷不防地用玩具猫，触碰了一下詹姆斯的脖子，便转身离开。接着，玩具猫的鼻子又轻轻掠过詹姆斯的汗毛。

"喵？"

詹姆斯转过头去，两人视线短暂地交会。詹姆斯露出微笑。

"猫知道。"男孩小声地说。

由于萝拉·道顿的知名度，使她不愿意像其他人一样在诊室等候，所以朵丝让她在詹姆斯的办公室等。朵丝把这件事告诉詹姆斯时，他有点诧异。因为他的书架上正搁着萝拉·道顿的作品，她一定会注意到，并且以为他已经看过那些书。

詹姆斯并不是萝拉·道顿的书迷。他是从《纽约时报》的书评上知道她的名字的。对她的作品，书评上的描述是"复杂、有深度"，以及"具有文学气息"。

詹姆斯知道这些都是"艰涩"的婉转说法，意思就是这本书并不容易阅读。但由于萝拉·道顿是土生土长的南达科他人，詹姆斯又来自外地，他觉得有必要对当地指标性文化表示一点敬意，所以就买了那些书，摆在办公室书架上明显的位置，以显示对当地文化的尊崇。他打算找时间看看书的内容，但是一直抽不出空来。

不过，当他走进办公室时，却发现萝拉·道顿完全没在看那些书。她站在窗边，似乎被外面某样东西吸引住目光，并没有马上转头。

詹姆斯走到办公桌旁，把档案和写字板放在桌上，整理了一下外套和领带，开口说："朵丝会陪康纳一会儿，我们可以趁这个机会谈谈。"萝拉·道顿这才转过身来，看着詹姆斯。

她是个貌不惊人的女人，年纪大约四十岁出头；她年轻时的发色大概是金色吧，现在已经转为比较黯淡的颜色；眼睛的颜色，看起来不像棕色，也不像绿色；她的腰部略微发福，身上到处都有赘肉，外表和一般在市场买菜的那些家庭主妇差不了多少。

詹姆斯发现她的穿着，不太适合今天的场合。即使以南达科他地区的悠闲程度来看，她的衣着也太过随便了。如果她是个二十七岁的女人，穿着特别设计的名牌牛仔裤，或许还能称得上得体。但是，萝拉穿的只是一般牧羊人所喜爱的平价牛仔裤，随意搭配的白衬衫和花夹克，既没戴首饰，也没化妆。詹姆斯忍不住猜想，她有忧郁症的倾向吗？还是有创造力的天才都是这样穿的？

詹姆斯确实有点失望，他原本以为萝拉应该会散发出某种不同于一般人的气质，一种能让人一眼就认出她——这位在中西部玉米田里发迹的文学巨擘的气质。但事实上，她的外表平凡无奇。

"请坐。"詹姆斯朝沙发椅的方向指了指。

萝拉却自顾自地走上前，和他握手，然后在办公桌旁的椅子上坐了下来："我很感激你在这么短的时间内，就愿意见康纳一面。"

接着，整个房间就陷入一片沉默。由于詹姆斯在会谈时，向来喜欢让家长自己主导话题，所以从不主动提问。这样的做法，有时会让家长们感到不自在，但萝拉似乎一点也不感到困扰，只是用期待的眼神看着詹姆斯，显然希望他主动提问。

见詹姆斯没有反应，她说："感谢你在这么短的时间内愿意见康纳。康纳的小儿科医生威森先生，建议我们带康纳过来。他说你来自曼哈顿，曾经在那里执业。"

"是的。"詹姆斯简短地回答。

"他对你相当推崇，说那是纽约有名的诊所，能在那里执业，代表你一定是个高手。"说完，她轻笑了一声，"我告诉你，能得到威森先生这样的称赞可不容易呢！"

"谢谢他这么推荐我。不过，我相信这个地区还有很多优秀的专业医生。"

室内又陷入一片沉默，萝拉再次期待地看着詹姆斯。见他没有进一步表示，她又说："前一阵子，我们把康纳安置在丹佛的艾维利学校。你听说过这所学校吗？"

"我对这所学校不太了解，毕竟我二月份才搬来这里，不过我听拉斯·索伦桑医生提过这所学校。"

"他们采取相当结构化的行为来管理所有的学生，称之为'行为再塑'。那所学校在协助重度自闭症儿童的社交技巧上，享有盛名。"

萝拉停顿了好一会儿，才又接着说。

"不过，"她带着一丝讽刺的口吻说，"这或许是他们处理像我们这样失败个案的方式造就的吧。他们突然寄来一封信给我们，说这个秋季不能再让康纳就读,还说他们觉得艾维利学校对康纳没有帮助。信里说得好听,说什么都是他们的错,但你知道的,那根本是完全相反的意思,其实就是在说,我们怎么生了一个这么古怪的孩子。所以,我们这下子完全没有地方可以安置他了。"

詹姆斯仔细注视着萝拉,他发现她是个很难看透的人。表面上她好像有话直说,但她的语言和肢体动作,完全没有透露出任何个人的想法。她坐得直挺挺的,坐姿既不随便也不拘谨,而且始终直视着你,却不会让人感到唐突。她讲话的语调平缓,但没有流露任何情感。

詹姆斯感到很意外,因为他竟然无法从她身上获得进一步的信息。他本来以为在这次的会谈中会发现很多,例如:她的名气会不会让他不安?甚至,在第一眼就让他有反感?毕竟他在曼哈顿见识过的那些文学界人士,都是一些浮夸又以自我为中心的家伙,偏偏他对这样的人深恶痛绝。所以当她走近时,他感到一丝庆幸,幸好自己没有读过她的任何一本书。但他没想到,她竟然是如此"空白"的人,在她身上丝毫感受不到个人的情绪。詹姆斯习惯从人的语言和姿态中,凭着自己的直觉,搜集许多直接的讯息,但是在萝拉身上,却什么也找不到。

"康纳一直都住校吗?"他最后问,"你们家附近没有适合的学校吗?"

"他一定得住校,我们的牧场在山城外,我们没时间每天长途开车,送他上学。"

"威森医生有没有告诉你们,我做的是什么治疗?"詹姆斯问,"如果我接了这个案子,我希望每周能和康纳见三次面。"

她微微地挑起眉尖,但还不至于挑高到可解读为惊讶的程度。

"我是一名儿童精神科医生,我通常会对病人做传统的游戏治疗,这种治疗需要经常性的见面。"

她沉默了好长一段时间:"不,我不清楚你的做法,或许这种方式不是那么适合康纳。我知道康纳有自闭症,以前的人通常会送这样的小孩去看精神科,但我们知道自闭症不是精神出了问题,而是神经方面的问题。所以我们一直让康纳接受行为治疗,让他学习生活技巧。"

"威森医生有没有告诉你们,为什么让康纳过来这里会有所帮助?"

"没有,他只是提出这样的建议。"她停顿了下来。本来还不算突兀的沉默,这次却维持了好长一段时间。

忽然间,她的伪装彻底瓦解,绝望地垮下双肩:"也许是因为我太绝望,不停地打电话给威森医生,让他受不了了吧!但康纳实在太难照料了,如果他在家多住上几个月,我们都会被逼疯的。"

詹姆斯不由得同情起她来,他倾身向前,双手交叠放在办公桌上,露出了包容的笑容。"是的,我能理解,像康纳这样的小孩确实相当磨人。"他轻声地说,"不要担心。"

她下巴的肌肉开始收紧,虽然还没有流泪,但詹姆斯知道她随时都可能哭出来。

"你要不要多谈谈康纳在家里的情形呢?这样我们才能了解他适不适合来这里接受治疗。"

萝拉露出泫然欲泣的模样。

"没关系,这本来就不容易,大多数的父母都会感到有压力的。"

"只是……真像一场噩梦。我们一遍又一遍重复做着相同的努力,但事情始终毫无进展。"

她抽出一张面纸，紧紧地握在拳头里，但是没有真的流下泪水。詹姆斯觉得她的内心正面临极大的冲突，一方面想要自我控制，一方面又因为儿子，迫切地寻求外界援助。

"康纳是你们唯一的孩子吗？"

"不是，我们还有一个六岁大的女儿。"

"你们什么时候开始发现康纳不对劲的？"詹姆斯问。

萝拉缓缓地吐出一大口气："大概是他两岁的时候。小时候，他看起来还好，不过因为他是第一个孩子，我们没什么经验，所以也很难说。他有一些行为一直让我很担心，像是他特别躁动。有人从他身后走过时，要是发出稍微大一点的声响，他就会吓得很厉害。威森医生当时说，这只是暂时的现象，这表示他是个敏感的孩子，要我们不用太担心。而另外一方面，他是个很好带的孩子，睡觉睡得很安稳，从来没有什么腹痛之类的小毛病。"

"就你看来，他的生长发育过程正常吗？"

"是的。"萝拉用一种哀怨、近乎迷惑的语气说。

詹姆斯猜想，类似的对话，她不知道已经重复过几次了。在这个健康保险至上的年代，医生通常没有太多时间可以搜集个案心理方面的数据，以便开出适切的药方。因此，当事者的父母第一次陈述整件事情时，医生仔细聆听就显得非常重要。这样不仅能对那个孩子的问题，勾勒出初步的轮廓，同时也是和那些父母建立初步关系的最好方法。因为那些父母通常都非常绝望，也都有投诉无门的感觉。

"康纳一直很胆小，也很容易哭，什么事情都担心，在他很小的时候，就已经是这个样子了。但他很聪明，对什么事情都很感兴趣，也很早就学会说话。在他一岁以前,已经会说不少单词。"

"你是说,到了他两岁以后,你们才发现他与众不同?"

萝拉绞着手中的面纸,点了点头。

"他开始变得比以前更加黏人,不许我离开他的视线,我连上厕所都得带着他,而且脾气也大得吓人。威森医生还是叫我们不用太担心,说孩子到了那个阶段,都很容易发脾气。但我不认为他真的了解事情的严重性,康纳有时会突然完全失控,甚至拼命用指甲去抓壁纸。偏偏我那时又怀孕了,怀孕的过程不太顺利,让事情变得更加复杂。而且那时我们有些经济压力,加上本来没有计划要怀孕的,所以同时发生了太多事情。"

"你能更详细地描述康纳的行为吗?"詹姆斯问。

"他变得非常躁动,完全静不下来,也无法入睡,整天走来走去,好几天不睡觉。但当时家里又有新生儿……"她无奈地叹一口气。

"有时他玩得好好的,会忽然大叫起来,而且叫个不停。原本我们曾经让他一周上两天幼儿园,但是他的行为对其他小孩造成极大的干扰,学校不肯收他,我们只好把他带回家。"她难过地按着眼睛,揉揉脸庞,"和他相处变得非常困难。威森医生最后安排他去苏泉一家大医院接受评估。那时才诊断出他是自闭症。"

詹姆斯若有所思地点点头。

"现在……"萝拉再次叹一口气,"整个过程好像又重来了一遍。用'难以相处'这句话,已经不足以形容和康纳同住的困难性。所有的东西都要照着原来的位置摆放,他的房间、玩具、食物,都是这样。每一样东西都有特别的位置和摆放的程序。如果我没有照着做,他就会吵闹不休。像早餐时,在果汁没有放上桌前,我是不能把蛋放上去的,这些琐碎的程序,必须丝毫不差地照着执行。你注意到他围在腰上的绳子了吗?必须要四条,每条还要刚好六英尺长,上面绕上十二个铝箔。还有那只该死的玩具猫,他到哪里都带着它,并且用它侦察所有的东西。"

"这样一来,即使是生活上最微不足道的琐事,都会变成非常磨人的大工程。你想想看,要怎么帮一个绑着一堆绳子加上一只玩具猫的孩子洗澡?要他上床睡觉也很困难,那些绳子得绑在床柱上,交叉的方式还要一模一样。如果没弄好,他就会一直在那里'调整'。他可以调整一个钟头,用那只玩具猫侦测一遍,然后再调整一下。过程中还会不断发出声音,像是叽叽叽、哗哗哗,或是喵喵喵的叫声。

"摩根娜通常会被吵醒,跑过去看发生了什么事情,她没有恶意,只是好奇而已。但如果她试图要帮忙,或是不小心碰到那只玩具猫,康纳就会大叫。他一叫,我就会想吼摩根娜,摩根娜就会大哭,接着他也会跟着大哭,最后连我也哭了。"

詹姆斯露出同情的微笑:"这确实不容易。那你的先生艾伦呢?他帮得上忙吗?"

萝拉向后靠到椅背上,重重地吐了一口气:"这是另一个故事了。那段时间我和艾伦的关系并不好……"詹姆斯听得出来,她的声音因情绪而紧绷。"说来话长,但我现在不想谈这件事情。总而言之,是的,他尽力在帮忙,但我们变得愈来愈疏远,我不知道这样的情况还能维持多久。"她的眼眶里含着泪,望向远处,"所以我没办法自己一个人在家照顾康纳。即使是我,也不得不承认,我确实需要帮助。"

2

原始互动

詹姆斯认为康纳在游戏室的这种行为,是一种最原始的互动,虽然原始得像婴儿的语言,但詹姆斯把它视为是一种沟通。

"萝拉·道顿?"拉斯倾身向前,望着朵丝桌上的预约登记簿,"这么说,你要治疗那个男孩?"

詹姆斯点点头:"她没办法每周来三次,但同意每星期二和星期四过来。"

"她是个怎样的人?"

"看起来还好。"詹姆斯回答。

"一点也不会?"拉斯朝詹姆斯摆了个手势,意味着"盛气凌人"。

"不会,只是像其他自闭症孩子的父母一样,尝试着面对这个大挑战。"

拉斯调侃似的转动了一下眼珠。

"不过,话说回来,你已经习惯应付那些趾高气扬的名人了,不是吗?城市男孩。"他说完,露齿一笑。

没错,城市男孩。詹姆斯从曼哈顿搬到迅捷市之后,感受到非常巨大的文化冲击。南达科他与纽约相较,简直就是黑暗大陆。詹姆斯原本想要建立一个私人诊疗诊所,但即使是这里物价较曼哈顿低廉,他也无法负担独自开业的日常开销。因此,他只好和这里的一位精神科医生拉斯·索伦桑合伙。

在纽约看诊时,詹姆斯使用的是严格的弗洛伊德理论。到了这里,他和拉斯共事,却做了大幅度的调整。对拉斯来说,精神科学和足球比赛或金价的关系,比和弗洛伊德的关系还要密切。詹姆斯花了相当长的时间才适应这点,拉斯或许观察到了,但什么都没说。詹姆斯很庆幸能有这样的伙伴。拉斯喜欢在迅捷市生活和工作,从来不会忙到无法聆听那些真实生活中的愚蠢问题。虽然有时会开些无伤大雅的小玩笑,但是对于詹姆斯心中存有的都市人想法,从未当面不客气地嘲笑过。

"咯—咯—咯—咯,"康纳喃喃自语,"咯—咯—咯—咯,咯—咯—咯—咯。"他像之前一样,站在游戏室的门口。

詹姆斯仔细聆听他发出的声音。它类似某种特殊的机械声,就像是冷天清晨发动汽车,引擎不断空转,却一直发动不了的声音一样。

"咯—咯—咯—咯,咯—咯—咯—咯,咯—咯—咯—咯。"

康纳把那只玩具猫紧紧地抱在胸前,慢慢地把它举到下巴的位置,然后再往上到唇边。这时,他发动引擎的声音停了下来,放开一只手,剧烈地挥动着。"喵？"他说。

他是在代替玩具发言吗？詹姆斯猜想着。它是在帮康纳提出他不敢提出的疑问吗？还是别有用意呢？

"喵？"

"康纳，如果你准备好了，就进到房间里来，我们好把房门关上。不过如果你希望站在原地也行。在这里，你可以自己决定要怎么做。"

男孩继续待在门口，将那只玩具猫压在脸上，眼睛四处打量，但就是不和詹姆斯的视线接触。

这是詹姆斯所不乐见的，他不希望康纳犹豫自己应该怎么做，或不应该怎么做。于是，詹姆斯把笔记本举起来，试图打破这种气氛："我会在这上面做笔记，记录我们在这里一起做的事情，这样我才不会忘记。"他边说边拿起笔来。

足足有五到六分钟，康纳站在那里一动也不动，然后慢慢地开始往前挪动。就像第一次会谈时一样，他待在房间外围，远离詹姆斯所坐的位置。然后康纳开始绕着房间打转，用玩具猫的鼻子，轻轻碰触他所经过的物品。

他一边走一边喃喃自语。起初，詹姆斯听不清楚他说什么，一直到他绕第三圈时，才逐渐能辨识那些字句。房子、车子、娃娃……显然康纳是在默念他所看到的物品。詹姆斯认为这是个好现象，这表示康纳知道这些字的意思，也知道东西都有名字，他和现实生活是有连接的。

接下来的星期四会谈，也是这样度过的。再下一周，情况还是没有改变。五十分钟的过程中,男孩安静地绕着房间,用那只玩具猫的鼻子轻轻碰触房间里的东西,并念出它们的名字。詹姆斯并没有打断康纳的行动,他希望康纳按照自己的步调,建立对这个房间的安全感,并且了解詹姆斯说话算话:康纳可以自己决定要在这里做什么。詹姆斯相信,这样可以建立彼此的信任,你要孩子透露所隐藏的事情,就必须给他足够的安全感。不用按表上课,不用奖赏或处罚,而是给他足够的时间。这种事情没有别的方法,只能耐心地等待下去。

转眼间,三周过去了。在第六次会谈时,康纳一进来,还是绕着房间转,用玩具猫的鼻子碰触任何碰得到的东西,也依然喃喃地念着每样物品的名字。但是这次有一点不同,他开始在物品的名字上加上形容词:红色的房子、棕色的椅子、蓝色的小马。

这也是詹姆斯第一次回应康纳的自言自语。

"没错,"詹姆斯说,"那是蓝色的小马。"

康纳马上抬起头:"喀—喀—喀—喀。"他瞪视着前方,空出的那只手用力地在眼前挥动,"喀—喀—喀—喀。"

詹姆斯笔直地坐着。

几分钟过去。

康纳慢慢地喘口气,伸出手,让玩具猫的鼻子碰触书架。"木头。"他非常轻声地说。

"没错,那是木头做的。"詹姆斯回应。

玩具猫迅速地收了回来。

詹姆斯注视着男孩,但男孩还是不敢和他的视线接触。

"喀—喀—喀—喀。"接着是一阵沉默,康纳小声地说:"棕色的木头。"

"没错,那个木头是棕色的。"

康纳转头,但不是望向詹姆斯,他的视线始终定在远方的一点,但头却朝詹姆斯的方向偏转一点儿。那天的进展就到这里。

"鲍伯和我要空出两天时间去大角猎麋鹿,你要不要一起来?"拉斯轻松地靠坐在詹姆斯办公室米色的沙发里。

"谢谢你的邀请,但我对打猎一窍不通。"詹姆斯说。

"我可以向戴维借一把枪,我有没有跟你提过,他十二岁时,就用一把六轮手枪,猎到麋鹿了。"

"是的,你提过。"

"所以和我们一起去吧,你该做一些血腥活动了。不然我们要怎么把你变成一个南达科他男人呢?"拉斯哈哈大笑,"鲍伯和我打算带一些啤酒和零食,好好度个假。"

"什么时候?"

"下个周末。"

詹姆斯顿时松了一口气:"哎呀,真是不巧。你记得吗?我那两个孩子下周末要来,所以我星期一和星期二请了假啊!"

"啊,对喔!"

"没办法,只好下次了!"

拉斯挠挠头,靠回椅子上:"你跟珊蒂之间协调的结果如何?关于孩子的事情,她有没有让步啊?"

"其实没多大改变。她只答应让他们在万圣节时来这里度假，圣诞节时则不行。"詹姆斯难掩失望之情地说。

"为什么？我以为他们可以轮流在两边过圣诞节呢！"拉斯说。

"法庭也是这样判决的，但是珊蒂认为，在他们这个年纪，这样做对他们会有不好的影响。"

"他们也是你的孩子，你有权和他们相处啊！"

"我知道，但为了这件事情争吵，对孩子一样没有好处。我不希望孩子们一天到晚看见我和珊蒂扯着喉咙吵架。而且她的看法或许没错，圣诞节到我这里来，确实有可能破坏孩子们的兴致。往年圣诞节，珊蒂都会带他们回康涅狄格的娘家去。她父母在鳕鱼角有一栋老房子，圣诞节的时候，他们会弄一棵圣诞树，上面挂满各种吊饰。孩子可以跟他们的外公、外婆、表兄弟姐妹、阿姨、舅舅和朋友相处。圣诞节本来就是大家团聚的日子。虽然我很想跟麦克和贝茜一起度假，但我更希望他们快乐。"

"詹姆斯，你真是太好说话了，你应该坚持一点，对她说：这件事对我很重要，我要力争到底。"拉斯摇摇头说。

"我已经这样做了，所以我才会搬到这里重新开始。"

"光搬来还不够，你必须彻底适应这里的生活。"

詹姆斯若有所思地点点头："是的，我知道。"

秋天的天空显得异常空旷、清澈，有一种近乎透明的蓝，街道在阳光下闪烁着金和橘色的光点。詹姆斯从游戏室的大窗望出去，整个城市和周围的原野一览无遗。

每当他站在窗前，心里总会升起一股淡淡的喜悦。就像外面一成不变的景致一样，他心里一直有一股欲望，虽然大多时候，他都像一只麻雀一样，但他希望有一天能像鹰一样，展翅飞翔在这片广阔的大地上，去追求更大的梦想。

他不是一开始就能这样想的，在两年前，他也曾经度过一段艰难的岁月。每次想到这段岁月，詹姆斯都能清楚感觉到痛苦。在交通高峰时段开车前往曼哈顿的途中，他忽然清楚地意识到，经过了十年的辛苦训练，自己再也无法忍受精神分析理论了。此时，他双手紧紧地握住方向盘，汗水一点一滴从脸庞滑落。他突然伸出手将车里的广播调到了爵士乐台，虽然他并不喜欢爵士乐。此时，他的心跳声大到连电台的音乐声都听不见，他心里明白，他必须做些改变，从那种生活中跳脱出来……

对珊蒂来说，他这份顿悟带给她的冲击更大。当他把这件事情告诉她时，她简直气炸了。这么多年来，她一直在背后支持他，让他能无后顾之忧地完成医学院的教育、实习、成为住院医生、接受精神分析训练、成为合格精神科医生等一连串过程。珊蒂甚至为了他，牺牲了自己的事业。

当詹姆斯试图表达他的迷惘时，她高声地质问他："这件突如其来的事情和理论有什么关系？你怎么能为了这种事情毁了我们的生活？你相不相信理论又有什么关系？你又不是神职人员，你想相信什么，就相信什么啊！"

他要怎么向她解释，精神分析理论主导了他的同事和曼哈顿学术界的视野，而他非常渴望能超越这种狭隘的观点。在上班途中领悟到这点,并不是件愉快的事情,但是他真的希望能做些什么。

詹姆斯开始不断梦想着逃到某个单纯的世界,例如:在皇后区开一家小诊所。但没想到,他无意间遇到老朋友,对方提到拉斯想要找合伙人。当天晚上,詹姆斯上网搜寻南达科他,呈现在网页上的第一张照片,是一大片詹姆斯所见过最平坦、最空旷的土地,还有一只叉角鹿站在那片平原上。这是和詹姆斯熟悉的世界完全不同的景象,就像是上帝替他安排好的一样。

当然,珊蒂并不这样想。她选择和詹姆斯离婚,并且取得了孩子的监护权。

这是多么可笑的事情啊!他在游戏室里为了陌生的孩子们布置各种玩具,但想见自己的孩子一面却是难上加难。当然,他有权随时去探望他们,但是相隔两千英里的路程,剥夺了他和孩子们共浴或送上晚安吻的机会。他最害怕的是,他在麦克和贝茜心中,将变成一个陌生人。当然,是一个他们很喜欢的陌生人,但终究还是陌生人。

从上次会谈之后,詹姆斯开始响应康纳的话。如果康纳说:"娃娃屋。"詹姆斯就说:"是的,那是娃娃屋。"如果康纳描述得更详细,说:"大娃娃屋。"詹姆斯马上模仿他的话说:"对,那是大娃娃屋。"詹姆斯认为康纳在游戏室的这种行为,是一种最原始的互动,虽然原始得像婴儿的语言,但詹姆斯把它视为是一种沟通。

康纳被装在低层架上的箱子里的玩具所吸引。他没有把架子上的箱子拉出来,甚至连碰也不碰它,但他愈来愈常站在它们面前,用玩具猫的鼻子碰触箱子:"喵,喵,箱子。金属箱子。银色铁线编的箱子。"

"是的,银色铁线编的箱子。装满玩具的箱子。如果你想要,可以把玩具拿出来玩。在这里,一切由你做主。"

康纳举起那只猫,继续绕着房间走,来到大窗前,他停了下来,但没有走近窗子,只让那只猫的鼻子贴着窗户:"窗子。喵?"

"没错,那些是窗子。我们可以从那里望到外面去。"詹姆斯说。

康纳继续往前走。

最远的角落里,有一块詹姆斯称之为"道路图"的游戏。四平方英尺的白色塑料板上,画着适合玩具车行驶的道路和积木堆起来的建筑物。原本是收在架子上的,现在被詹姆斯摊在地板上了。

康纳来到它面前,定定地站在那里,一动也不动。仿佛过了一整个世纪那么久,他才小声地说:"喵。"

"那是道路图,玩具车可以在上面行驶。"詹姆斯说。

康纳盯着地上的塑料板,下巴的肌肉收紧,然后举起一只手,在眼前拼命地挥动了好一会儿。

"到月球探险的人,一九六九年七月二十日。阿姆斯特朗和埃德温一起登上月球。阿波罗宇宙飞船。第一次把人类送上月球。一九六九年七月二十日。"康纳字字清晰地说着。

詹姆斯仔细观察康纳,他没料到康纳会忽然说这么长一段话。自闭症的儿童经常会一字不差地模仿听来的话,但是康纳来会谈的三周以来,这还是他第一次这么做。康纳真的明白自己话中的含义?或者只是单纯的重复与模仿呢?

"有什么东西让你想到登上月球的航天员?"詹姆斯谨慎地问。

"个人的一小步,是人类的一大步。"

詹姆斯想进一步探究康纳为什么会这么说:"没错,这正是阿姆斯特朗登上月球时所说的话,不是吗?"

康纳抬起头,说:"猫知道。"

3

家族治疗

> 詹姆斯感到相当兴奋,他终于能和康纳沟通了。他觉得自己像是一位正在调整卫星天线的科学家,终于收到了来自外层空间的微弱讯息,显示可能有高等生物存在。

理论上来说,所有的儿童治疗都会一同进行家族治疗。因为孩子的问题绝不会单独发生,所以詹姆斯认为有必要和孩子的父母以及兄弟姐妹会谈。

做这一行的都知道这个道理,但是要做到并不容易。就像其他事情一样,精神医学的模式被商业模式取代了。"健保给付额度"和"总额预算"取代了"自我觉察"和"洞察事实"。保险公司通常拒绝负担超过十二次以上的治疗。行为治疗比游戏治疗所需的疗程较短,使用药物的话,能更快见效。而孩子的父母多半在上班,无法出席会谈。每个人都很忙碌,缺乏耐心已经成为这个时代的通病。所以,精神科的医生变成了开药的机器。詹姆斯真希望时间能倒流,回到步调更缓慢、更人性化的时代去。

南达科他其实也不是适合进行传统治疗的地方。这里的居民独立自主惯了，不习惯向陌生人透露隐私，所以要他们登门求诊，简直难如登天。而且，此地居民对于健保给付的计算方式，还颇有概念。为了不增加额外的医疗负担，许多病童的父母直接拒绝参加会谈。为了促成真正的家族治疗，詹姆斯最后不得不祭出套装方案——家族成员会谈三次，只收一次的费用。他本来对于这样的主意颇为自豪，以为一定能奏效，但结果却不如预期。大多数的时候，他还是要靠不断游说，才能让家庭里其他成员进入会谈区。

詹姆斯感觉得出来，萝拉·道顿也是这样的人。她从一开始就表示得很明白，康纳的问题完全是他自己的事情。所以，当詹姆斯提出想进行家族治疗，和其他成员谈谈时，她差点当场走人。詹姆斯知道，这个反应代表她非常不愿意正视问题。

康纳的父亲艾伦·麦拉伦则正好相反。当詹姆斯向他解释会如何进行康纳的治疗时，他一口就答应了。"当然，没问题。"他很乐意前来会谈。

詹姆斯除了精心布置游戏室，也在他的办公室里，以相同的手法，用舒服的沙发椅和小茶几，布置出一块和成人会谈的区域。他刻意选用原木色的家具和浅色的花呢坐垫，营造出一种自然、乐观、开朗的气氛。虽然曾经被拉斯调侃，但是詹姆斯对布置出来的结果非常满意，觉得这对会谈的成效一定会有帮助。

但萝拉·道顿对他的会谈区，一点兴趣也没有。一进门，在他能有所表示之前，就直接坐到他办公桌旁的椅子上。艾伦就不同了，他很自然地朝沙发走去，一屁股坐下，摆出放松的姿态，还把一只沾满尘土的马靴搁在茶几上。

艾伦的个子不高。詹姆斯身高六英尺，不算高大，但大概还比艾伦高上三到四英寸。艾伦的头发浓密，呈现铁灰色，因为刚摘下帽子而显得有些凌乱。他的眼睛和康纳一样，是那种雾蒙蒙的蓝色。他看起来超过五十岁，脸有些粗糙，线条刚硬，或许是长年在户外工作的关系，皮肤变得像皮革一样，但还是给人一种沧桑的英俊感。

詹姆斯感到有点紧张，他从来没有接触过艾伦这种典型西部牛仔。一想到艾伦整天骑在马上、赶着牛群、替牛烙印、接生、阉割，必要时和牛角力的生活，詹姆斯担心他们没有共通的话题，会使得会谈不顺利。而艾伦直接把脚搁在茶几上的行为，更让詹姆斯觉得那就像是动物用撒尿来宣示领域一样。

"非常感谢你能拨空前来。"詹姆斯说。

"不客气，我很乐意这么做。"

房间里陷入沉默，詹姆斯等着艾伦先说话。在这短暂的沉默时刻，詹姆斯忽然好奇起来，不知道萝拉是怎么受这个乡下男子所吸引？而他又是如何面对一位世界知名的作家妻子？

但艾伦并没有让詹姆斯胡思乱想太久，他马上就问："康纳的治疗进行得怎么样了？"

"我们还在建立彼此的信任感，新环境似乎让康纳很不安。"

"没错，他不擅长应付新的变化，自闭症的孩子都是这样的。"接着又是一阵停顿，"你们会谈时都做些什么？我实在无法从萝拉的话中，理解这到底是怎么一回事。"

"她是怎么说的？"

"嗯，反正是以她的角度来看，谁知道。老实说，我很高兴你亲自打电话来，这样我才有机会了解事情到底进行得怎么样了。"

"你对于康纳之前的治疗过程，并不清楚吗？"

艾伦重重地叹了一口气："其实我并不是因为不清楚治疗过程，才不知道事情进行得怎么样了。"他沉默了下来。

詹姆斯安静地等待着，他觉得艾伦是一个想得很多，但不善于表达的人。他必须花时间整理好自己的思绪，才能完整表达出来。真不明白，这样的男人怎么会娶一个终日与文字为伍的女人呢？

艾伦终于开口了："我要先声明一点，我从来不赞成把康纳送进那所学校。我是说，有谁会希望把自己的小孩送到七百英里外的学校呢？我们做父母的，不应该这么做。很多人家里都有患自闭症的孩子，但他们都没有把孩子送走，而是试着面对它。"

"那当初为什么会决定送他去学校呢？"

"萝拉，"他挥了挥手，"因为萝拉需要治疗。"

詹姆斯不确定艾伦指的是什么："你的意思是说，因为照顾康纳，使得萝拉需要治疗？还是因为萝拉，才让康纳去接受治疗？"

"对我来说，这两个意思其实是一样的。到目前为止，我还没办法说服萝拉，负起做父母的责任。当她对我说，你要求我们做家族治疗，不然就没办法帮康纳时，我心想，谢天谢地，终于有机会表达我的意见了。以前她总是对我的想法嗤之以鼻，把全部的问题都推给康纳。而且她确实没办法好好照顾康纳，我只好把他送到艾维利学校。"

"能不能告诉我，你觉得康纳的问题是怎么产生的？"詹姆斯问。

"在康纳两三岁时,我们的牧场面临严重的财务危机,而且长达两年的时间,情况都很糟糕。大家以为萝拉很有名气,所以我们家应该很有钱,但他们并不知道,其实文学赚不了什么钱。事实上,牧牛业和写作都是收入很不稳定的行业。

"偏偏那时,萝拉却意外怀了双胞胎,而且还流掉了一个。总之,就在我们迫切需要她赚稿费维持家计时,反而花掉了大笔的医药费。为了多赚点钱,我只好去别的牧场帮忙,整个月不在家。而可怜的康纳,小小年纪就要面临那样混乱的状况。他本来就是个敏感的孩子,这下子变得更糟了,他开始怕东怕西的。

"我本来以为等家里的经济稳定一点,我能经常回家,而他的弟弟、妹妹也出生后,情况会好一点。但我没料到,我离开的那段时间,连萝拉也崩溃了。

"一直到现在,我还是觉得很愧疚,因为当时我虽然已经察觉到康纳有些异样,但还是不得不把责任推给萝拉。不过,话说回来,我也没办法做些什么,为了拯救牧场,我实在是分身乏术啊!

"当幼儿园通知我们,没办法让康纳继续就学时,情况开始恶化。他整天待在家里,这让萝拉几乎无法忍受。所以她开始找可以寄宿的学校,当时我觉得这样做,或许能让萝拉喘息一下,不然……老实说,我也担心如果不同意这样做,我可能得自己照顾那两个孩子。"

艾伦沉默下来。

詹姆斯靠向椅背:"把康纳送去寄宿学校之后,萝拉的情况有改善吗?"

"是比较平静了,但是事情没有解决,只是掩盖住而已,萝拉处理事情一向如此,偏偏我又有自己的事情要忙。"

"马?"康纳用一种像是唱歌,又像是在询问的声调说。

"是的,那是一匹马。"詹姆斯回答。

"哗,哗,"康纳把那只动物模型放在桌上,又从篮子里拿出另一只动物,"大象?"

"对,这是一头大象。"

"哗,哗。猪?"他拿出另一只动物。

这一次詹姆斯没有回应康纳。之前,詹姆斯以为康纳的行为是在尝试做人际互动,但他担心自己猜错了。果然,就算詹姆斯这次没有响应,康纳也毫不在意,立刻又拿起另外一只动物模型来。康纳很可能只是单纯地在玩自言自语的游戏,这是自闭症儿童典型的游戏方式。

詹姆斯不确定康纳从篮子里拿出的是什么,总之是一种很少见的野生动物。康纳拿着它,疑惑地皱起眉头。"牛?"他的语调提高,露出明显的疑问语气。

"你找到一头牛。"詹姆斯马上响应,想表示自己有在倾听。不过,不管那是什么动物,看起来挺像一头牛的。

"喀,喀—喀—喀—喀!"男孩忽然松手,好像那只塑料玩具会烫手似的。玩具重重地掉在桌上,康纳立刻抓起了他的玩具猫:"喀—喀—喀—喀!喀—喀—喀—喀!"

男孩开始激动了。"喀—喀—喀—喀!"他重复发出这样的声音,就像是一台怎样也发动不了的引擎,开始全身颤抖。他淡色的头发和苍白的肌肤,让詹姆斯联想到刚出生的老鹰,给人一种赤裸裸的脆弱感。

"你不喜欢我这么说，你担心它可能不是一头牛？"詹姆斯试探性地问。

"喀—喀—喀—喀。"

"你想知道它到底是什么动物，你不喜欢不清楚的状况？"詹姆斯继续试着解读康纳的反应。

"喀—喀—喀—喀！喀—喀—喀—喀！"康纳不断发出这样的声音，而且把玩具猫举高，按在眼睛前面："喵？喵？"

詹姆斯拿起掉在桌上的塑料动物模型，仔细地检视："我想这或许是一头牦牛，嗯，应该更像是奥罗克，一种野牛。"

康纳忽然抓起玩具猫的后腿，大力挥动，把桌上所有的东西，包括詹姆斯的笔记全都扫到地上，然后开始尖叫。他整张脸涨红，看起来就像是鲜血滴到了白色的牛奶里。接着，又把椅子推倒，用那只猫遮住他的双眼。

孩子在游戏治疗过程中，出现激动的反应，是可以预料的。所以只要不会造成伤害，詹姆斯会继续坐着不动，保持着安静和轻松的心态，替孩子说出无法用言语表达的不安，好显示这一切都在控制当中。

"你觉得非常害怕，怕到想要大吼大叫。"当康纳躺在地上大叫时，詹姆斯平静地说。

他的话似乎让康纳更激动了，因为男孩开始尖叫得更大声。

"在这里，你可以尽情大叫，不会有人生气，也不会有人处罚你。"詹姆斯说。

时间一分一秒过去，康纳还是继续又踢又叫。詹姆斯不认为他在发脾气，因为之前并没有发生任何让他不快的事情。恐慌发作？还是单纯害怕面对他不知道的世界？还是因为挫折感？嗯，有可能，因为他无法表达出来。

康纳的叫声渐渐变得微弱，他蜷曲起来，抱着双腿，把头埋了进去，紧紧地把玩具猫压在胸口。最后，终于安静下来。

詹姆斯仍然安静地坐在椅子上，康纳则继续蜷曲在地板上，就这样过了好几分钟。康纳才慢慢地站了起来，仔细地检查围在腰上的四条绳子，调整它们的位置，然后直愣愣地瞪着詹姆斯，脸上尽是眼泪和鼻涕。

他突然像一般孩子一样，抬起了手臂，用袖子擦掉脸上的鼻涕。

"来，你要不要用面纸擦？"詹姆斯递出一包面纸。

康纳充满戒心地看着那包面纸。

詹姆斯抽出其中一张，放在靠近康纳的位置。

康纳注视了好久，好像那是某种神秘的东西，然后伸出手去拿，开始在桌上费力地把面纸弄平。由于他一手仍抓着玩具猫，所以要这么做，变得格外困难。

"约克？"康纳忽然开口说，还把刚刚扫到地上的塑料玩具捡起来，仔细地检视。"没错，猫说没错，"他点点头，"约克。"

"你是说奥罗克？"詹姆斯试探地响应。

"没错，"康纳又用他那像唱歌一样的声调说，他没有抬起头明确地响应詹姆斯，只是说："约克。奥—约克。"

"奥—罗克。"詹姆斯轻声地说。

"欧—罗克。奥罗克。对，猫说对，一只奥罗克，一头野牛。"他一字一字非常费力地说。他把塑料动物模型放在桌上，"猫知道。"

詹姆斯感到相当兴奋，他终于能和康纳沟通了。他觉得自己像是一位正在调整卫星天线的科学家，终于收到了来自外层空间的微弱讯息，显示可能有高等生物存在。而得到了这个讯息，就能更确定自己的假设，继续往前走了。

餐厅偶遇

> 詹姆斯对萝拉也感到很好奇。她居然可以对人表现得如此友善,关心麦克,甚至还提供协助。这样的人,为什么会回避詹姆斯的邀请,不愿意多谈论自己的儿子呢?

詹姆斯大老远就看见麦克只穿了一条内裤,他知道一定有事情发生了。贝茜跟在弟弟后面,一脸不悦。当她看见詹姆斯,马上冲过来,差点推倒了弟弟。"爸!"她大叫,冲进他的怀里。

詹姆斯给八岁的女儿一个大大的拥抱。

"你猜怎么了?麦克吐了,所以才没穿衣服,他还吐在我衣服上。"她幸灾乐祸地说。

"嘿,麦克,你怎么啦?吃太多飞机上的点心了吗?"詹姆斯用力将女儿抱了起来。

"他吃太多 M&M's 巧克力了。妈咪给我们买了两包,但他趁我去洗手间时,一次就把一整包都吃了下去。所以他活该,我才不同情他。"贝茜回答。

"你怎么这么说呢？你应该要同情他才对，再怎么说，他总是你弟弟。"詹姆斯捏捏女儿的鼻子。

接着他又把麦克抱了起来："如果吃了太多的 M&M's 巧克力，吐出来的东西应该是一点一点的，像是小花点一样？"麦克笑了。"你们的妈应该知道，不能给你们整包糖果的。"

"我有个惊喜要给你们，走吧！"詹姆斯说完，提起两人的行李，朝停车场走去。

"是什么？"走出机场时，贝茜问。

"待会儿就知道了。走吧，我们到停车场去。"

"一匹小马？"贝茜满怀希望地说。

詹姆斯大笑了起来，揉揉女儿的头顶："不是，我绝对不会骑着一匹小马来接你们的。"

"乔伊叔叔说这里的人都骑马。"

"不对，你看，爸爸的车很酷吧！"詹姆斯指着一辆古铜色，七一年出厂的福特敞篷车，"是不是很漂亮？"

詹姆斯将原来的车留给珊蒂，因为孩子坐那种车比较安全。而他则开着一辆他弟弟杰克从网上买来的旧车到南达科他来，后来才买下这辆有超大车篷和强而有力引擎的敞篷车。詹姆斯在买下车的同时，才真正意识到，他过去的生活已经结束了。

贝茜并不感到兴奋。"只是一辆车。"她失望地说。

"是一辆古董车。"

"一辆旧车。"她以嫌弃的口吻说。

"一辆酷车,给酷酷的人开的,就像我们,对不对,麦克?你怎么想的?你爸爸是不是开了一辆酷车?"

"对,我喜欢它。"麦克说完,还摸了摸保险杠。

詹姆斯把行李放进后车厢,贝茜从车窗往车里瞧:"后座好窄,我们应该坐不进去吧,又没有后车门。"

"来,你看,只要打开前车门,按下前座后面的杆子,把它像这样往前推。"

"车里有一股味道,好像有人抽过烟。"

"那是好久以前的事了,不用担心。坐进去吧,麦克也是,然后把安全带系上。"

"你另外那辆车呢?我说的是,比较像车的那辆。"贝茜问。

"如果你指的是那辆吉普车,那其实并不是我的车,是拉斯叔叔的。通常你们来的时候,我会和他交换车子,因为那辆车确实比较宽敞。不过,这个周末拉斯叔叔要去打猎,需要用到四轮驱动的吉普车,所以不能开来。这辆车也不错啊!如果天气晴朗,我们可以把车顶收起来,你们到时候一定会觉得很开心的。"

"爸?"麦克问,"拉斯叔叔真的是我们的叔叔吗?"

"他和我们没有血缘关系,事实上,他是我工作上的合伙人。不过,他和贝蒂阿姨都是爸爸的好朋友,而且对你们也很好,所以就和我们的家人没两样。"

"没错,乔伊叔叔也是这样。"麦克说。

"那位认为这里的人整天都骑在马上的乔伊叔叔是谁啊?"

"他应该算是妈妈的男朋友吧!"贝茜回答。

"那他不能算是你们的叔叔吧！"詹姆斯不太开心地说。

"妈要我们这样称呼他，也许就像你和拉斯叔叔一样，他是妈妈的好朋友。"贝茜说。

"杰克叔叔才是你们真正的叔叔，而我才是你们真正的爸爸。"

"对，我知道。"

"好，千万别忘了这一点。"

詹姆斯因为太想念孩子，所以希望在他们来度假这段时间，尽量满足他们，好弥补他无法天天和他们相处的遗憾。所以，他忍不住纵容他们。

每次孩子们来访时，他总会带孩子们先到玩具城大采购。通常他都会用开玩笑的口吻说："因为你们没有和我住在一起，所以家里没有足够的玩具。"孩子们听见这些话，总会兴奋地大叫，然后嚷着要去买玩具。

但这次，当詹姆斯开车回家，准备先把行李放下来，再前往玩具城时，麦克就在这个节骨眼，在厨房吐了一地。

"不知道他是不是得了肠胃炎。"贝茜说。

"希望不是。"詹姆斯一边清理呕吐的秽物一边说。

"希望我不会这样。"贝茜好像在威胁什么似的说。

麦克的情况不太好，他抓住一个塑料盘，躺在电视前面的沙发上。

长途跋涉的疲惫，加上意料之外的事故，让贝茜感到失望，她开始大声抱怨。她不喜欢麦克看的电视节目，她不要待在"病人"身边，这里没有好看的DVD，她行李箱里的衣服都皱了，她忘了带梳子。最重要的是，她为什么不能去玩具城，她好想立刻就去玩具城，她苦苦哀求着，让麦克动一动又不会怎么样？

詹姆斯温和地向她解释，因为麦克太虚弱了，不适合出门。

贝茜没有心情体谅这一点，她大声抱怨说，大老远跑来，如果不能去玩具城，那还有什么意思？

"我希望除了玩具，你们还有其他的理由来到这里。"詹姆斯心里有点受伤地说。

"这是最糟糕的一次旅行。"贝茜大声地说，最后又加上一句："我真希望我待在家里。"说完，气呼呼地踱步走开。

整个晚上，麦克的情况未见好转，吐个不停，詹姆斯整个晚上只好一直起床照顾他。到了早上，他带着黑眼圈进到厨房时，发现贝茜正在把一大匙砂糖倒进她的巧克力玉米片。

"别倒那么多。"他说。

"真希望你有养鹦鹉。"贝茜轻快地说。

"鹦鹉？"

"乔伊叔叔有一只鹦鹉，叫作哈利，它会说两三句话。我希望你也买一只，这样我就有对象可以说话了。"

"我没有养鹦鹉的原因是，我不认为应该把鹦鹉关在笼子里。鹦鹉是智商很高的动物，它需要各种刺激。把它当成宠物来养，太残忍了。"

"你猜乔伊叔叔还有什么？"她说，"一栋位于长岛的房子，就在海边。这个夏天，他打算带妈、我、麦克去那里度假。"

"他还真命好。"詹姆斯说。

"知道他买什么给我吗?我一直想要的那只芭比马。"

"贝茜,我买过芭比马给你啊!"

"不,不是那种,你那只是旧的,乔伊叔叔买的那只脚可以弯,可以把它摆成像真正在走路的样子。你猜还有什么?他还给我买了一辆马车,我还没向他开口要,他就买给我了。"

"这个乔伊到底是做什么的,哪来这么多钱?抢银行吗?"

贝茜大笑:"不是,他是律师。"

"那也差不多。"

到了中午,麦克还没有停止呕吐。詹姆斯只好载着贝茜和麦克到附近的诊所去。麦克在候诊室时,情况似乎好转了一些,还要求买贩卖机里的可乐。他们花了两个小时验血、等结果,几乎磨光了詹姆斯的耐性,最后只得到一句简单的诊断:"这只是小孩常见的毛病。"而麦克慢慢啜着剩下的可乐,一副自得其乐的样子。

"如果麦克好一点了,我们是不是能去玩具城了呢?"贝茜问。

"那在城的另外一头,而且现在晚餐时间快到了,我们应该先要吃晚餐的。"

"我想去麦当劳,那里有溜滑梯。"

"不行,我们需要一些健康的食物。吃意大利餐如何?它可以外带,我们可以带一些面条回家。你们上一次吃得很开心,还记得吗?我们可以弄一盘沙拉。"

到了意大利餐馆，麦克不像先前那样兴奋。他不想进去，不想闻到那些食物的味道。

"好吧，既然这样，我把车子停在窗户边，这样我在店里也能看得见你。我和贝茜进去挑几样食物，马上就出来。你把车门锁好，等我们出来。"詹姆斯说。

餐厅里客人非常多，詹姆斯挤在人群中，忙着点菜，根本没有注意到周围。所以当他的肩膀被人拍了一下时，他吓了一大跳，转头张望。

是萝拉·道顿，她排在另一排。

"妈，你看这个，"一个细小的声音说，"我们可以买一点这个吗？"

"摩根娜，把它拿过来，我看看是什么东西。"萝拉说。

詹姆斯惊讶地望了一眼。摩根娜？康纳的妹妹？他看清楚那女孩的样子，感到非常意外。她和康纳完全不像：像运动员般结实的身躯，一双棕色的大眼睛，一头黑色卷发垂到肩膀。小女孩发现有人在注视她，大胆地回视詹姆斯，随即露出明朗的笑容。詹姆斯第一个闪过脑海的想法是，他们兄妹俩就像阴与阳的对比。

"这是你的女儿？"萝拉问，低头看着贝茜，"长得真漂亮。"

"是的，这是贝茜。我儿子在外面的车上等着，他身体不太舒服。"

"是这样啊，要他好好保重。"萝拉说。

"我和女儿进来买食物，让他留在车上，这样他就不必闻到油烟味。"詹姆斯解释说。

"我们也是进来挑一些美食，"萝拉响应说，"今晚轮到艾伦照顾康纳，所以我们母女出来逛一逛。"

摩根娜手里拎着一袋饼干。詹姆斯再次低头看着她。她真的是个相当漂亮的孩子，灵活的眼睛、卷曲的头发、饱满的樱唇，看起来就像那些画在精致瓷器上的古典娃娃。康纳和她站在一起，就像鬼魅一般苍白、虚渺。

贝茜一向很爱交朋友，马上抓住这个机会，和摩根娜聊起天来，两个人很快就结伴去店里看其他的点心，而留下詹姆斯和萝拉继续在那里排队。

"真高兴看到你，最近好吗？"萝拉轻快地说，仿佛两人是老朋友。

詹姆斯对于萝拉的态度有些意外，在他和康纳会谈的这几个星期，他很少见到萝拉，他甚至怀疑她是有意避而不见。尽管之前她同意至少和詹姆斯会谈三次，但却迟迟没有和他约定时间。所以詹姆斯认为，她应该是一个焦虑、封闭、而且不轻易吐露心事的人。现在，詹姆斯却看到了她另外的一面：友善、轻松、爱护孩子。她用很同情的口吻，关心着麦克的身体和他的就诊经验。

詹姆斯四下张望，看看孩子们跑到什么地方去了。

"她们似乎相处得不错。"萝拉说。

詹姆斯露出微笑："这大概是贝茜今天最开心的事情。她到我这里来的时候，总是非常想念她的朋友。"说完，再次朝贝茜她们站的位置望去，"奇怪，她们为什么要往我的车子走呢？"

詹姆斯往店外跑了过去，而两个小女孩也几乎在同一时间，往店里冲了回来。"爸！"贝茜大叫，"麦克又吐了！"

"嘘——不要在这里叫得这么大声。"詹姆斯抓着女儿的肩膀说。

"他全吐到你车上了。"

"噢，老天爷。"詹姆斯说，"听着，我要拜托你去跟店员道个歉，说我们没办法等他们的面条了。"

萝拉移到他身边："让我来帮你忙吧。"说完她抽了几张餐厅的餐巾纸，"摩根娜，你和贝茜到厕所拿几张卫生纸吧。"

贝茜描述得一点都不夸张，麦克吐得到处都是。

"麦克，你没事吧！"詹姆斯揉揉儿子的头顶，那是他唯一没有沾到呕吐物的地方。

"对不起。"麦克难过地说。

"难免会有意外发生的，只要你没事就好。"站在十月冷飕飕的黄昏里，詹姆斯抓着一大把餐巾纸，忙着清理麦克身上和车上的呕吐物，真的觉得非常疲惫。

这时萝拉一手按在他的肩头上，说："大概收拾一下就好，先送麦克回家吧？我看贝茜干脆坐我的车，我跟在你的车后面，这样比较省事。"

詹姆斯知道这并不是个好主意。开车回家的路上，他试着说服自己相信，他没有破坏他们之间的医病关系。一个专业的医生，应该要和病人、病人家属保持良好的界限，那么就不适合私下发展任何关系。不过，现在应该算是特殊状况吧。萝拉也只是像一般人一样，适时对需要帮助的人伸出援手。老实说，詹姆斯对萝拉也感到很好奇。像她这么有名的人，对于自己的成就似乎一点也不在意。而且，她居然可以对人表现得如此友善，关心麦克，甚至还提供协助。这样的人，为什么会回避詹姆斯的邀请，不愿意多谈论自己的儿子呢？

真实与谎言

> 所有的事情都不像表面看到的那样,背后全都藏着东西。我永远无法发现真正的萝拉,我甚至不确定是不是真的有这样的萝拉存在。

车子一到公寓门口,贝茜就兴奋地带着摩根娜往屋里走,好展示她的玩具马。而萝拉把麦克从车子里抱出来,还牵着他进屋里去。詹姆斯则是忙着拿工具清理车子。等詹姆斯进屋时,他发现萝拉已经帮麦克洗好澡,正在帮他擦干身体。彷佛到陌生人的家中,帮一个第一次见面的孩子洗澡,是再自然不过的事情。

詹姆斯接过手,帮麦克穿衣服。等他终于把麦克送上床后,再回到客厅,却发现萝拉两手插在口袋里,正在浏览他的书架。这让他有点尴尬,因为他虽然买了萝拉全部的作品,但是全都放在办公室里。而他当初买那些书的目的,只是要来诊所的人知道,他拥有这些书。而他放在家里书架上的,才是他真正会看的书,像史蒂芬·金这一类作家写的消遣性小说。

"那是我打发时间看的书。"他不好意思地说。

她露出神秘的笑容。

"我真的有你的作品，"他连忙解释说，"但现在它们都放在办公室里，我会经常换来换去。"

她的笑意加深，再次打量一遍书架："你的意思是，你真的看过我的任何一本作品吗？"

詹姆斯脸红起来。一阵尴尬的沉默后，他坦承："我是有打算要看，但搬来之后一直很忙。"

"至少你很诚实。"

詹姆斯赶紧改变话题，问："你要不要喝一杯咖啡？然后，我们试着把那两个小女孩拉开吧！"

萝拉跟着他走进厨房，两手仍然插在口袋里，像刚才打量书架那样仔细打量着厨房。她那种绕着圈，仔细瞧每样东西的神情，让詹姆斯想到康纳。

这提醒了詹姆斯一点，萝拉到目前为止都没有提过康纳。通常他要是在诊所外碰到孩子的父母，他们都会急着陈述孩子最近的状况，想获得医生免费的建议。虽然詹姆斯很感激萝拉，没在私人时间和他讨论公事，但他还是忍不住好奇，她为什么只字不提康纳？

詹姆斯把咖啡端到桌上，就坐了下来："我一直在等你到办公室会谈。"

萝拉没有回答他的话，反而端起咖啡啜了一小口："嗯，好咖啡。尝起来有纽约的味道。"

"我能请朵丝在最近打电话给你,安排会谈的时间吗?"詹姆斯又问。

萝拉垂下视线,望着杯里冒出来的蒸汽,沉默了许久。"我必须承认,我没有这个念头。"最后她说。

"什么念头?"

"会谈。"

"为什么?"

萝拉放下杯子,两手交叠在一起,眼光始终盯着杯子,好像能在其中找到答案。最后,她微笑地说:"因为每个人的现实感不同。"

这样一个出乎意料的答案,让詹姆斯挑起了眉尖。

"就我看来,治疗是建立在一种假设上,也就是说有一种所谓的正常标准存在,而不管我的想法如何,都应该符合这个标准。但我认为,并没有所谓的真正标准,每件事情都是主观的。我不明白,为什么要接受你告诉我的标准呢?"

"这是个有趣的观点,你好像担心自己的看法会被批判、压抑,要必须接受其他的想法,甚至担心我们会想要改变你不认为有错的观点。"詹姆斯说完,对她微微一笑,"但治疗不是这样的,它只是要改变目前的困境。就像是车子故障了,要进场维修,但修车师傅只会修理故障的地方,并不会把车子改装成自己喜欢的样子,然后抢走你的车子。治疗也一样,只是我面对的是人,而不是车子。你和康纳之间的关系出了问题,所以你带他来找我,希望我改变你们之间的困境。但由于这牵涉到两个人,所以我必须和所有相关的人都谈一谈,这样才能找出适当的治疗方式。我不会强迫任何人去做他不想做的事情,或是勉强他接受我的观点,我只是希望能帮助你们修复关系而已。"

她的脸忽然涨红,并且低下头来,眼角蓄满泪水。詹姆斯把身体往后靠,他知道现在的时间和地点都不适合再深谈下去,也庆幸两个女孩不在场,她们还在贝茜的房间里,忙着玩玩具。

"对不起,我原本不打算让你看见这个样子。"萝拉低声地说。

"别担心,我不会说出去的。"

"应该是'你和康纳之间的关系出了问题'这句话,让我激动起来的。"她说着又流下眼泪,"对不起。"

"没关系的。"

"只是,说我们之间是关系出了问题,其实是太过轻描淡写了。"她痛苦地说,"因为不只是康纳……"

詹姆斯知道适合讲这些话的地方应该是办公室,而不是自己家的厨房,更何况孩子们随时都可能会冲出来,应该要阻止她继续说下去。但是,詹姆斯不想放弃这个难得的机会。

"发生了什么事?"詹姆斯问。

"艾伦离开我了。"

"我很遗憾听到这样的消息。"

"这件事对我打击很大。"她哽咽地说。

"事情是怎么发生的?"詹姆斯又问。

"我们大吵了一架,就为了一台除草机,很难相信吧?"

詹姆斯同情地笑了笑:"那总有个理由吧?"

"讲起来真的很可笑,艾伦那天进城,看见那台除草机正在拍卖,因为很便宜,就把它买了回来。但是它又大又重,还不能自动前进。

而除草向来是我的工作,所以要用它的人是我,但我根本推不动那台怪物,于是我要艾伦把它退回去。

"艾伦却一口拒绝,我们从以前就经常为了钱的事情闹别扭,这次也不例外。他付了钱,所以不想把东西退回去,他觉得我好像在指责他没有善用金钱。结果两人愈吵愈凶,他不肯退货,我不肯用它。最后,我一气之下,就决定自己把它退回去,把那台还在货车上没有放下来的除草机,载回城里。"

萝拉抬头看着詹姆斯,说:"我平常不会这样的,我并不喜欢和别人正面冲突,我甚至还没开到城里,就已经后悔自己这么冲动了。我几乎打算要回头……"她的声音又开始哽咽,"但我没么做,我还是把除草机退了回去,等我回到牧场时,他已经离开了,甚至还把两个孩子都带走了。"

萝拉垂下双肩,大大地叹了一口气:"那是我这辈子最糟糕的时刻。"她眼眶泛泪,"进到自己的家,却发现里面空荡荡的,所有的家人都离开了。"

"这是什么时候的事情?"詹姆斯问。

"上星期五。后来艾伦回来了,他只离开了两天,把孩子带到了他母亲家去。但这让我意识到,我必须做一点什么,我们之间的问题真的很严重。"她停顿了一下,望着詹姆斯,"我在想,或许我可以和你谈谈这件事,我也许会去会谈。"

"除草机?"艾伦似乎觉得很不可思议,"萝拉认为全是因为除草机?她以为我离开家是为了一台可笑的除草机?"艾伦靠向沙发,不可置信地摇摇头,"这是我们会走到这一步的最佳例子,萝拉根本生活在另外一个世界,她完全不了解现实情况。"

"你说萝拉经常误解情况?"詹姆斯好奇地问,一个优秀的作家,应该是善于创造与解读的。

"不能说是误解,应该说她有自己的看法。对萝拉来说,事情没有真不真实的问题,她和我们一般人的看法不太相同。"艾伦停顿下来,低头想了一会儿,又说:"我不想让你觉得萝拉是个病态的说谎者,因为事情并不是这么单纯。说谎表示有实情存在,你知道却没有说出来。但萝拉的情况却不是这样,她似乎认为没有什么事情是真实的,你必须创造它们。"

詹姆斯心想,这就和说故事一样。

"我就是因为这样才爱上她。只要和她相处一段时间,你就会发现她与众不同。她有一种不是靠知识而来的奇特想法,或许是创作者的热情吧?我父母从事银行和会计业,凡事讲求实际,偏偏我是一个爱做白日梦的孩子,所以我对于那种特质格外着迷,甚至还有一点认同。而就像我受到她吸引一样,我的特质也吸引着她,她从我身上获得一种秩序感。有一次她跟我说,她能从我身上得到一种真实感,我是她的船锚……

"但这种特质,已经不再吸引我了,只让我觉得非常疲惫。最近我觉得自己就像在玩猜谜游戏。你猜东西藏在这个布幕之后,还是那个布幕之后?等布幕揭开,后面还有一个盒子,而盒子里面还有更小的盒子。所有的事情都不像表面看到的那样,背后全都藏着东西。我永远无法发现真正的萝拉,我甚至不确定是不是真的有这样的萝拉存在。

"我受够了这些谎言。不管我问她什么事情,她总是随口告诉我一个她脑中的故事,我永远不知道她说的是真是假。"

艾伦最后望着詹姆斯:"我离家的真正原因,和除草机一点关系也没有。你想知道发生了什么事情吗?"

"当然。"詹姆斯说。

"前一阵子,我六岁大的女儿摩根娜,跟我们说,星期五放学后,她要去参加同学的生日派对。由于我们家离城市比较远,所以她不常受到邀请,因此这件事情让她很兴奋。一连好几天,她都不断地谈论着那天要穿什么,要送人家什么礼物。

"派对那天,我刚好和萝拉因为除草机的事情起了争执,心情不好,决定在她回家之前,出去散散心。我心想,反正要去接摩根娜,干脆提早出门,先去洗车,打发时间,顺便带康纳去走走,他很喜欢看洗车。

"而就在我经过公园时,我竟然看见摩根娜一个人在公园里玩耍。我猛踩刹车,跳下车,拉她过来,问:'你怎么会在这里?'她立刻号啕大哭,当时我很庆幸自己临时起意,才能碰见她。

"摩根娜当时哭得太厉害,根本没办法向我解释到底是怎么回事。我猜想,应该是负责派对的大人们带着孩子们到公园玩,回去时忘了清点人数,才会把摩根娜一个人留在公园。我愈想愈生气,立刻冲到那家去理论。

"我一边大声地敲门,一边叫嚷:'搞什么鬼,把一个六岁大的孩子独自留在公园?'但那个孩子的母亲用奇怪的眼神看看我,并且对我说,她孩子的生日派对不是那一天,而是八月份。"

艾伦像是被打败似的垂下肩膀:"结果,真相大白,整个故事都是摩根娜编出来的。她很想像城里的孩子一样到公园玩,也想要穿新衣服去学校,但是萝拉告诉她,那是参加生日派对这种特殊的场合才能穿的,而我们买给她当礼物送人的那对笔,则是她自己一直想要买的,所以她把这些全编在一起。你想想看,这是一个才小学一年级的孩子撒的谎。

"当我听到摩根娜坦承这一切时,简直不敢相信,她才六岁大,竟然也和她母亲一样,把捏造的事情当成事实了。我真的不希望她变得像她母亲一样,所以既然康纳已经在车上了,我就带着两个孩子去找我妈。我不想让萝拉毁了这两个孩子。"

艾伦深吸一口气,然后慢慢吐出:"问题是,我根本没办法放弃牧场,我投注太多心血在那里了,不能说走就走。更何况,这样一走了之,对那两个孩子也会造成伤害,我和萝拉必须用成年人的方式解决这个问题。但是就算这样,我也必须把两个孩子带走,才能逼萝拉正视这个问题,让她知道如果不改变现状,我一定会带孩子永远离开她。"

托 冈

> 我做梦也没见过这种人,她大约二十岁,身材高大、五官粗犷、皮肤黝黑,头发像是煤炭一样的颜色,又浓又直,垂在肩膀上。

第一次正式会谈时,萝拉穿着牛仔裤和跑鞋,两手则插在一件过大的夹克的口袋里,一副刚从健身房出来的样子。

"请进。"詹姆斯很高兴她能遵守约定,准时出席。

像之前一样,她绕过会谈区,直接在办公桌旁坐下来。她好像感觉屋里很冷,把衣服紧紧地拉在前面,和之前在意大利餐厅表现出来的自信完全不同。

"孩子们都好吗?麦克没事吧?"

"两个孩子都好,谢谢。才一天的时间,他就活蹦乱跳了。"詹姆斯说完,微微一笑。

"他们自己回纽约没问题吗?小孩子自己进行这么长途的飞行?"

"他们是一对小冒险家,只要想到自己旅行的兴奋感,和能让空乘为了照顾他们而人仰马翻,他们可开心了。"

萝拉把衣服拉得更紧:"我很紧张。"她边说,边露出抱歉的笑容。

"为什么?"詹姆斯轻声地问。

她耸耸肩:"我不知道,或许是因为你已经和艾伦谈过吧?我担心你听了他的话,会选择站在他那边。"

"我不会选边站。"詹姆斯说,"记得上星期在我家时,我跟你说过的话吗?我说会谈的目的是为了要解决困境,我不会说你们谁对谁错。那样做于事无补,我只是想要解开你们之间的结。"

"是吗?"她说,似乎并没有被说服。

一阵沉默。萝拉四下张望,最后终于和他四目相接:"那你要我谈谁?艾伦?康纳?"

"这里由你做主,你来主导会谈。"

"如果我真的可以做主,那我会选择不来。"她说完,莞尔一笑。

"你当然可以这么做,如果你想离开,就离开吧!这里由你做主。"

詹姆斯看得出来,她从来都没想过可以选择离开,而这个发现,似乎让她更焦虑了。

"你真的很紧张。"他想要引导她回答。

"是的。"

萝拉沉默了好一会儿,才开口。

"我希望这个会谈区看起来能更自然一点,就像那晚在你家那样。我是说,这样我比较敢讲话。"她笑得不太自然,"我只要一进入这种地方,就会失去说话的能力。"

"没关系，我能理解。"詹姆斯温和地说。

室内又安静下来。她低头望着双手，由于她的手还插在口袋里，所以她瞪的是灰色衣服。

"为什么这么困难……"她试探性地说，"在我们开始谈艾伦和康纳之前，我想先告诉你另外一件事情。因为它可以说明我整个生活……但我不知道从何说起。"

"没关系，你慢慢说，不急。"

"我从来都没有跟别人谈过它。"她皱起眉头，"不对，事实上我曾经告诉过不少人，但不是用这种方式。我从来都没有明白指出过它和我的关系，更没有从头到尾说清楚过。"她不好意思地耸耸肩，"我就是因为这样才不敢来会谈，我不知道该怎么表达才不会显得很奇怪。但是我又知道我必须来，不然我真的会失去家人。所以，我准备好要谈这件事情了，因为如果不讲，其他部分会很难以理解的。"

詹姆斯点点头。

室内陷入完全的寂静，静到候诊室外的一举一动都听得清清楚楚。

萝拉好不容易深吸了一口气，再缓缓地吐出来："事情发生在我七岁那年的夏天。我的家乡在西边的黑山区。六月份的傍晚，大约七点左右，我一个人走在泥巴小径上，它和一条名叫凯那利街的街尾相接，穿过一块环绕湖边的空地，再接上另一头叫作阿诺德的街道。小孩子经常走这条小径，它穿过的那块空地，属于一位叫作阿德烈的老人。我们把它当作上学或是到阿诺德街尾码头的捷径。

"总之，那天傍晚因为刚下过一场雷阵雨，云才散开，太阳西斜到糖山的山头上。我迎着阳光走，我记得我还抬头看着太阳，心想，为什么太阳快下山时,直视它眼睛也不会受伤。这时,我发现右边有动静,我停下来,转头望过去,但因为之前一直盯着太阳看,所以眼前一时之间只是白茫茫的一片,等到我恢复视力,就看见那个女人站在那里。"

萝拉停了下来,深吸一口气。

"我做梦也没见过这种人,她大约二十岁,身材高大、五官粗犷、皮肤黝黑,头发像是煤炭一样的颜色,又浓又直,垂在肩膀上。我马上注意到这点,是因为那时是六十年代,妇女不是剪成短发,就是烫成蓬松的发型,再不然就是挽起来。我从来都没见过成年女人会把头发放下来,既没烫也没剪。

"另一个吸引我注意的地方,是她的肌肉。她很瘦,但肌肉非常结实,就像我哥哥那样。她的眼睛是五官中最抢眼的,它深陷在杂乱的眉毛下,眼珠的颜色很特殊,是淡淡的灰色,就像是狼的眼睛。

"她穿着一身雪白的衣服,上衣是宽大的衬衫,领口和胸前都有花边,但因为都是白色,我看不出它的样式。下半身则是一件像男孩子穿的及膝短裤,布料和衬衫一样。脚上穿了一双罗马式的凉鞋,鞋子上的细绳一直绑到脚踝上。

"我记得自己一直瞪着她看,一方面因为她的打扮实在太怪,另一方面是因为她展现出一种原始的美。她也盯着我看,就像是小孩子彼此盯着看的样子。她的表情惊讶,显然她和我一样意外,怎么会有人出现在阿德烈的空地上。

"我们站在原地不动,互相瞪视着,好像过了一个世纪那么久。我一点也不怕她,反而觉得很兴奋。

"最后,她转身往空地的角落走,那里只能通往一丛高大而枯瘦的紫丁香花篱。我根本没想过她为什么要往那里走,只知道她要离开了,但我不想就这样和她分开,于是跟了上去。"

萝拉停下来。

詹姆斯挑起眉:"然后呢?"

"接下来,我只记得哥哥用苹果扔我,我四下张望,发现我已经站在小路另一头的巷子里,那是我家后院的巷子。那里距离我见到那女人的地方有半个街道远。我注意到巷子里及膝的杂草,和它们被阳光烤焦的淡黄色,以及下面硬邦邦的泥巴地。我一度怀疑,那个女人对我施了魔法,毕竟当时我才七岁,对于神仙故事和魔法依然存有幻想,但我不是个天真的小孩,我也知道那种事情不太可能发生。再说,我也不是第一次因为太过陷入幻想,导致失去方向和时间感。"

"所以,你认为那是你想象出来的女人?"詹姆斯问。

"是的,没错。我不认为她是什么外星人或奇特生物,她是我想象出来的人物。即使她注视着我的记忆,是那样的真实,但我知道,就算我当时伸手,也碰触不到她,她是从我脑袋里跑出来的。"

"你从见到她离开,一直到回到自己家后院的这段时间,记忆完全空白?关于这点,你怎么想?"詹姆斯问。

"这很简单啊!我跟着她到了另一个世界。"萝拉平静地说,"是我脑中的世界,不是在别的地方,就是在我脑袋里。但这依然是另一个世界,和我们现在这个世界一样真实,既鲜明又活生生的。我是在非常清醒的状态下,认识那个世界的。"

她直视着詹姆斯:"这听起来很疯狂吗?"

詹姆斯微微一笑："不，一点也不。很多孩子都有惊人的想象力，能够创造非常逼真的情境。"

"的确很惊人，但事实证明，它不只是孩子的想象力，因为它并没有随着我的童年消失。正因为如此，我很难和别人相处。它就像是某种疯狂状态，我很清楚这一点。"她盯着手指，"但我必须向你承认。那个傍晚，在阿德烈的空地的小径上发生的事情，一直影响着我。"

詹姆斯完全没想到，他们的会谈内容竟然会是如此。他倾身向前："通常幻想会反映我们的真实生活，能请你谈一谈你的童年生活吗？"

萝拉露出沉思的表情："很多人以为像我这样被领养的孩子，童年过得一定很坎坷。但事实上，我算是拥有相当美好的童年，过得很幸福。我在几个月大的时候，就被领养了，他们对我一直像是真正的家人。我的养父母姓麦克斯，生了四个儿子，全都比我大。他们没有生女儿，把我当亲生女儿一样疼爱。"

"你为什么会被领养？"詹姆斯问。

"我的亲生母亲在生下我两天后，因为某种栓塞而死亡。他们本来就没有计划要生下我，而我上面还有两个哥哥，一个八岁，一个十岁。那个年代，男人不擅长做家事，所以我的亲生父亲觉得要照顾两个小男孩已经很头痛了，没办法再应付一个小婴儿。所以，我在很小的时候，就被送给麦克斯一家领养。

"不管是在亲生父母家里，还是养父母家里，我都是最小的孩子，所以我有一点任性和为所欲为。那个充满田园生活的家，是一个很棒的成长环境，我这种想象力丰富的孩子，有许多自由发挥的空间。麦克斯家的房子是那种老式的大房子，前庭还有很大的楼梯，栏杆大到可以溜滑梯，就像是电影里看到的那种。镇上的人都称它为湖屋，因为它就位于凯那利街的最尾端，依傍着箭鱼湖，我们甚至还有自己的码头。现在回想起来，那栋房子应该不像我记忆中那样华丽，在大人的眼中，它可能有点破败，油漆脱落，壁纸上满是污渍，地板的木头也翘了起来。但在孩子眼中，那里真是个天堂。

"我五岁的时候，爸爸把一部分的阁楼改成我的卧室。那个阁楼很大，黑漆漆的，通风很好，冬冷夏热。而且因为屋顶是斜的，所以我在里面站不直，但我还是认为那里是天堂。我是那种老是在做东西，也老是有计划要进行的孩子。我搜集石头、树叶、玩具马等东西。爸爸替我做了个架子，让我摆那些收藏品，还用门板替我做了一张桌子。"她冲着詹姆斯露出迷人的笑容，"真是太美妙了。"

"而你的想象力就是在这样的环境下培养出来的。"詹姆斯说。

"没错，我最喜欢的就是扮演游戏。在我七岁的时候，我非常迷恋小马。我很想要有一匹真正的马，所以足足两年的时间，我假装有一匹马，它叫花蝴蝶神驹。"她微微一笑。

"我常常在脖子上绑一条毛巾，当作是骑士的领巾。我在阁楼上，用硬纸板做成马头，用稻草秆做成马尾，绑在梯子上，创造了属于我的马。我经常跨坐在上面，和好友黛儿·伊文斯，一起骑马去会见洛伊，或者一起赶着野马，并且射杀坏人。

"事实上，那就是托冈频繁出现的原因。在阿德烈的空地，我感到吃惊的原因，不是因为撞见东西，而是因为我撞见的竟然不是马，而是一个女人。"萝拉说完，哈哈大笑。

"托冈？"

"是的,我这样叫她,从一开始我就觉得她应该叫这个名字,我认为她在我经常玩花蝴蝶神驹的那段时间出现,是个好现象。在玩假扮马游戏时,我爱上了吃粗麦,妈担心我吃太多了,会得盲肠炎。有一回,我偷听到她跟爸说,希望我早点脱离迷恋马的阶段。我记得当天晚上,我一边洗澡,一边回想见到托冈的经验,心里升起一种骄傲的感觉。因为我见到的是一个女人,而不是一匹马,这表示我已经长大了。"她的笑声充满感染力,很难让人不跟着她一起做。

"你的亲生父母家呢?"詹姆斯问,"你有跟他们联络吗?"

"有,我父亲那时就住在迅捷市。他每个月第三个星期日会来看我,就像时钟一样准时。我哥哥罗素和格兰德也总是会跟着他一起来。所以,虽然我们没有住在一起,但还是很亲近。

"父亲会到麦克斯家来接我,然后开上高速公路,到一家叫威塞的餐厅吃他们的假日特餐:烤牛肉配上苹果派。之后,如果天气好,我们就开着车去逛黑山,如果天气不好,我们就去打保龄球。所以,到现在我的保龄球还是打得很好!"萝拉露出笑意。

"我总是期盼他们来访。我父亲很清楚怎么取悦孩子。他每次见到我,都显得非常开心,会告诉我很多小孩子喜欢听的讯息,而且一定会带一份礼物给我。是真正的好礼物喔,不是铅笔、点心之类的小东西,而是一匹新的玩具模型马,让我搜集。那种模型马可不便宜,小孩子们多半不会有太多只,但因为我父亲几乎每个月都会送我一只,所以我就变成班上搜集到最多模型马的人。

"当然,我也想和亲生父亲、哥哥们住,虽然我和麦克斯一家人住在湖屋很幸福,但我的家庭状况,毕竟和一般人有点不同。对那个年纪的小孩子来说，与众不同是一件很大的事情。我讨厌一再向人解释，为什么我的姓氏和养父母不同，我为什么会和他们一起住，我又为什么不能和亲生父母住。所以我一直梦想着和原生家庭团聚，我父亲也喜欢玩这个游戏，幻想我只是暂时住在麦克斯家而已。

"当他来看我时，总是一再重复玩这个游戏。像是他就要接我回去，等我和他们同住时，他要怎么做之类的。再不然就是说等他找到一份新工作，或是买了有院子的房子，他就会来接我。他最常用的理由是，等他帮我找到新妈妈之后，他就会来带我走。每次他来，都会提出一个新的未来蓝图，以及我们以后要一起做什么事情。"

萝拉淡淡地说："我对他的话深信不疑。从来都没有质疑过他，一次也没有。我大概到了九岁才真的明白，他所谓的半年后就接我回去之类的说辞，只是说说而已，不能当真。"

"在你意识到这点时，你会感到怨恨吗？"詹姆斯问。

"不会，当时并不会。因为他即使没有真的接我回去，其他部分还是很守信的，像是每个月第三个星期日都来看我，总会带给我一份礼物，也会带我出去玩，所以我还是愿意相信他很努力地想让我们一家团聚。"

"在那段时间里，那个想象出来的同伴有再出现吗？那个叫作托冈的人。"詹姆斯问。

萝拉点点头："噢，有的。托冈和我之间的故事正要开始呢。"

狗死了，猫知道

"现在它们要死了。"康纳平静地说，"狗死了。"说完，把狗模型放倒，"鹿死了。大象死了。"他一个接着一个，把桌上的塑料动物模型一一放倒。

"哈喽，贝茜！"

"爸，我就知道是你。刚才电话铃响时，我就说一定是你！妈跟乔伊叔叔本来今晚要带我们去溜冰，但我说我想留在家里，因为我有预感，你会打电话来。你真的打来了！我有第六感，对吧？"

"也许喔，贝茜。"詹姆斯笑了出来。但他没有提醒她一点，他通常都是星期五晚上打电话过去的。

"谢谢你送我雷梦娜·昆比的故事书。我没有她写的这一本，而且真的很好看！我昨天晚上才开始看，现在几乎快看完了！打开你寄来的包裹，发现是这本书时，我真是太高兴了！"

"谢谢你写了那么长的一封信。"詹姆斯说，"我星期一收到的。打开信箱发现那封信，真是给了我一个好大的惊喜。"

"那封信很长，是不是有点像雷梦娜·昆比的书？"贝茜发出银铃般的笑声，"我的导师说我很擅长描述细节，长大之后可能当作家。"

"的确，你很擅长描写细节。我喜欢你描写的细节。而且我很高兴听到你说喜欢上体操课。"

电话那头传来干扰的声音。"走开！我还没有说完！"詹姆斯听到贝茜在对什么人说话。

"爸！爸！"麦克的声音从那头传来。

"麦克，你好吗？"

"贝茜不让我听电话，轮到我讲了。"

又是一阵模糊的争执声："讨厌鬼，讲完之后把电话还给我。"

"爸，你有没有收到我寄去的明信片？"麦克问，"上面有灯塔。"

"有，我收到了，谢谢你。"

"全是我自己一个人写的，我甚至还自己写地址。"

"哇，不简单，做这么多事，"詹姆斯说，"字写得很清楚，邮差辨识起来一点困难都没有，直接投到我的信箱里。"

"爸？"

"是的，麦克？"

"我们什么时候能再去你那里？我想念你。我想见你。"

"我也想念你，麦克。非常想念。这也是我今天打电话来的目的之一，跟你们的妈妈讨论，让你们在感恩节时来这里的事情。"

"我不想等那么久，我现在就想见你。"

"我知道，麦克，我也是。"詹姆斯说，"每天晚上，我都跟床头上你和贝茜的照片说，晚安，麦克！晚安，贝茜！"

"每天晚上，我对着你的照片说，晚安，爸爸！"麦克说，"但我希望能亲眼见到你。"

"所以，你要不要让你妈听电话？我们好安排你们来我这里的事。"

"好，爸爸，亲亲你。"电话那头传来麦克大声的亲吻声，"永远爱你。""我也永远爱你，麦克。"

麦克大力地把电话放在桌上，电话那头安静了一会儿，然后传来珊蒂比一般女人低沉，但相当柔和的声音。

"对，我收到你的电子邮件了，我想知道你到底在玩什么花样。"她说。

"信上应该写得很明白，珊蒂。我知道乔伊住在那个屋子里，孩子们已经告诉我了，既然如此，就应该让乔伊去付那个鬼贷款。"

"詹姆斯，你要付房屋贷款是当初我们的协议内容。"

"只要他住在那里，协议就无效。"

"房屋贷款是协议内容的一部分，"珊蒂以简短的声音强调，"因为我们的孩子住在这个房子里，现在依然如此。所以，你何必无理取闹？"

"因为我赚的是南达科他的薪资，还要负担这里的房贷。乔伊是曼哈顿区律师事务所的律师，既然他要住在你那里，就该负担那个房子，他有的是钱。"

"如果你以为可以随时叫孩子去你那里，又不想负担房贷……"

"这事和孩子没关系。当初在协议的时候已经说好了，珊蒂。"

"是啊，房贷的事也是当初说好的。"

"珊蒂。"

她用力挂上电话。

"詹姆斯，你必须忽略她，"拉斯说，"这就好比玩足球。如果你要完成传球，除了传球，你什么都不能去想。你必须完全忽略敌队，因为他们会尽可能地让你分神。珊蒂也一样，她不希望你完成任何传球动作，不管是让孩子们在感恩节时来度假，还是要那个混蛋律师搬出你的房子。"

"我知道，"詹姆斯沮丧地说，无力地瘫坐在椅子上，"只是当她开始以那种高高在上的口吻说话时……"

"那是一种干扰策略，詹姆斯。别无其他作用。她只是在干扰你。你必须不受干扰，专心在你要达成的目标上。"

"她太清楚如何让人抓狂，"詹姆斯喃喃自语，"她知道可以借由孩子来伤害我。"

"詹姆斯，别让她抓住你的要害。"

"她让我觉得自己很可悲。我讨厌这种感觉。她表现得好像我搬到这里来是一种逃避，但事实上，刚好相反。我面对我真实的感受，承认自己以前做了错误的选择，所以采取行动，去建立更好的生活。只是，这种生活不符合她原先的期待罢了。"

康纳渐渐开始说话了，大多数时候是重述詹姆斯的话，很难判断哪些是有意义的谈话，或者只是简单的重复，但他想要和詹姆斯互动的倾向愈来愈明显。

一天早上，康纳一到游戏室门口，就说："在这里，由你决定。"就像是用这句话和詹姆斯打招呼。

"早安，康纳，不进来吗？"詹姆斯回应说。

"喀—喀—喀—喀。"

康纳在门口站了良久。他把玩具猫盖在脸上，移到眼睛前面，然后放下来，朝着室内各处指过去。

"在这里，由你决定，"他又说，"在这里，你四处走动。"说完，他开始像往常那样，绕着游戏室四周转圈子，一圈、两圈、三圈。

"男孩的奥罗克牛呢？"他突然说，"在这里，由你决定。"

"是的，"詹姆斯说，"在这个房间，你可以决定要玩什么玩具。"

"男孩的奥罗克牛呢？由你决定。"

"你要我帮你找出装玩具的箱子吗？"詹姆斯问。

"找出装玩具的箱子。"康纳说，但詹姆斯仍然无法判断这是一句回答，还是模仿他刚才的问题。

詹姆斯从座位上起身，朝架子那里走去："动物模型在这里。"他把红色的箱子搬出来，"要我帮你把它放在桌上吗？"

"在这里，由你决定。"

"没错，你决定是不是要放在桌上。"

"放在桌上。"

康纳跟着移动到桌旁，先用那只玩具猫探测箱子里的东西，然后把动物模型拿出来。"一只狗。"他一边念一边把它放在桌上。他似乎很高兴这么做，嘴角几乎显出一丝笑意，"一只鹿。"他再把鹿的模型放在桌上。

詹姆斯看着他一只一只把箱子里的玩具拿出来。他的动作缓慢，过度谨慎，但和自闭症儿童那种刻板的重复性动作不太相同。詹姆斯感觉得出来，那些动作带有某种含义，但到底是什么，他猜不出来。

"男孩的奥罗克牛。"康纳以强调的口吻说，"奥罗克要跟其他动物站在一起。"他看着它们，"有很多动物。有多少？多少是多少？"然后他开始数数。他第一次表现出这样的行为，之前，詹姆斯没有听他数过数。"四十六。很多是四十六。全部四十六。"康纳说。

"看到很多动物，你很高兴，"詹姆斯说，"我听到你数得很高兴。"

"这里没有猫。"

"没有，里面没有猫。"

"很多动物。四十六只动物，但没有猫。"康纳说。

"没有。有很多动物，但没有猫。"詹姆斯响应，表示他有仔细在听。

"现在它们要死了。"康纳平静地说，"狗死了。"说完，把狗模型放倒，"鹿死了。大象死了。"他一个接着一个，把桌上的塑料动物模型一一放倒。他的声音中，听不出任何难过的情绪。刚才全部的动物都站立在桌上，现在它们全被放倒，全都死了。

"死了。许多动物死了。"康纳说，把刚才一直夹在手臂下的玩具猫拿出来，将它的鼻子凑到每一只模型动物前面："猫知道。"

猫知道？詹姆斯心想，到底猫知道什么？会不会他一直误解了康纳的话。也许是"猫鼻子"〔译者注：''知道''(know)与''鼻子''(nose)，在英文中发音相近〕。也许康纳相信猫有能力嗅出什么。

"布在哪里？"康纳突然说，并且看着詹姆斯。

詹姆斯一脸茫然地抬起头来。

康纳四下张望，然后眼睛一亮，走到詹姆斯身后，把那一盒面纸拿过来。

他回到桌旁，把面纸一张一张抽出来，一一盖在那些塑料动物模型的身上。它们几乎占满所有桌面。面纸也几乎全部被抽光。

完成后，康纳审视自己的成果。"狗在哪里？"他一问边揭开一张面纸，"狗在这里。鹿在哪里？鹿在这里。"他重复着一边自问，一边揭开面纸。一问一答中，带着音乐般的旋律。詹姆斯想到小孩子玩猜东西在哪里的游戏。但从中，他又意识到一种一旦开始便停不下来的意味。

"你担心如果你看不见狗，也许狗就不在面纸下面，"詹姆斯试探性地解释康纳的行为，"所以你要一遍一遍确定它是不是在面纸下面。"

在短暂的瞬间，康纳抬起头直视着詹姆斯。从他的反应中，詹姆斯确定自己的诠释应该是正确的。

"你担心面纸下面的动物不像你所想的那样，所以你一再查看。"詹姆斯说。

"狗死了。"康纳回答。

"你认为狗死了，所以要盖一张面纸在上面。"

"一块布。"

"所以盖一块布在上面。"

"猫知道。"

"猫知道狗死了?"詹姆斯问。

"喀—喀—喀—喀。"

"你发出代表忧虑的声音。"詹姆斯说。

"狗死了,"康纳说得很小声,"鹿死了,奥罗克死了。"他看着手里的玩具猫,"有一天猫也会死。"当他站起来,一滴泪水滑落面颊。

周密的森林社群

> 她和我之前的假扮游戏花蝴蝶神驹不同,她不是我创造的,而是我发现的。她是另一个我,能使我完整的另一半。

"你第一次见到托冈的那一晚,到底发生了什么事?"詹姆斯在与萝拉进行第二次会谈时问,"当你经历那个强烈的想象情节时?"

萝拉坐在那里,沉默了好一会儿:"当我跟着她走向紫丁香花丛,我走进她的世界里。前一刻我还在阿德烈的空地上,下一秒钟我却站在一大块白色的巨岩上。那块白色巨岩平地而起,好像是巨人把两大块白粉一拍,插在地上。在我们下方,是一大片没有边际的森林,仿佛是从高空望下去的亚马逊盆地。那是一片像海浪般起伏的森林。所以,我便称它为森林,因为从那个巨岩上看下去,它就像一片森林。"

萝拉若有所思地停顿下来:"当我说我到了那里,或说我跟着她走去,其实并不太正确。我很难描述那种情况,因为我意识到自己并不在那里。那片森林,和我平常的想象有一点不同,在其他的情境中,我是中心,我和创造出来的人物互动,但森林不同,感觉像是看一部电影。

"起初,我不知道托冈扮演什么角色。但很显然地,她是某种领袖,这从其他人对她的态度中可以得知。我本来以为她是皇后,但后来发现她应该是某种神圣的人物。借用森林里居民的语言来说,她扮演的角色叫作博那。"

"所以说,他们有自己的语言?"詹姆斯问。

"是的。不过,我只有在听到博那这个字眼时,才意识到它没有相应的英文可以翻译过来,其他的话我似乎都能听得懂。"

詹姆斯听得很入迷。因为他自己没有这样的经验,所以对孩子想象出来的朋友,总是感到很好奇。贝茜三岁时,有一只想象的老虎同伴,叫作铁齿。这给詹姆斯很宝贵的二手经验。虽然这种想象出来的同伴,不存在于现实世界,但对孩子而言,却是很正常、健康的经验,而且通常显示那个孩子的智力高于常人。不过,这种想象出来的同伴,大多会发生在三到六岁的儿童身上,萝拉却在相当大时才出现这种现象。对于那些想象力特别丰富的孩子来说,这种情况也不算太过罕见。

詹姆斯注视着萝拉。发现当她谈论森林种种时,就会放松下来。前次会谈的焦虑完全消失,她以一种开放、舒适的姿势靠坐在椅背上,和他保持良好的视线接触,嘴角不时露出笑意。

"托冈不像其他人一样住在森林里。因为子民视她为神圣的人物,是他们的神——德娃的化身,所以她住在森林中一座类似修道院的建筑里。那里还住了另一位神圣的人物,他的名字叫法德。不过,村民都叫他灵视者,因为他具有第三只眼。我第一次看见他时,他就已经很老了,大约七十五岁。还有一些像修女的女人,和有钱人家的小孩也住在那里。孩子们是到那里学习知识的,被称为沙弥,但不从事宗教事务。"

萝拉微微扬起嘴角:"我去的第一晚……其实有一点失望,因为在那之前,我的生活充斥着漫画书和电视剧的情节。那时,我很迷洛伊·罗杰斯和黛儿·伊文斯这些明星,记得我当时心里想,为什么出现在空地的不是黛儿·伊文斯?但过不了多久,我就开始对托冈着迷了。她是那种很神奇的人物,非常具有领袖魅力,也非常聪明。她是一个真正有智慧的人,但她也很情绪化,有时情绪转换得非常迅速。尽管如此,她依然是一个迷人的女子,即使处于不理性的状态下,还是很迷人。我非常喜爱她那种具有复杂野性的特质。"

"你告诉过任何人有关托冈的事情吗?比如说,你父亲?"

"讲了一点。"她若有所思地回答。

"为什么没有全部说呢?是因为他不认同吗?"

"倒不是这个问题,而是跟他说也是白说,你懂我的意思吗?"

"你能说清楚一点吗?"

她想了想,点点头:"举一个我八岁时的例子。我每年八月会到他在迅捷市的家,和他及哥哥们同住一周。那段日子对我来说,比圣诞节和生日还要重要。

"他会在房间的角落打地铺,让我睡在那里。在我睡着之前的那段很长的时间里,我会练习去造访森林。因为那段时间不会有人打扰我,所以我选择那个时段练习。在麦克斯家,我一个人住在阁楼,就算自言自语,也没人会发现。但是,在我父亲的小公寓里,他一进房间,就会听到并看到我在做什么。我还记得他站在门口问我,你在跟谁说话?我回答说没有,我只是在玩。他走进房间,坐在床边,说:'你好像一个人玩得很开心,你在玩什么呢?'

"那时托冈已经进入我的生活一年多了,我对她的生活很清楚。例如说:她是长女,有一个小她四岁,名叫摩葛丽的妹妹。她们成长的所有细节我都知道。森林社群是个高度阶级化的社会,出生的阶级决定一切,包括你能做什么工作,或和什么人交往。最高的阶级是宗教统治者,像是灵视者、博那,和他们的家族,就像是贵族,拥有绝对的统治权。其次是长老,他们负责制定法律,处理公众事务。再来是战士、商人阶级等。最低的是劳工阶级,负责劳力工作。他们甚至不能和其他阶级一同住在村子里,必须住在村子外,只有工作时才能进村。托冈和她的家人,本来属于最低的阶级,她母亲是织工,而父亲是个制作和修理箱子的工人。因为她出身低微,所以在她十九岁被指认为下一任博那时,大家都感到很意外。一时之间,她从最低阶级升到最高阶级。她和我在空地相遇时,是二十三岁,还不太适应她的工作。"

"哇,这么复杂。"詹姆斯说,他没想到一个才八岁大的孩子,竟然能有这么复杂的想法。如果这些话是从贝茜的嘴里说出来,他不知道会有多忧心。所以他完全理解,一个月才担任一次父职的萝拉爸爸,内心会有多不安。想想看,自己的小女儿,大部分时间都在玩这种假扮游戏,沉浸在圣职人员、阶级制度的情境当中,并且为了一个想象出来的二十三岁人物的职业问题而烦心。

"在我八岁的时候,就已经知道大部分的小孩不会像我一样,想这一类的事情。就算有，也不会想得这么周密，我也不知道我为什么会这么做，但我脑海里确实有这些东西。那天晚上，父亲问起我时，我不知道该如何解释。他就像是电影放映中途才进来的观众，对于从头看到尾的我来说，那些情节合情合理，但我真的不知该如何让他理解。

"我还记得我当时有多为难。我躺在地铺上，注视着他。因为不知从何说起，只好一言不发。从他的表情中，我可以知道他有受伤的感觉。他以为我故意要隐瞒，他大概以为我只愿意和麦克斯一家分享，却不肯告诉他，这全是因为他不常陪在我身边的关系。但事实根本不是这样，我从来都没跟任何人分享过这些事情，但我知道他不是这样想的。所以我说，我在玩游戏，因为睡不着，只好这样打发时间。

"我父亲露出微笑，每次他想到某个可以取悦我的点子时，都会露出这种笑容。然后他说，我有一个好主意，以后你可以晚半个小时上床，你觉得怎么样？我回答他说'好'。因为我看得出来，他希望我喜欢这个主意。但事实上，我并不想晚点上床，我很希望早点去找托冈。"

萝拉靠向椅背："我记得父亲吻了我的额头，帮我把被子盖好，然后就离开房间。那时托冈已经走了，只剩下我一个人躺在黑暗的房间里。

"其实，我也知道随着年龄的增长，这些想象出来的东西都会消失，就像我的朋友们那样。但是我说服自己相信，我永远都保有这种能力，能和托冈以及森林里的朋友沟通。一直到那天晚上，我才开始动摇，我怀疑自己其实和别人没两样，总有一天我会失去这种能力。到那时，托冈会离我而去。

"忽然，一种强烈的孤独感涌上我的心头，我忍不住痛哭起来。我心想，如果要失去这些才能长大，那我宁可不要。但是，我真的能决定吗？要是我的心灵再也看不到、闻不到、感受不到森林，也无法接触到托冈时，那我的脑袋似乎也没有存在的必要了。她和我之前的假扮游戏花蝴蝶神驹不同，她不是我创造的，而是我发现的。她是另一个我，能使我完整的另一半。"

萝拉和詹姆斯的会谈方式十分特殊，因为其中还夹杂着许多幻想中的人物。而一般为了挽救婚姻而前来会谈的人，通常只会谈论夫妻之间的各种关系。詹姆斯注意到，萝拉似乎不打算提到康纳。这也许是因为她和康纳的关系已经相当恶劣，必须要有新的心理建设，才有勇气重新面对康纳。再说，她是为了她和艾伦之间的问题才愿意前来会谈的，自然该从他们夫妻之间的关系谈起。但詹姆斯没料到的是，萝拉居然从她幼年时期谈起。虽然这不常见，但也不是太难理解。

更何况，萝拉的叙述方式很有趣，这也是让詹姆斯愿意继续听下去的原因之一。他在纽约时，珊蒂很喜欢和作家交朋友，所以他也认识几位作家。但是他觉得那些人是矫揉造作、乏善可陈的人物，永远都只关心自己的才华，和批评世人如何缺乏欣赏他们的眼光。萝拉和他之前认识的作家很不相同，拥有一种质朴的气质，故事自然而然从她嘴里倾泻而出。詹姆斯必须时时保持客观，偶尔提问，才不至于完全陷入萝拉的故事之中。

詹姆斯从办公室书架上拿下一本萝拉的作品。封面异常素净，上面五分之四是淡蓝色，下面五分之一是白色。尽管如此，詹姆斯仍然从中感受到南达科他的气息。宽广的天空下，就是苍白的平原。萝拉的名字，大大地横书在封面上方，相较之下，书名《风之梦者》就小得多，是以手写的字体，斜斜地贯穿上方的蓝色与下方的白色之间，就像一枝箭。

詹姆斯翻到书的背面，看见萝拉的照片。她微笑直视镜头，露出非常坦诚大方的神情。这令詹姆斯感到困惑，因为这和现实中的她差距甚远。詹姆斯心想，或许对萝拉而言，书中世界的她才是真实的。

詹姆斯忍不住坐了下来，把书本打开。

"嘿！我要下班了。"拉斯探头进来，"你在看什么？"

詹姆斯把书本举起来，让拉斯瞧一眼。

拉斯挑起眉，露出有趣的表情："变成她的书迷啦？"

"没有，只是在做家庭作业。"

"真实的她是个什么样的人？"拉斯好奇地问。

"有趣、深沉。"詹姆斯回答。

"嗯，是啊，可以想象得到。"拉斯停顿了一下，"我堂哥跟她哥哥很熟。根据他的说法，他们家是很普通的家庭，小孩很聪明，也很会读书，但不是特别有创造力。她哥哥是保险业务员。不过他也说，萝拉这个人很深沉。"

詹姆斯点点头。

"我特别喜欢研究天生有才能的人，我很好奇，为什么会有这种人？"拉斯说。

"没错。"

一阵沉默之后，拉斯耸耸肩。

"其实，我本来是要来问你，今天晚上要不要来我家，让我调整一下你上次买的鱼竿，你不是说它坏了？再不然，我找一支能用的给你也行。"

詹姆斯露齿一笑："你是下定决心要我杀生，是吧？"

"没错，顺便把你那些城市味彻底抹杀掉。"拉斯说完，哈哈大笑，"反正电视球赛转播，八点才开始，你早点过来，我就可以帮你修鱼竿。"

"好吧，待会儿见。"詹姆斯说。

拉斯走后，詹姆斯拿着那本书，走到会谈区，坐进沙发里，两只脚架在茶几上，继续往下看。

这是一位名叫比利的苏族青年的故事，和他原生文化之间的纠葛。他的家人在他出生之前就离开保护区，去追求城市生活，所以他一出生就取了白人的名字，接受白人的教育，后来成为小区大学的老师，是现在族群融合的范本。但是，在现代生活之下，他原始的种族文化在呼唤着他。他开始听到天空、土地和祖灵的声音。

书一开始，比利十四岁大，他很想取一个印第安名字，但因为从来没有真正和传统文化接触过，只好仿效电影《星际旅行》的命名仪式，以他在公寓唯一能接触到的大自然元素——风，作为自己的印第安名字。

萝拉除了拥有引人入胜的描写能力，还能将比利的想法生动地呈现出来。所以，詹姆斯一开始根本分辨不出，比利所听到的，到底是真实存在，还是只是一种象征的写法。

这让詹姆斯有些困扰，他不知道这到底是一种心灵探索，还是一篇想象出来的故事。他甚至上网去搜寻相关的信息，发现没有一篇书评把它定位成幻想故事。于是詹姆斯决定先认定它是一本心灵探索的书，然后接着往下看，以便寻找答案。

不过，那些书评家不像詹姆斯一样知道托冈的事情。比利听到天空的声音，看到祖灵在暴雨前的平原飞翔的经验，都和萝拉的童年经历，非常地相似。萝拉在借由小说诉说自己遭遇托冈的经历吗？

詹姆斯集中注意力，继续往下读。

等他再次抬起头时，发现已经九点四十五分了。他惊讶地瞪着时钟，不敢相信时间竟然这么晚了。他居然没有去拉斯家看足球赛，也没回家。加上他的手机已经关机了，拉斯联络不到他，一定会很着急的。

刚刚办公室的电话有响过吗？詹姆斯根本不知道。他合上书本，注视着素净的封面。没想到萝拉的想象力，成功地凌驾于他的真实世界之上，让他不知不觉深深着迷，这让詹姆斯很不安。

语法变动

詹姆斯察觉到康纳在语法上的改变,康纳不是每次都模仿别人的说法,他经常会在语法上做些微的更改。

"关门。"康纳站在游戏室门边,突然这么说。这时朵丝已经关门离开了。

"今天你希望关上门。"詹姆斯说。

"今天你希望关上门。"康纳模仿詹姆斯的说法。一阵沉默之后,他望向詹姆斯,然后目光向上移动。"把门关上。"他说。

詹姆斯察觉到康纳在语法上的改变,康纳不是每次都模仿别人的说法,他经常会在语法上做些微的更改。一般人只会在意听不听得懂,不会太在意语法,除非这个语法错误。但是康纳在模仿句子的同时,变动语法的情况愈来愈常见。

会去变动语法,表示康纳了解字词的含义,既然如此,他又为什么要模仿别人说话呢?是因为这样比较安全吗?因为别人已经这样说过,他学着说,就不用冒险?模仿别人,但是在语法上稍微更改,让它变成自己的句子?

詹姆斯决定弄清楚这点:"没错,把门关上,你知道该怎么说,对不对?"

"你知道该怎么说,对不对?"康纳模仿他的语句。

"有时候要说和别人不同的句子是蛮吓人。"

"喀—喀—喀—喀。"康纳回应。

"别担心,在这里,由你做主。如果你要用你自己的句子,你就用你自己的句子。如果你喜欢用我的句子,你也可以这么做。由你决定。"

"喀—喀—喀—喀。"

詹姆斯打开笔记本做记录。

"把门关上。"康纳试探性地说。

一阵沉默。

"关上门。"康纳又说。

"把门关上。关上门。没错,你说得对。你知道这两种不同的说法,是相同的意思,对吧?"

"没错,你说得对。"康纳回答,詹姆斯怀疑它不是模仿句。

艾伦一开始会谈,就说:"让我沮丧的是,我已经离过一次婚。在上一次婚姻中,我经历了太多不堪的事,也失去了看孩子成长的机会,所以我不愿意这一段婚姻又这样结束。我还以为这次结对婚了。"

"你能告诉我,认识萝拉之前,你经历了哪些事情吗?"詹姆斯问。

"我们家早在移民初期就来到怀俄明州,是个很有社会地位的家族。我的曾祖父建立了吉列市第一家银行。我的祖父则在他退休之后,成为银行的总裁。之后,祖父又把棒子交给我父亲。原先,家族的人都认为我也会进入银行业工作。

"我在大学里,确实选修了所有商业必修课。在我大学毕业那年六月,我和在法国认识的前妻法兰结婚,她在七月怀了我们的第一个女儿。八月,我进入银行工作,虽然我很认真,但我很讨厌那种乏味又无趣的生活。我之所以还继续待着,是因为我没有其他的目标,只好过一天算一天。

"当时,因为我在做银行的放款业务,所以有机会接触到牧牛业。刚开始我做得很糟,不断借钱给牧人,买了一些不适合怀俄明环境的牛种进来。我必须经常去察看那些牛群,以确保银行的投资正确。我发现我很喜欢这样的工作。不久之后,我也买了一个小牧场,养了一些牛,结果就变成现在这样了。我父亲擅长数字,但我擅长的却是养牛,我很热爱我的工作。和它有关的一切我都喜欢,那种气味、声音和在户外工作,当然还有成就感。

"当父亲发现有关牧场的事情之后,对我变得非常冷淡。他认为家族企业和谁要接掌他的银行,对他来说才是最重要的。他希望让麦拉伦的名字继续挂在银行总裁的办公室里,但我却让他失望。我没有尽家族责任,甚至没生一个儿子,只生了三个女儿。

"对我前妻来说,牧牛业是个丢脸的行业,它是社会底层的工作。她不断地重复说：'我以为我嫁给了一个银行家。'好像是在说，我买了牧场，就等于破坏了我们之间的交易。她坚持不肯搬到乡下，但那却是我的梦想。而我也必须那么做，这样才能好好经营牧场。

"那时，我已经快要三十岁了。我不想为了取悦别人，而放弃自己的梦想。因此我付出了很大的代价，我和父亲始终没有和好，我和法兰的婚姻也毁了。她带着三个女儿嫁给了别人，从那时起，我就很少有机会再见到她们了。这些事情让我痛不欲生。所以，这次我考虑了很久，确定不会犯下之前的错误之后，才决定结婚。"

"你怎么认识萝拉的？"詹姆斯问。

艾伦忽然大笑起来："我在加油站轧到她的脚！"他边说边笑，詹姆斯听得出来，这是发自内心的笑。"我在松岭保留区加油，她本来比我先到，但是车子开错了车道，停到加油槽的另一边。她想把加油管拉到她的油箱旁，但是这样却挡到了别人的路。我一时气愤，就硬把卡车开过去，不小心就轧到了她的脚。"

詹姆斯睁大眼睛。

"当然轧断了。"他笑着说，"所以，我礼貌上邀请她吃了一顿饭。"

"发生这种事情，她还肯跟你出去吃饭？"

他又哈哈大笑："是啊，我也很意外，但她确实答应了。不管你觉得她这个人怎么样，但就这点而言，她还算是很有雅量的人。"

艾伦沉默了一下："我还记得我们第一次吃饭的情况，那家餐厅的名字叫米尔，当时她的腿上还打着石膏，所以我们没跳舞，只是吃饭和聊天。因为餐厅实在太吵，所以我提议到别的地方去。我原本想到高速公路旁的水牛酒吧，但萝拉却说要去恶地。我虽然觉得有点怪，不过我也没反对。那是个满天星斗、舒适的春夜。我们就把车子开到那里，俯视着街景，坐在车上聊天。"

他的笑意加深了："我们一直聊啊聊的，聊了一整夜。大部分时间都在谈黑山区。我谈我的牧牛业，她谈这块印第安圣地和保留区。她告诉我，这地方当初是怎么被白人夺去，成为牧场的。她当时正在研究印第安保留区，所以知道很多关于这方面的故事。她是个很高明的说故事高手。"

他哈哈大笑："我完全为之倾倒，我没想到有人竟然像我一样热爱这片土地。所以，我们什么也没做，只是一直谈个不停，甚至连一个晚安吻都没有。但能那样和一个人谈心，感觉真的很好。

"总之，等到我发现时，已经是清晨五点半，而我们还在恶地。糟糕的是，当时我的二女儿佩丝正住在我这里。她就读的大学正在放复活节假期，所以到牧场来找我，我猜她回家后一定会向她妈说，我整夜都待在外面和女人在一起。我一直到早上八点才回到家，因为恶地距离牧场足足有一个半钟头的车程。我回到屋里时，佩丝正在厨房。她毫不在意地跟我打招呼，问我玩得开心吗？我跟她说，事情不是她想的那样。她却哈哈大笑，还跟我说：'爸，别担心，我了解。'她根本完全误会了我。

"不知道为什么，我对萝拉开始产生保护欲，我不希望佩丝认为她是那种第一次约会就和男人上床的女人。所以我对佩丝说，你要是想告诉你妈这件事，那就顺便告诉她，我打算娶这个女人。"艾伦又大笑了起来，"当时，我就已经决定要娶萝拉了，但两年多之后，我才告诉萝拉这一点!"

"听起来,你们像是一见钟情。"詹姆斯说。

"没错,直觉告诉我,我的决定是对的。"艾伦直视着詹姆斯,"所以,我不明白,现在为什么会错得这么离谱?"

月球上的三棵树

"月球上有树。"康纳回答。

这句话说得轻描淡写,似乎只不过是另一个描述句:"三棵树在月球上。"

当詹姆斯看到康纳绕着房间打转时,康纳的怪异举动让他不由自主地联想到萝拉。《风之梦者》书中的异想世界,依然时时困扰着詹姆斯,就像在他心中张开了一张蜘蛛网,冷不防地就会捕获他的思绪,把他拉进恶地那片鬼魅的领域里,跟着书中的主角踏上寻根之路。詹姆斯没想到,萝拉竟然能用文字创造出如此奇妙的力量。而耐人寻味的是,对康纳来说,文字似乎是危险的,所以他把自己局限在命名、描述和语言模仿的范畴内。

康纳像往常一样绕着游戏室打转,突然在一箱装着乐高玩具的箱子前停下来。他把玩具猫的鼻子凑近箱子,然后拿出一个乐高小人,仔细研究着:"一个人。黑头发,黄衣服。"他把积木人交到抓着玩具猫的那只手，弯下腰来，再次打量箱子里面。

"园艺的东西！"他惊喜地低呼，接着拿出一些画着花朵图案的乐高积木。

"看来，你很高兴找到一些花朵。"詹姆斯说。

康纳整个人趴在箱子上："还有树。花和树。花园的东西。"他开始努力地翻找箱子里的积木。

詹姆斯被康纳突如其来的热衷所吸引，倾身向前张望。

"很多树。瞧？"康纳说。虽然他没有和詹姆斯视线交会，但绝对是在对詹姆斯说话。他把它们从箱子里拿出来，放在书架旁边。

"没错，里面有很多小树，都被你找到了。"

"月球上有树。"康纳回答。

这句话说得轻描淡写，似乎只不过是另一个描述句："三棵树在月球上。"

等到箱子里画有树木图案的积木都被翻找出来后，康纳的兴致似乎又降了下来，但还是生怕遗漏掉任何一棵似的，一言不发地继续在箱子里翻找了一会儿。

终于，他直起身来，沿着书架边缘，排列着一棵棵的小树。他没有出声，只用手指点数着它们。

"这是什么？"康纳问。在他排放小树的架子上，有一块折叠起来的塑料道路。

"这是塑料布，上面画了马路。你记得吗？我们之前看过的，当时它放在地上，你可以把小汽车或积木放在上面，或是盖一些房子。"

他用另一只手抓玩具猫，用力将塑料布从架子上扯下来。那是很硬的塑料布,很容易摊开,但它掉下来时,正好背面朝上。他立刻蹲了下来,把塑料布整个摊开。

"道路画在另外一面。"詹姆斯提醒他。

康纳一边往后坐在后脚跟上,一边注视着塑料布:"我想,它是月球。"

詹姆斯看不出塑料道路、乐高积木树和月球之间,存在着什么关联性。

康纳试着把手里的乐高小人放在塑料布上,但塑料布不是很平,所以小人倒了下来。他再试一次,还是倒了下来。他有点沮丧,干脆把它塞到塑料布下面。

这么做似乎让他很开心。他把它拿出来,又再塞进去,重复的动作,让詹姆斯想起上次他用纸巾——把动物模型盖住的画面。尽管康纳在游戏室出现过各种行为,但一种主要的行为模式逐渐浮现,强迫性地一再出现。

强迫意念和强迫性行为,经常和焦虑有关,詹姆斯注意到,当康纳移动那些玩具时,手臂的肌肉绷得很紧。果然,康纳举起一只手,开始猛力地挥动。

"喀—喀—喀—喀。喀—喀—喀—喀。喀—喀—喀—喀。"他念着。

"我听到你担忧的声音。当你想到月球时,会感到害怕。"詹姆斯试探地说。

男孩坐在后脚跟上前后摇晃身体。他把手举起来,在他的脸前面摇动。

"康纳?"

"猫知道。"男孩喃喃地说。

詹姆斯注视着他。知道什么？那只要命的猫，到底知道些什么？

詹姆斯想清楚自己的治疗理念后，便把"在这里，由你决定"作为他的重要指导语。根据他的经验，人们只有在自己做决定，觉得有主控权时，才能对生活产生实质持续的改变。因为生活中的很多困境都和控制权有关。

在治疗儿童时，这是他主要的策略，因为孩子通常是没有主控权的一方。不过，这个策略也适用于成人。因此，他和萝拉、艾伦会谈时，也尽量避免做任何引导。

萝拉再次来面谈时，詹姆斯没有告诉她，自己已经读过《风之梦者》，他不想让她觉得必须摆出作家的姿态。

"我对你的想象感到很好奇。"詹姆斯换个说法，"从你上次的陈述中，可以知道你和托冈的世界互动频繁。这对你在学校和朋友的互动有什么影响？你当时有很多朋友吗？"

"虽然我脑中充满那些东西，但我不是个孤单、没有朋友的人。我只是喜欢和自己想象中的朋友作伴，我总是有太多有趣的事情要做。不过，当时我还是有一个很要好的朋友，她叫迪玛。大概是因为她和我一样喜欢玩假扮游戏吧！所以我们才会这么要好。我们是在一年级时认识的，之后就几乎一直是好朋友。

"从某个角度来说，我们是很奇怪的组合。虽然我的生长背景和一般小孩不同，但麦克斯家是中产阶级，所以大家都将这种期望加诸在我身上。举例来说，我的哥哥们读书的时候都是优等生，所以，我爸爸自然期望我的成绩单也都是甲等。迪玛家就完全不同了。她家是位于街尾的一栋小房子,家人都是爱喝啤酒的牛仔。她在七个孩子里排行中间。每个星期五的晚上,她的叔叔、婶婶和堂兄弟妹们全都挤到他们家,弹着吉他,在他们的后院又唱又跳,猛灌啤酒,一直到醉倒为止。迪玛的功课很差,数学永远学不会,语文总是落在最后,但她却过得很开心。没有人关心她的成绩单。他们从来没有人去看她的成绩,她母亲的签名都是她自己签的。

"迪玛和我的共同点是,都很有想象力。当托冈出现时,我马上就会告诉她。她真的能了解,并且和我一起以托冈为背景,创造属于我们自己的游戏。我们在迪玛家巷子旁的大木棉树下,想象自己和印第安人、老虎以及其他想得到的凶猛动物打斗。虽然托冈的世界里没有这些动物,甚至连马都没有。但我们还是想象托冈有一匹和她漂亮的眼珠颜色一样的大灰马。"

萝拉莞尔一笑:"当然,这些都和托冈的世界不同。那只是我们想象出来的游戏情节。就像假扮黛儿·伊文斯,但不代表那就真的是黛儿·伊文斯的生活。虽然两者都是从我脑中制造出来的,但很难解释,我们扮演的游戏和托冈的世界之间的差距到底在哪里。不过,迪玛知道两者的分野。"

詹姆斯点点头:"听起来她是你很要好的朋友。"

"是的,的确如此。可惜在我十二岁搬家之后就和她失去了联络。"

房间里陷入沉默。

"我也许真的需要多一点朋友。我的意思是,我自己没有察觉到这点,但我的内心清楚,那是不可能的。"萝拉说。

萝拉调整了一下坐姿,靠着椅背沉默了一会儿:"我特别记得当时有一个小女孩,名叫帕玛拉。她是那种十全十美的女孩,好像什么事情都能做得正确无误,大家都喜欢她,至少也会希望自己能像她一样。

"我曾经很想和帕玛拉做朋友。她跟我一样,数学很好,所以我认为如果让她看见我在阁楼上做的科学实验,她一定会觉得很酷。而且她读过很多书,所以我幻想我们可以一起把那些故事演出来。我想她一定能真正理解托冈的事,而不只是在木棉树下假扮那种故事情节。

"在四年级那年的春天,我的机会来了。在班上的讲故事时间,我说起了在户外玩耍时,在湖边草丛发现鸭子孵蛋的事情。大概是我描述得太生动了,所以老师让我留在讲台上回答同学的问题。也因为这件事情,我成为那天班上的名人。

"下课休息时间,我和迪玛在玩跳房子,帕玛拉走过来。我记得帕玛拉站在旁边,两手插在外套的口袋里。迪玛问她要不要玩,她用觉得无趣的口吻说不要。然后等轮到迪玛跳房子时,就向我招手示意,要我过去,说有事要问我。我马上抛下迪玛过去。她说,她会问她妈能不能到我家去,如果可以,她想去我家看鸭子。

"我为此欣喜若狂。中午吃饭的时间,我飞奔回家告诉我妈这件事情。帕玛拉之前在学校几乎很少跟我说话,现在竟然要到我家玩!因为忙着准备,午餐我几乎吃不下东西。我冲上阁楼整理我的房间,把床铺好。也许帕玛拉会想看我搜集的小马、石头或压扁的树叶。说不定,她会有兴趣看我怎么用我爸的旧化学用具净化用水。或许,她会喜欢画图。为了以防万一,我把放在架子上的图画拿了下来,还请我妈烤一些她最拿手的花生饼干。

"帕玛拉依照约定来了。她看了我的房间,喝了一杯牛奶,吃了一些饼干。不过,因为她不喜欢花生饼干,所以我妈打开一袋奥利斯饼干请她吃。然后她要求去看鸭子。

"我带她到湖边,沿着芦苇丛前进。帕玛拉抱怨鸭粪的味道很臭,而那只鸭子坐在窝里,对着我们不高兴地呱呱叫。帕玛拉说想要看看蛋,我就立刻把鸭子赶走,替她拿了一个蛋。帕玛拉仔细地检视那个蛋,还想把蛋带走。我完全没有想要拒绝她,也没问她为什么要拿蛋,就把蛋给了她。接着我们爬出了芦苇丛。

"帕玛拉把蛋放在外套的口袋里,就轻松地说:'好了,明天学校见。'说完她转身准备离开。我叫住帕玛拉,说:'嘿,等一下!你不想玩一下吗?'她摇摇头,说她只是来看鸭蛋的,现在已经看到,所以要回家了。她必须在四点十五分回到家,练习钢琴,她答应妈妈不会在外面待太久。

"我约她下次再来我家,看我用乳液擦拭我搜集的小马。还跟她说,我愿意让她玩其中最好的那匹白色小马,那可是连迪玛都玩不到的小马。

"我记得她毫不考虑地说不要。我还不死心,跟她说我妈不只会做花生饼干,还会做巧克力口味的,要她下次来吃吃看。她却跟我说:'你是个疯子,全校的人都知道你疯了。你为什么认为我会跟你玩?'

"我强烈地否认。但她说:'你会自言自语,就表示你疯了,所以大家才不跟你玩。'我记得自己很不高兴地回答她说:'我没有疯,而且有很多人愿意跟我玩。'她皱着鼻头说:'只有迪玛跟你玩,因为她爸在废水处理厂工作,整天清理人家的化粪池,她臭到没有人要跟她

玩，所以才跟你玩。'

"我说：'她才不臭，而且她也不是我唯一的朋友。我有很多朋友，只是你不认识他们，他们也不会喜欢你。'她嗤之以鼻地说：'那些也许都是你捏造出来的人物。'我辩驳说：'那些都是真正的朋友。'她却露出一丝高傲的微笑，对我说：'疯子分不清楚真假，所以才是疯子。'然后转身走出我家大门，往大街上走去。"

萝拉停下来，深深地靠进椅背，坐在那里沉默了好一会儿。

"事实上，我并没有说谎，只是大家一直不断质疑我的话。他们认为只要是不存在于现实的世界，都是假的。不是黑，就是白；不是真，就是假；不是事实，就是谎言。但真的不是这样，我没有编造它们。我也不知道为什么只有我看得到它们，别人却看不到。我们不能因为这样，就说它们不是真的啊！"

一阵长长的、引人深思的沉默。

她低声地说："我还记得五年级学习有关蜜蜂的知识时，曾经提到蜜蜂能看到可见光谱之外的颜色。人类看到威廉花时，只知道它看起来是白色的，那就是我们所知道的事实。但蜜蜂看到这朵花时，却能看见复杂的花瓣图形，因为它们能看到我们肉眼看不到的光线。当我读到这里时，记得我当时心想，那就像我和森林居民的关系。人类看不见那朵花的其他形态，并不代表蜜蜂看到的就是假的。而我能看见森林，别人不行，也不代表我在说谎。"

萝拉停顿下来，注视着詹姆斯，让他有一种莫名的威胁感。

"我一直在想，要怎么用一种生动的方式，和你分享有关托冈的事情，那是多么真实又虚幻，但又美丽的事情。如果你能了解它，就不会对我所说的话太快下定论……"

她激动地停了下来，詹姆斯没有响应，等着她心情平复。

最后，萝拉倾身把放在地上的手提袋拿了起来："我小时候写了很多关于托冈的故事，我试着把那个世界写下来。如果你想看，我可以把这些给你，这样你可以更快了解她的世界。"她边说边从袋子里拿出手稿来。

詹姆斯将手稿拿了过来："是的，我很乐意看这些手稿。"

"写得不是太好，那些大部分都是我青少年阶段写的。"

"你太客气了，我相信一定写得不错。"

"那些都是发生在托冈世界的故事，我目睹这些事情，便写了下来，作为一种深入了解它们的方式。这通常是我写作的目的：去了解一些事情。"

托冈的世界

> 我告诉迪玛,我好想去探索托冈和那些森林的居民。他们的世界就像是透明的,潜伏在现实事物之下,而我们的世界则在他们的世界之上。

詹姆斯一直到晚上回家后,才有时间看萝拉的手稿。这份手稿看得出来已经相当陈旧,作者在打字时力道不均匀,所以有些字很清晰,有些则很浅。而且可能是翻阅太多次了吧,纸张的边缘都已经卷起来了。

詹姆斯倒了一杯酒,还在壁炉里加了一块木头,好抵抗这晚秋突来的暴雨。然后坐了下来,开始阅读。

一声敲门声响起,不等里面的回应,外面那名学徒就推开门走了进去。

"里面好暗。"她诧异地说。这是洛奇,只有八岁,才刚刚被送进总部当学徒，还不懂得规矩。

"你要等到许可，才能进博那的房间。而且学徒进来之后，应该要先行礼。"托冈说。

洛奇不好意思地摆了摆手："噢，对不起，我老是犯错。我现在怎么做才好呢？出去后再重来一遍？"

"不用了，下次记得就好。"

洛奇好奇地张望四周："神圣的博那，这房间好暗啊，你注意到了吗？我妈说不要在太暗的房间工作，会伤害视力的。"

托冈回应说："是啊！没错。"然后，把盖住的毛毯掀开，站了起来。

洛奇睁大了眼睛："神圣的博那！你的靴子和长裤呢？"

"我回来的时候下大雪，我的长裤和靴子湿了，所以我把它们脱下来晾干。"

"我没想到你的腿和我们一样。我总觉得脚很丑，尤其是脚板，你认为呢？"洛奇以惊讶的口吻说。

托冈哈哈大笑："我的身体结构和一般女人没两样，当然丑陋的脚板也相同。"

那小女孩的脸红了起来："我不是有意冒犯你的脚。"

"你的话和我的脚都没有冒犯到我。我在被大能者选为博那之前，只是一名工人的女儿，我经常得用我的脚下田工作。"

"你是工人的女儿？真的吗？"

"是啊，所以每个人都应该以自己的工作为荣，因为大能者不光是重视血统，也重视每个人工作的态度。"

洛奇点点头。

"好了,我想你应该是有事才会过来,因为我没有召唤你。"托冈说。

"我是来通知你,晚餐准备好了。"

"嗯,你跟灵视者说,我今晚不吃饭了。"

"为什么?你不舒服吗?"

托冈莞尔一笑:"你还真是新来的,对吧?"

小女孩低下头:"对不起,我不应该回问你的,对不对?"

"嗯,下次别这样就好。"

洛奇离开没多久,灵视者就进来了:"你怎么了,生病了吗?"

"不算生病,只是肠胃有点不适,不想吃饭。"

灵视者走近托冈,仔细打量她的脸色,两手托着她的头部,手指来回在她额头移动。托冈望着老人眼睛。他说:"今晚可能要煮一点洁油,我感觉到邪灵在你的体内蠢蠢欲动。"

"真的没事。"托冈说。但老人仍托着她的头。

"那就像往常一样到餐厅去用餐。汤不浓,很好消化。"

托冈说:"我不饿,我担心吃了之后会更不舒服。派一名学徒端一碗汤给我,如果舒服一点,我就喝汤。"

"你一定要吃。"老人说。

"如果我觉得舒服一点就会吃。"

"你一定要吃。自从你来到这里之后,变得太瘦了。我担心你肚子里都是虫。不过,你吃不吃都没关系。如果你不吃,我就有机会检查一下,到底是什么虫在你身体里作怪。"

进来的人是洛奇。她先把门打开,然后小心翼翼地端着汤碗走过来。

"你又忘了敲门。"托冈温和地说。

"噢!"女孩懊恼地低呼,"对不起。"她垂下肩,"这里规矩太多,我一下子真的记不得。要我退出去再重来一遍吗?"

"不用了,不过你以后一定要记住。不然要是惹恼哪个神女,说不定会赏你耳光的。"托冈说。

"为什么你不打我呢?"

托冈挤出一丝笑意:"也许等我稍微舒服一点,会这么做喔!"

女孩回以一笑:"我不认为你会这么做,我觉得你不喜欢打人,我从来没见过你打人。"

托冈再次想要呕吐,她深吸一口气,想把不适的感觉压下来。

"神圣的博那,你看起来好像更不舒服了。"洛奇边说边把碗放在靠窗的小桌子上,"我以前也有过这种经验,一个晚上呕吐了十二次,最后连我的哥哥们也跟着呕吐。我有四个兄弟。"

"你有一个大家庭。你父母很幸运。"

"我父亲是位强壮的战士,他很高兴有很多儿子。"

"他也会很高兴有你,父亲都是疼爱女儿的。你母亲应该很庆幸有你帮忙照顾这些男生。"

洛奇微笑。

"你来这里,一定很想念你的家人吧!"托冈说。

"是有一点。"她说完,有点不安地看着托冈,"我这么说是不是不恰当?"

"不会的，这是很自然的情绪啊！我刚来总部的时候，也常常想念我的家人，甚至晚上还偷偷地哭呢！"

"真的吗？"洛奇好讶异，"你母亲没有教你不准哭吗？说那样会让你父亲没面子？"

"我父亲是个工人，他不太容易觉得没面子。"

"神圣的博那，我其实也会想哭，但是我怕你生气，所以不敢承认。说实在的，你真的和我想象的很不同耶！"

"例如，你把我想象成没有腿的人。"

洛奇哈哈大笑："我只是认为你比灵视者更尊贵，应该比他更有威严，不会想跟小孩子谈话才对。"

"你猜错了，我觉得和你聊天很开心。"

"真的吗？"洛奇露出惊喜的表情，她随即建议托冈："我觉得你可以请尊贵的大能者，帮你除去不适，这样不是很好吗？"

"我也想，但这是办不到的。"托冈回答。

"为什么？你是神圣的博那，我觉得圣者闹肚子，感觉怪怪的。"

托冈笑了一笑："我又不是神。"

"律条上说，你是天赋神授者，所以我们必须向你礼拜。"

"但天赋神授就表示我有一般常人的躯体。"

洛奇皱起眉头："为什么会这样？"

"如果我能免除肉体会经历到的疾病和疼痛，那身为肉体又有何意义？所以，要求大能者免除我的不适并不恰当。因为大能者，就是要我经历这些。"

洛奇露出沉思的表情，显然并没有被这样的说辞说服。

"更何况，疾病并不是大能者管辖范围，他管辖的是意识、选择及善恶。其余都由大自然管辖，即使是神圣的大能者，也不能改变自然的律法。"

"难道，疾病不算一种恶吗？不然我们为什么还要向女巫求助，去除恶灵？难道它们还不够邪恶吗？就这个角度看来，它为什么不属于大能者管辖？我们不应该尽力驱除它们，让生活更好吗？"

托冈挑起了眉头："小女孩，注意自己说的话。"

洛奇低下头："对不起，我又说错话了。这里的规矩真的好多，我太笨了，老是学不好。"

"孩子，你一点都不笨，你的问题在于，你太聪明了。"

"你写这些故事时，大概是几岁？"这次会谈一开始，詹姆斯就问萝拉。

"我不太记得确切的年纪，大概是青少年时期吧！不过，我知道我是十一岁时经历这些事情的。我还记得那是秋季一个星期六的下午，我和迪玛一起去公园。我们两个人坐在栏杆上聊天，迪玛和我讨论青春期发育的问题，说她怎样计算耻骨上的阴毛，又问我开始长了没有。在她说话时，我看见公园对面的树木在阳光下闪闪发光。当时我并没有见到托冈，但不知道为什么，我看见红叶上的阳光，便想到托冈。

"我告诉迪玛，我好想去探索托冈和那些森林的居民。他们的世界就像是透明的，潜伏在现实事物之下，而我们的世界则在他们的世界之上。迪玛很惊讶地说：'你还在玩这个？'自从九岁开始，迪玛就渐渐改变了，我们愈来愈少玩假扮的游戏，所以她不知道我的脑中一直还有这些影像和声音。

"我跟迪玛说，他们从来都没有消失过，我还一直听得见他们的交谈声。托冈说的每一句话我都听得到，就算她没有说出来，我也知道她在想什么。迪玛认为我的脑子就像是卫星天线，能接收到外星来的讯息。但我不这么想，我觉得他们就像是在隔壁房间说话，而我能透过墙壁听见他们的对话，如果我愿意，随时都可以走进他们的房间里。

"迪玛恨不得我立刻这么做，她不是质疑我的话，而是感到好奇。她希望我马上进入托冈的世界，我也真的照办了。那时间刚好是托冈和洛奇说话之后没多久，当时托冈正在进行某种神圣的仪式。我回头看着迪玛，并且告诉她，托冈就在那里。

"但迪玛根本不相信我的话，她认为我是捏造的。我告诉她，当托冈肚子不舒服的时候，我也觉得肚子怪怪的，好像我可以接收到她的感觉。迪玛睁大眼睛看着我，摇了摇头，并且提醒我说：'这些事情，你跟我说没关系，我们是好朋友，但你千万不要到处讲，因为听起来真的很疯狂。'

"我向她保证，我只跟她一个人说。接着她就转移话题，说起班上同学凯斯·米勒昨天在麦凯小姐的课堂上，伸手摸了莎莉的背，想确定她有没有穿胸衣……

"当迪玛说个不停的同时，我记得自己再次望着树叶上闪动的金光，并且思考着，什么是真实的？事物的存在到底是由什么界定的？我还牢牢记得当时那种微微不适的感觉。"

12

住在毯子下的人

她点点头:"是的,因为他老是谈那个鬼,还常常调整腰上的绳子,说他的猫看见鬼来了。"

"康纳有提过那是什么鬼吗?"詹姆斯问。

"是住在毯子下的人。"

在和艾伦的会谈快要结束时,艾伦忽然说:"我想请问你,是不是也能和摩根娜谈谈?那也是套装方案的一部分,对吧?这对治疗是有帮助的吧?"

詹姆斯点点头。

"太好了,就像我之前跟你说的,摩根娜也出现我不愿意见到的行为了。"艾伦停顿了一下,露出了痛苦的表情,"听我这么说,是不是觉得很可怕?我真不敢想象,我们竟然毁掉了两个天真、可爱的孩子,我们还真是差劲的父母,对吧?"

"不要这么想,不要用该怪谁犯了错这种观点,来看待这整件事情。虽然很多人都习惯从这个角度看事情，但这太狭隘。事情的发生，理由通常没有这么单纯。家庭就像是一个小社会，摩根娜是家庭的一分子，自然会影响家中其他成员，也会被其他成员影响。"

"好吧。"

"所以我在治疗一个孩子时，会同时和他所有的家人会谈，这点很重要。"

艾伦表示同意地说："我知道你是如何帮助康纳的，我希望你也能帮助摩根娜。"接着他露出微笑，"我注意到康纳改变了，虽然只有一点点，但确实在改变。有时候他会听我说话，而不是完全沉浸在自己的世界里。"

"康纳在这里表现得非常好，进展虽然慢，但是很稳定，他渐渐有响应了。"

"听到这点，真令人开心。如果能让康纳恢复原本的样子，将是我这一辈子最开心的事情。"艾伦激动地说。

这次的会谈一开始，康纳就直接走向架子，把塑料道路拉出来。他先用玩具猫侦测一遍，然后将它反过来铺在地板上，让白的一面朝上铺平："喀—喀—喀、哗、吧—吧—吧。"

他把手伸进塑料布好几回，然后手开始在下面移动，就像猫躲在毯子下面一样。

"台地。"他喃喃自语，接着把手抽出来。

"你说什么？"詹姆斯问。

"泰勒斯－李托登陆。"他边说边把塑料布抚平，"这里没有坟墓，人到哪里去了?"

詹姆斯完全跟不上男孩的思绪,只好用拼音的方式,把刚才康纳念的那几个字记在笔记本上。

"这里是台地。"康纳抬起头看着詹姆斯,用焦虑的语气说着。好像他知道詹姆斯不了解他在说什么,所以有些焦急。这很明显是在和詹姆斯沟通。

"台地在这里。"康纳又说了一次,还拍了拍塑料布,"台地,对,这是台地。人在哪里?"

"你是说积木人吗?上一次你玩的那个小人?"詹姆斯问,"他和其他乐高玩具装在一起,在那个篮子里。"

康纳垂下双肩,用夸张的方式表示詹姆斯猜错了。詹姆斯有点沮丧,他知道康纳想说些什么,但他怎么也听不懂。

康纳最后放弃了,站起来走向窗边,将玩具猫紧紧地抱在胸前。这是他第一次注意到那扇大窗,并且从那里望着外面。室内陷入一阵沉默。

"月亮人到哪里去了?"康纳问。

"月亮还没有升起,我们看不到他。"

康纳露出紧张的神情,把玩具猫压在脸上:"喀—喀—喀—喀—喀。"

"我听到你焦虑的声音,"詹姆斯说,"你不喜欢看不到月亮?"

"月亮人到哪里去了?"

"你指的是登陆月球的人?他们不在月球上了。他们登陆月球是很久以前的事,现在他们回到地球上了。"

"在月球上的人能看到我们,但我们看不到他们。他们可以看到我们。喀—喀—喀—喀。"

"你担心在月亮上的人吗？"詹姆斯轻声地问，"康纳，那不是真的。没有一个真正的人在上面。那只是月球的表面，从地球看起来像个人脸，但没有真正的人在月球上。"

"泰勒斯 - 李托登陆，一九七一。"康纳大叫。

"令你感到困惑，是不是？"詹姆斯努力想诠释康纳的不安，"我们说在月球上的人，指的是我们从地球看过去，月球表面的形状看起来好像一个人脸，并不是真的有人。这只是一种形容方式。不过，的确曾有航天员登陆过月球，他们是真的人，但已经不在月球上了。月球上太荒凉，没有人能在上面生活。所以他们早就回到地球上了。"

男孩开始哭起来："不！不要月球上的人回来！"他把玩具猫压在脸上，跪在地上啜泣起来。

摩根娜在候诊室，紧紧地抓住父亲的大腿，用怀疑的眼神看着詹姆斯。和之前那个和贝茜追来追去、打打闹闹、非常有自信的小女孩判若两人。

"嘿，真高兴再见到你。"詹姆斯说。

她更靠向父亲的大腿。

詹姆斯朝她伸出手："游戏室在那里，我带你过去。"

摩根娜不太情愿地吻了父亲一下，然后牵着詹姆斯的手，走进游戏室去。她还先在门口张望了一会儿，才谨慎地踏进去。不过，不管詹姆斯如何劝诱，都无法使她再往前多走几步。詹姆斯只好轻轻关上门，走到小桌子旁坐下。

"我从来没见过医生的办公室长得像这样,威森医生的办公室和你这里完全不同。"摩根娜怀疑地打量着四周。

"威森医生和我是不同类别的医生。他负责维护生理的健康,我负责维护心理健康。"

她望着他说:"你会替人家打针吗?"

"通常不会。"

她露出松了一口气的表情:"噢,太好了。"

"你担心我会为你打针吗?"詹姆斯问。

摩根娜用力地点点头:"是啊,我以为所有的医生都会给人打针。"她露出不好意思的表情,"所以我不想一个人来,如果要打针,我希望爸爸能陪我。"她开始用比较自信的态度打量四周:"这里的玩具还真多,都是贝茜和麦克的吗?"

"不是,他们的玩具在家里,这里的玩具是给来这间游戏室的小朋友玩的。"

"就像我哥哥吗?"

"是啊,今天这些玩具归你玩,你可以挑自己想玩的,在这里,全由你决定。"

"听起来很不错,你手上的东西是什么?"她笑着问。

"我的笔记本,我正在记录我们之间的交谈。"

"为什么?"

"因为我们之间的谈话,或许对解决某些问题有帮助,我希望能记住你们告诉我的话。"詹姆斯回答。

摩根娜两手平放在桌面上,倾身向前,仔细看着詹姆斯,眼睛闪闪发亮。"想知道我哥做过什么事吗？"她神秘兮兮地说，"他在厨房的垃圾桶上小号，他以为那是马桶。"说完，她哈哈大笑，"不过，这是秘密，千万不能告诉我妈。"

"为什么不能告诉你妈？"

"因为我妈特别交代我，不要告诉你这种事情。"她说着又大笑出声。

詹姆斯也笑了出来。

"其实我告诉过贝茜了，她还跟我说，麦克也曾经在浴缸里小便过，甚至还上过一次大号，大便就浮在浴缸里。"

"是啊，恐怕她说得没错。"

"男生真的好恶心。"

詹姆斯点点头。

"贝茜为什么没有一直跟你住一起？"

"因为贝茜的母亲和我离婚了。贝茜大部分时间都跟她母亲住在纽约，她的学校、外婆、外公和表兄弟姐妹都在那里。不过，我仍然爱着贝茜和麦克，所以有时候他们会来我这里，和我共度假期。"

摩根娜开始严肃起来："我父母也是这样。我是说，他们想离婚。"

"你对这件事情有什么看法？"詹姆斯问。

"我不希望这样。"

"为什么呢？"

"我们学校有一个叫凯拉的女孩，父母在她读幼儿园时离婚了。现在她一星期只能见爸爸两次，有时她爸还忘了和她见面的时间。我不希望这种事情发生在我身上，我真的很爱我爸爸。"

"这是当然的。"詹姆斯说。

"你不会忘记贝茜吧?"

"当然不会,做父亲的永远不会忘记自己的孩子,即使他们不常见面。"

"我不希望他们离婚,其实还有一个理由。"摩根娜说。

"什么理由?"

"我们的牧场。因为我真的非常非常爱我们的牧场,希望能永远住在那里。等我长大,我也要像我爸爸一样当一个牛仔。但我妈说,如果他们离婚,我和康纳就不能住在那里,必须搬到别的地方去。我不希望这样,我想跟爸妈住在一起。"

"这还真是个大问题。"

"是啊,的确是个大问题。"摩根娜皱起眉头说。

她在詹姆斯做笔记时,一直看着他的笔:"不过,有一点我觉得不错。"摩根娜露出顽皮的笑容,"凯拉说她现在有两个圣诞节,第一个圣诞节是跟她妈一起过,然后再跟她爸和女朋友过另一个圣诞节,可以收到两次圣诞礼物耶!关于这一点,我就一点都不在意了。"

詹姆斯报以一笑。

摩根娜转头看看四周,接着站起身来,边走边看:"你这里的玩具还真多,好像玩具店喔!"翻看了各种玩具之后,她拿了一盒蜡笔和一张白纸,回到桌边,在詹姆斯的对面坐下来。挑了一根蓝色的蜡笔,在白纸上大大地写下自己的名字。

"我的字写得很漂亮,对不对?"她开心地展示给詹姆斯看。之后又挑了一根绿色的蜡笔,思考了好一会儿,最后只是把刚才的字又描了一遍。

"你知道吗？我很会阅读喔！"她说。

"那很好。"

"我是班上阅读能力最好的那一组。我一年级的时候，就会阅读一般大人看的书籍，而不是给小孩子看的那种儿童书。"

"大人的书籍比较有趣，是吗？"

"我三岁就会阅读了。"

"显然你对阅读很有天分。"詹姆斯说。

"你知道吗？我最好的朋友完全不会阅读耶！"摩根娜得意地说。

"有些人六岁才开始读书，刚开始确实不太容易。"詹姆斯说。

"噢，他不是六岁，他八岁了。"

"有些人阅读起来，的确比别人吃力。"

摩根娜挑了第三种颜色的蜡笔，在她的名字上又描了一圈："不，不是因为他觉得困难，是因为他和表姐在家自学，但他们家根本没有人懂得怎么阅读。"

"这很不寻常。"詹姆斯回答说。

"我也是这么想。刚开始我不相信他的话，怎么会有大人不懂得阅读呢？但他说的是真的，他真的不会阅读，甚至连字母也不认得。你猜我对他怎么说？"

"怎么说？"詹姆斯问。

"我说，我可以教他。"

"你真是一个贴心的朋友。"

"因为我们是好朋友，几乎天天都玩在一起啊！"

"你们在一起都玩什么？"詹姆斯问。

"大部分是玩国王和皇后，那是我们最喜欢的游戏。"她突然大笑出来，"你知道他有多笨吗？他说等他长大，他就要当国王。我说不可能，因为现在已经没有真正的国王了，那只存在于童话世界，但他说我错了。我就去问我妈，她说是有真正的国王啦，但她不认为有人可以在南达科他当国王。"摩根娜笑得很开心，"所以我就取笑他是狮子王。"

"为什么呢？"

"我刚才说啦，因为他说长大之后想当国王。"

"我指的是，为什么叫他狮子。"詹姆斯说。

"噢，有两个理由。第一，因为他的头发一直垂到肩膀，像女生的头发那么长，所以我叫它是狮子的鬃毛。第二，他总是想当一只猫。"

"一只猫？"詹姆斯好奇地问。

"当然是假装的，我们总是在河边玩耍，如果他先到，就会躲在岩石后面，然后跳出来吓我，说他是大山猫。但我才不怕呢！我会反过来追着他跑！"她哈哈大笑，挥动双手。

一阵沉默之后，摩根娜看着自己的纸。在她讲话的过程中，她还是不断用各种颜色的蜡笔描名字。"看，我把它画得像彩虹。"她把纸拿起来，展示给詹姆斯看，"我知道彩虹的颜色和正确的顺序。要我念出来吗？红、橙、黄、绿、青、蓝、紫。"

"你真聪明。"詹姆斯回答。

"是啊，我很聪明，我的智商是一百四十六，我的父母带我去测过。我本来不该告诉别人的，我妈吩咐过我，但你是个医生，应该没关系吧!"

詹姆斯对她报以微笑:"你知道智商是什么吗?"

摩根娜咬着唇,转动一下眼珠,然后耸耸肩,嫣然一笑:"不太清楚。但我知道,聪明的人分数就会高,而且学校的成绩比较好。"

"我想,这么说也没错。"詹姆斯回答。

停顿了一下。

"我可以问你一些事情吗?"摩根娜歪着头,露出询问的神情。

"当然可以。"詹姆斯说。

"我不知道康纳的智商是多少,但他一定也有一个分数吧!你知道吗?他会阅读的年纪比我更早。我妈说,他两岁的时候就会读书了。"

"这还真是少见的天分。"詹姆斯说。

"但有一个跟我一道坐校车的男生说康纳是个智障。"

"你听到这种话,有什么感觉?"

"我不在乎他说什么,因为那不是真的。因为康纳两岁就会读书了。所以他说的不是真的,不是光嘴巴说说就是事实。"

"没错。"

"但我想知道的是,为什么康纳没办法跟我一起上学,而且得到好成绩?如果他的智商不错,为什么会像现在这样?"她问道。

"这很难说,人的能力由各种因素组成,智商只是其中之一。有时候,除了智商,我们还需要其他的东西来配合。"

"我希望他能像一个真正的哥哥。"摩根娜以期望的口吻说。

"你想要有一个真正的大哥,是吗?"詹姆斯问。

她点点头:"我希望他能照顾我。他九岁了,比我大三岁,但你知道吗？大部分时间是我在照顾他。"

"我了解为什么你会感到困扰。"詹姆斯说。

"而且他让我害怕。"

"为什么呢？"

"晚上，他在他房间里自言自语，我可以透过墙壁听到他在说话。"

"这吓到你了？"詹姆斯问。

她点点头："是的，因为他老是谈那个鬼，还常常调整腰上的绳子，说他的猫看见鬼来了。他整天都神经兮兮的，自言自语地调整腰带。有时候，我到他房间去，想叫他睡一下，他就会要求我和他一起坐在绳子的范围里，说这样那只猫才能保护我们不受到鬼的打扰。"

"看样子，你常常和康纳谈话，是吗？"詹姆斯问。

摩根娜点点头："因为我会倾听。"

"康纳有提过那是什么鬼吗？"詹姆斯问。

"是住在毯子下的人。"

"我明白了，你发现过有什么人住在你家任何一个毯子底下吗？"

"没有，它们都只是普通的毯子。"摩根娜说。

"是的，我想也是。康纳把一些事情混在一起了，所以你最好不要太在意这些事情。"詹姆斯说。

"是啊，我爸也是这么说的。他说那只是康纳的感觉。但还是让我感到害怕。我比他小，他应该比我勇敢，但现在我却得比他更勇敢。而且，不管我说什么，康纳还是一整晚都不睡觉，一直担忧个不停。他不断说猫看到那个鬼在走廊上，如果我们不小心，它就会来抓住我们。"

13

离开湖畔

> 我忽然明白,不管未来有什么样的事情等着我,我都没有机会重拾在那里的快乐。离开了凯那利街,代表我的童年就此结束。

又到了和萝拉会谈的时间。一开始她就说:"我十二岁时,一切都变了。我开始读中学,新学校刚好在小学的相反方向,所以我和迪玛放学后一道回家时,会先到她家,然后我要再单独走两条街,才会到家。

"我的养兄史蒂文开始在凯那利街和阿诺德街中间的空地等我。我们一直都处不好。他只比我大一岁,是我的养兄们中唯一难以相处的一个,而且非常恶劣。我父亲要我不要理会他,说他可能是嫉妒我,因为他本来是四个孩子中最小的一个,因为我的到来,父母的注意力转移到我身上。不过,事实上,史蒂文和其他人也都相处不来。他在学校经常惹是生非。

"在我们年纪还小的时候,这种情况还能忍受,因为我那时和他身高差不多,而且我的运动神经更好,所以必要时,还能打成平手。但到了中学,他一下子长高许多,在体型上占了上风。

"如果有其他男生和他在一起,他们最多是把我推倒,然后跑掉。最严重的那次,也不过是要一个叫布鲁斯的男生踢我的便当盒,打破我的保温壶。这些恶作剧都不算什么,顶多在我身上留下一些擦伤和淤青。

"但如果只有史蒂文一个人的时候,事情就糟了,他满脑子都是性。所以会把我推倒,坐在我身上,企图脱我的裤子。通常我都能挣脱,然后他就会挥着被他强脱下来的裤子,在后面追我,再随便乱扔。

"一天下午,我看见史蒂文和另外两个叫吉米和劳伦的男生在巷子等着。我知道他们存心要找我麻烦,就绕过他们朝湖边的路上走。那时我跑步的速度很快,比史蒂文快得多,而且我知道一条到家里的捷径,所以,通常我都能成功地安全跑回家。那一次,我以为自己又能脱困,因为我利用一条别人都不知道的小路。就在我快到我们家后巷的围墙时,我听到史蒂文大叫:'围住她!'我把书包一丢,跑下通往湖边的小路。我犯了一个大错,那里的草长得又高又密,我被它们绊住。

"他们很快就追到我。劳伦抓住我的手臂,史蒂文坐在我身上。吉米站在旁边大笑,把土踢到我脸上。然后,史蒂文说:'动手吧!'

"吉米马上拒绝,但史蒂文已经开始解腰带。我开始大叫。史蒂文那时十三岁,已经长得相当高大,我根本推不开他。更何况,他们有三个人。不过,吉米出声阻止,他说:'我们不该这么做。'史蒂文却说:'你是怎么了?硬不起来?'之后,他不多费唇舌,便把我的裤子脱下来，尽情地凌辱。

"我大叫，劳伦吓得松开手，但史蒂文仍然不为所动。他一手按住我的嘴，凑近脸对我说：'你不会告诉任何人吧？'他用威胁的口吻说。他还冷笑说：'因为你无足轻重。发生在无足轻重的人身上的事，一点也不重要。'"

"这是多恐怖的经验啊！你有告诉过任何人吗？"詹姆斯同情地说。

"两星期后，我父亲像平常一样来看我。那阵子他都是一个人来。我哥哥罗素已经大学毕业，他在工作。格兰德才刚上斯坦福大学。所以，我几乎见不到他们两个人，就只有我父亲和我。但他还是照例带我去同一家餐厅吃牛排。我记得那个星期日，我坐在他对面，觉得那张桌子特别巨大。

"在点完餐之后，父亲觉得我特别安静，他问我还好吗？我没有回答，只是坐在那里。过去两周，我一再回想史蒂文对我所做的事，一遍一遍在脑中演练要如何把这件事情告诉我父亲，但当他真的坐在我对面，我却不知道要怎么开口。

"最后，我只问他，我真的有机会和你住在一起吗？他说：'当然，我一直都在努力。但我现在住的地方不够大。你已经习惯那样的大房子，又有湖……而且我还要给你找个妈。'

"我跟他说：'我不在乎这些，住小一点的房子也没关系。我已经够大了，不需要一个母亲来照顾我。格兰德、罗素和你住在一起的时候，就是我现在的年纪，他们没妈照顾也长这么大了，我不会给你带来很多麻烦，我保证。我想现在就跟你同住。'他却问我：'为什么？我以为你跟麦克斯一家住在一起很快乐。'我告诉他，我恨史蒂文，他是色情狂史蒂文。但我父亲没有追问原因。

"这时,女服务生把我们的牛排端上桌。我父亲倒上西红柿酱,就开始吃了起来。但我一点也不饿,反而有点想吐,所以只是坐在那里瞪着我的食物。我父亲吃到一半,忽然微笑着靠了过来,用神秘的口气对我说:'我最近和一个女人走得很近,她叫玛丽安,你一定会喜欢她。她有一头亮丽的黑发,非常漂亮。'他一提到黑发,我就想到托冈,这让我很开心,但是我父亲接着又说:'你要给我一点时间,萝拉。再等六个月,也许你就可以搬过来了。'

"在那次和我爸吃饭不到一个星期的某一天,我正在楼上房间看书,时间已经不早了,所以我正要关灯准备睡觉。在关灯到真正入睡这段时间,是我最放松的时刻,我都是利用这段时间与托冈的世界接触的。但这时,我的房间门被轻轻推开,黑暗中出现了史蒂文的身形。我马上坐起来,命令他离开。那是我私人的空间,我有权利叫他出去。他完全不理会,爬到我床上来。

"我威胁他要告诉爸妈,他一手揪着我的头发,一手捂住我的嘴巴,说:'你敢叫,你就有大麻烦了。'我挣脱开来,试图跳下床,但是他抓住我的衣服,威胁我如果不听他的话,他明天就要杀了菲利,把它的尸体放在我床上。

"菲利是我养的小猫。它就像个黑白混杂的小毛球,我细心照顾了它一整个夏天,才让它变得白白胖胖的。我非常疼爱它,因为它很贴心,又完全不怕人,它绝对不会提防史蒂文的。所以,为了菲利,那天晚上我任由史蒂文把我推倒在床上。等到他离开,我躺在黑暗中。让我感到最糟的,并不是被史蒂文强暴,因为他已经那样做过。我感到最糟的是，他拿菲利威胁我。菲利的生命将不再安全，我也一样。如果我不采取行动，只能任由史蒂文为所欲为。在那一刻，我领悟到我在这个家的生活已经彻底结束，我不能再留下来。

"我在黑漆漆的房间里等着，直到楼下完全没有动静为止。然后，我悄悄下楼。那时已经快要凌晨两点了。我进到厨房，拿起话筒，拨了我父亲家的电话号码。电话那头传来的是一个女人睡意浓重的声音。我以为我拨错电话，马上把话筒挂上，小心地再拨一次。又是同一个女人的声音，同样满是睡意，而且用恼火的语气说：'你要干什么？'我鼓起勇气问她：'我父亲在吗？'她说我打错了，便挂断电话。但我不死心，打开厨房的电灯，小心翼翼地再拨一次。在那女的挂断之前，我跟她说：'我父亲叫隆那德·道顿。他在吗？'对方沉默了一下。我听到她在电话那头说：'隆那？隆那？醒一醒。找你的。'

"这次终于听到我父亲的声音了，我请他快来接我，并且把所有的事情告诉他。我凌晨两点十五分打的电话，他早上八点就到麦克斯家大门口。接下来的状况一团混乱，我养母不断地哭，我父亲对我养父大骂，威胁要报警。史蒂文坐在厨房的椅子上，一脸惊恐的表情，连我都觉得他很可怜。最后，我父亲说：'萝拉，收拾你的东西去，现在就跟我走。'这句话我等了好多年。"她悲伤地摇摇头。

"我拎着一只皮箱冲上楼，开始收拾衣服。我只带了几只塑料模型马，因为没办法把它们全部塞进皮箱里，但我想反正以后再来拿就好，所以没关系。

"当我将挂在窗口的一件饰品取来，准备收进箱子里的时候，我看到窗外粼粼的湖面，我才逐渐意识到整个事情的严重性。在那一刻，想到我再也不能住在湖边，我突然兴起一股失落感。但我随即听到父亲在楼下叫我，连忙提着皮箱下楼，暂时抛开那种情绪。

"我父亲催着我快点上车，因为他必须在午餐之前赶回迅捷市。我把行李放在车上，然后说：'等一下，我去抱菲利。'我父亲问：'谁是菲利？'我说：'那是我的小猫，我夏天时跟你提过的，等一下就好，我找一个盒子装它。'我父亲摇头，说：'萝拉，你不能带猫一起走。我们住在公寓里，那里不允许养宠物。'

"我哭了出来，我所做的一切都是为了菲利。我是为了它，才说出史蒂文对我所做的事情。我怎么能不带它走呢？但我别无选择，我必须那么做。到了我们要离开的那一刻，麦克斯一家全都待在屋子里，没有人出来送行。我和我父亲坐上车，我看到他们全都站在窗口，包括史蒂文在内。他们没有挥手，只是注视着。菲利坐在大门口，竖起它的耳朵，也注视着。

"我记得我在院门口回头望着，注视着那幢房子，看着站在窗口的麦克斯一家，和坐在门口台阶上的菲利。我忽然明白，不管未来有什么样的事情等着我，我都没有机会重拾在那里的快乐。离开了凯那利街，代表我的童年就此结束。即使那时我才十二岁，我已经清楚知道这一点。

"我父亲等我们离开了黑山区，加速朝迅捷市驶去时，对我说：'有一件事我必须告诉你，还记得上个周末我跟你提过玛丽安吗？'我点点头。'玛丽安和我已经结婚了。''这种事情为什么不告诉我呢？'我感到非常惊讶。'我本来就打算告诉你，但一直找不到好时机。'在接下来的路程中，我陷入了迷惘。除了知道玛丽安有一头黑发，我对她一无所悉，所以，我完全无法将她编织到我过去一直幻想的情节中：跟父亲和新妈妈共同生活的景象。

"不过，这样也许反而更好，因为，等车子驶进我父亲公寓的停车场，出现在门口的那个女人，完全出乎我的想象。她只比罗素大五岁，苗条、高挑，有一种脱俗的美。她盘了个贾姬的发型，一双水汪汪的大眼睛里盛着幸福的光彩。她看到我，露出过度热络的口吻。'欢迎！噢，欢迎，欢迎！你就是小萝拉！你真漂亮！你有一头漂亮的头发！'我难以置信地瞪着她。她大概是全世界唯一会恭维我头发的人，因为实际上，我的头发又长、又油、又乱，发色又难看。

"由于我两个哥哥都没有住在家里，我父亲说我可以使用他们的房间。我把皮箱拎进房间，随便放在其中一张床上。房间比麦克斯家的浴室还小，而且塞满了罗素和格兰德的东西。窗户望出去是隔壁的砖墙。我记得自己在床上坐下来，看看四周，心想，事情不该演变成这样。

"我后来再也没有回去过凯那利街的房子，一次也没有。麦克斯家把我留在那里的东西打好包，我哥哥格兰德去那里把它们拿回来。我没有跟他一道去。我再也没有见过我的养父母、史蒂文甚至菲利一面。

"等我在父亲家安顿好，我把许多东西都清理掉，因为那里的房间太小，放不了那么多东西。有一天晚上，我趁着我父亲和玛丽安出门的时候，把搜集的塑料马模型，一个一个扔到公寓楼下的巷子里。我不知道自己为什么要那么做。也许我已经长大了，不再需要它们。我不知道确切的原因。我只知道我那时有一股强烈的冲动，想把它们都扔掉，所以我就那么做了。之后，我再也不喜欢搜集马匹模型。"

自己的孩子与别人的孩子

> 他远离自己的孩子,跑到这里到底在干什么?他每天和别人的孩子相处,却不知道自己孩子的痛苦。在他自己的需要和孩子的需要之间,他要怎么取得平衡?这才是真正的难题。

一声惊叫划破深夜。詹姆斯从沉睡中猛然惊醒过来,一时还不知道到底发生了什么事。他跑到走廊上,连忙把灯打开。

"贝茜?贝茜?醒醒!你在做噩梦。"詹姆斯一边往姐弟俩睡的客房走去,一边说道。

麦克已经在床上坐起来。"爸,她不是做噩梦,她是夜惊。"麦克在黑暗的房间里说。

"贝茜?"詹姆斯坐在女儿的床边,将她搂进怀里,"爸在这里。"

"我去开灯,妈妈都这么做。"麦克边说边爬下床。

贝茜紧紧抓着詹姆斯胸口的衣服。房间的灯大亮。詹姆斯看到女儿瞪大着眼睛，但却没有注视他，对他的叫唤也没反应，而是不断尖叫和挣扎。

"嘘——"詹姆斯低声地说，"我在这里。爸爸在这里。"

麦克站在床边，一脸忧虑的模样。"真希望她不要这样。"他喃喃自语。

"她没事，等一会儿她就会睡了，到明天她也不会记得这件事。"

"为什么她都不记得？"

"夜惊就是会这样，我小时候有一段时间也常发生夜惊。"詹姆斯说。

"为什么会有夜惊？"麦克问。

"我通常是在太累的时候出现夜惊，贝茜可能也是如此。你们今天坐了很久的飞机，晚上又那么晚才睡。"

"噢。"

"不过，有时候我是因为心情不好，又不知道怎样表达，才会发生夜惊。"詹姆斯说，"最近贝茜有没有发生什么让她不愉快的事情？"

麦克夸张地耸耸肩："不知道。"

贝茜慢慢地平静下来。她两眼空洞地眨了眨，看得出来她并没有清醒。"嘘——"詹姆斯轻声地说，一边温柔地将她的头发拨开，"闭上眼睛，该睡了。"

贝茜慢慢地闭上眼睛，沉睡过去。詹姆斯轻轻地让她躺回床上，帮她把被子盖好。

他站起来，回头对麦克说："小伙子，你也一样。来，上床去。"他把儿子赶上床，把被子拉上。

"灯会亮着吗?"

"我会把天花板的大灯关掉,它太亮了。我留走廊的灯,这样可以吗?"

"好。"

詹姆斯笑了出来:"看你躺在那里的样子,好像一只小精灵,只露出一簇头发和一双眼睛。"他倾身吻吻儿子的额头。

麦克没有报以一笑:"我是因为害怕。"

"什么东西让你害怕?"詹姆斯柔声问。

"我不喜欢贝茜这样。我被弄得一点睡意都没有,我怕自己一个人躺在这里。"

"小伙子,贝茜也在这里呀,你不是一个人。而且我就在走廊那边的房间。离你们很近呀。"他抚平麦克的头发,"这样好了,你睡过去一点儿,我躺在你身边,等你不怕了,我再走,怎么样?"

"你会待到我睡着为止吗?"麦克问。

"是啊,等到你呼呼大睡为止。"

詹姆斯躺下来,把毯子拉上。麦克靠向他。他把面颊贴着儿子的头顶,闻到一股温暖香气,混合着婴儿洗发乳和阳光照在木地板上所散发出的味道。

他们相互依偎着,沉默了好一会儿。詹姆斯见麦克一动也不动,以为他已经睡着了。他起身打算回自己的房间。

"爸,别走。"麦克小声地说。

"你还没睡着?"

"嗯,我睡不着。"

"为什么？"

"我怕。"

"爸爸就在这里，你还怕？"詹姆斯把小儿子搂到怀里，"没有什么可怕的呀。"

"爸？"麦克安静了一阵子后说。

"嗯，麦克。"

"我希望我们能住在这里。"

詹姆斯把他搂得更紧："我也希望如此，非常希望能这样。你们是世界上最棒的儿子和女儿。"

"为什么我们不能住在这里？"

"因为你们的学校、朋友，还有你们的妈妈，都住在东部。"

"我们可以上这里的学校。"麦克说。

"但你们会想念外公、外婆，还有你们的表兄弟姐妹。而且如果你们搬到这里来，就不能去海滨玩了。"

"我不喜欢乔伊叔叔。"麦克说。

"为什么？"

麦克叹了一口气："我不知道。"

"他做了什么事，让你不喜欢他吗？"詹姆斯问。

"没有。不知道为什么，早上的时候，我喜欢他，因为他会买东西给我。但晚上我就不喜欢，晚上我想要你在身边。"

"是啊，晚上的时候我也格外想念你们。"詹姆斯说，"不过，因为妈妈和我没有住在一起，所以很难改善这个状况。我住在这里，我们不能经常见面。这种情形我也觉得不开心。"

"是啊，我也是。"麦克说。

麦克终于睡着了，但詹姆斯还是继续躺在小床上，现在换他睡不着了。他知道贝茜刚才是陷入夜惊的状况，这不仅是因为他的工作关系，更因为他小时候也经历过这种情况，就像他刚才对麦克所说的。他已经不记得实际的情形，只记得一些模糊的不安感。每次听他父亲谈起有关他夜惊的事，令他感到困扰的倒不是那个经验本身，而是他父母的担忧。

不过，贝茜到底从什么时候开始出现夜惊？为什么珊蒂从来没有对他提起这件事？这让他感到无力和孤单。

而刚才和麦克的一席谈话，对消除他这种负面的感觉一点帮助也没有。他远离自己的孩子，跑到这里到底在干什么？他每天和别人的孩子相处，却不知道自己孩子的痛苦。在他自己的需要和孩子的需要之间，他要怎么取得平衡？这才是真正的难题。

詹姆斯终于悄悄地溜下麦克的床。他注视着两个孩子好一会儿，帮贝茜把被子拉好，再吻吻她的额头。她背过身去。詹姆斯又亲吻麦克，麦克则一动也不动。

他到厨房去泡杯热可可来喝，看见放在厨房桌上的萝拉手稿。詹姆斯心想，既然睡不着，不如拿它们暂时忘掉现实的事情。所以，他端着他的热可可到起居室，在沙发上坐下来，开始阅读。

托冈十九岁的那一年，在仲冬祭，她和麦乐举行订婚仪式。接着进入雪季，呼吸性的流行病蔓延开来。博那染病的流言也在圣堂区传开来。月末，神圣的博那病逝。

所有学徒在追悼期都被遣散回家，等待圣区选出新的博那。于是，摩葛丽也返回位于工人区的老家。才一进门，就看到母亲在昏暗的室内，准备托冈的结婚礼服。

"妈，现在是追悼博那的期间，似乎不适合劳作。"

"大能者爱博那，也爱勤劳的人。"托冈和摩葛丽的母亲回答，继续手中的女红。没听到女儿回话，她回头瞧了一眼，看见摩葛丽满脸忧虑，便朝她伸出手说："不用太在意，你知道的，只要和贵族有关的事情，和我们的关系就不大。"

当然，摩葛丽的母亲指的是选新博那的事情，那和工人阶级没有什么关系。等到新博那选出来，他们可以在路边观看庆典。如果幸运，在庆典的宴会结束之后，也许他们可以进城去收拾餐桌上剩余的食物。就仅止于此。

但任谁也料想不到的事情却发生了。

摩葛丽和托冈那时正在房间睡觉。为了怕孩子得传染病，母亲给她们盖上层层毛毯。半夜的敲门声把她们惊醒。两个女孩缩到毛毯里，紧紧靠在一起，以为是喝醉酒的战士来骚扰工人家的女儿，而如果她们的父亲无法抵挡对方破门而入，她们只有祈祷自己躲在被子里不会被发现。

谁也想不到，踏入这家的人竟然是灵视者。他穿着长袍，戴着金头环，如天神一般眷顾这个工人家庭。他在这家男主人的引导下，来到两姐妹的房间。摩葛丽事后回想，记忆最深刻的是托冈跪在地上，灵视者用神圣的短剑割断她的长发时，托冈脸上困惑的表情。

当摩葛丽再返回圣区，而托冈以博那的身份也入住时，摩葛丽奇特的感受难以描述。他们是个关系紧密的家族,她和托冈从来没有分离过。她们一起游戏,一起分享食物,也曾争吵打架,相互嫉妒,就像所有姐妹会有的情况。在成长的过程中,摩葛丽从来没有想到过,有一天托冈会成为神圣的博那。

三个月过去了,摩葛丽在这段时间不曾见过托冈一面。灵视者的解释是,新博那必须和大能者沟通,以等待授予神权。摩葛丽对此说法感到不安。托冈被称呼为新博那,听起来既陌生又怪异,好像她是某个自己不认识的人物。

有一天晚上,摩葛丽在学徒区的寝室里,听到一种奇怪的声音穿过厚厚的石墙传来。她撑起上半身,侧耳倾听。

旁边睡铺的丽娜问:"你在做什么?"

"盥洗室那边有声音传来。"

"我知道,我也被吵得睡不着。"

睡在另一边的敏丝以睡意浓重的声音问:"你们干吗不睡觉?"

"盥洗室那边有声音传来。"丽娜说。

"别理它。"

"我也想不理它呀,但是我和摩葛丽都被吵醒了。不管那是谁,都该被打一顿。"

"别傻了,那是博那或灵视者的寝区,你怎么能打他们?"敏丝说。

"我就打过博那很多次。"摩葛丽说。

"是啊,以妹妹的身份。但她现在不是你姐姐了。所以继续睡吧,你们两个都是。别再说话了,不然挨打的人是我们。"说完,敏丝翻个身,拉上被子继续睡觉。

到底那是什么声音?摩葛丽无法置之不理。声音变得断断续续,加上被石墙阻挡,根本难以分辨。

也许托冈正在被授予神权,摩葛丽心想。她不知授予神权到底意味着什么,或许它会让托冈病倒,就像她有一回在市场看到一名男子痛苦倒在地上的情形。

也许不是授予神权,而是托冈生病了。

如果托冈病了,她们的母亲会有多担忧啊!她一向那么宠爱托冈。摩葛丽知道,若真有什么不对劲的事情发生,她母亲一定会希望她能伸出援手。

但她有胆量这么做吗?没有许可,他们是不能离开寝区的。

她悄悄地下床,蹑手蹑脚地通过一张一张学徒们的睡铺,出了房门,经过神女们和灵视者的寝室门口,来到博那的房门前。四周一片沉静。

博那房门的门缝下透出光亮,她不假思索就打开门栓,推门进去。托冈看到她,立刻站起来,发出惊讶的低呼。摩葛丽也大吃一惊,因为她第一眼并没能认出自己的姐姐。

"是你吗?"她眯起眼睛,挡住刺眼的烛光。

托冈变得消瘦、苍白,一头长发如今短得像男孩一般。只有那一双像冬日的眼神,让摩葛丽认出她是自己的姐姐,而且看到那双眼睛,她知道刚才那扰人的声音从何而来。托冈哭过。

"你来这里做什么?"托冈低声地问,"你得立刻离开。这是我的私室。除了我,谁也不能随便进来。"

"但我是你妹妹，托冈。"不对，不对，她不是，她不再是。当大能者赋予她神性时，便剥夺去了她与人间一切的血缘关系。

"你不该叫我的旧名，"托冈口气变得柔和，"你得习惯我现在的身份，不然会被灵视者打一顿的。"她擦干泪水，"而且你得走了，不然就换我挨打了。"

"我听到有声音从盥洗室传过来，我担心是你病了，我只是过来确定一下。"

托冈低下头，轻声地说："谢谢你关心，但我很好。在被人发现前，你快点走吧。"

"我看你一点都不好。事实上，你看来很不快乐。来，让我抱抱你。"

"摩葛丽，我不是在玩游戏。我现在是博那，你不能随便碰触我。"

"现在又没有人看到，只有我们两个人有什么关系？"

"情况不同了。"

"你希望它们不同吗，托冈？"

"不，"托冈难过地说，啜泣出来，"但如果灵视者再来一次，我一定承受不了。"

摩葛丽走到床边，蹲下来搂住托冈的肩膀："你是工人家的小孩，你的本质比他坚强。"她凑上去亲吻姐姐的面颊，"而且，不管他们怎么说，你都是我的姐姐。我们都流着父亲的血液，即使大能者也不能改变这一点。我不会放弃叫你名字的权利。我太爱你，所以我不会那么做。"

托冈没有回答，只是继续低头坐在床上。

摩葛丽看看托冈身上的装扮，又摸摸她剪短的头发。"剪这么短，再长出来的时候会不会痒？"她问。

托冈忍不住笑出来："傻摩葛丽，只有你才会想到这种问题。"

"会不会？看起来好像会。我得承认，我并不喜欢这种发型，它不适合你。"

"你忘了我别无选择？"

两人沉默下来。托冈用力吸一口气，把泪水抹掉。她看着手指上的泪珠，然后抹在衬衫上。

"这是什么样的感觉？我是说成为神圣的博那。和跟我们住在一起的时候，感觉不同吗？"摩葛丽问。

"不会。"

"不会？这么说，你一直觉得有一种神圣感？"摩葛丽讶异地说，"果真如此，你掩饰得很好。"

托冈莞尔："不是那样。我从来不觉得自己神圣。老实说，现在我也没有这种感觉。"

"这更令人感到不可思议。老实说，妈妈到现在还不能相信会发生这种事。爸倒是适应得很快，而且以你为荣。"

"别再说这个了，再说下去我又想哭了。"托冈低下头，一手捂住眼睛，"你知道今晚本来是什么日子吗？我的结婚之夜。本来我要穿着妈妈缝制的结婚礼服，和麦乐一起在我们的结婚舞会上跳舞。但看看我现在的样子，坐在这里，不知道要做什么，不知道自己是谁，甚至不像个女人。"她指指自己的短发。

"大能者没有告诉你要做什么吗?"摩葛丽问,"我以为他们应该会告诉你。"

"大能者?什么大能者?到底什么是大能者?"托冈反问,"我不知道。我只知道怎样下田和织布,没有人告诉过我这些事情。"

摩葛丽迷惑地坐在那里。

"你知道我过着什么样的生活吗?"托冈反问,"白天,我不许离开这个房间。晚上,我不许睡觉。如果没有得到灵视者的许可,我甚至不能接近窗边。我唯一能见到的人就只有灵视者。我唯一能感受到属于人的温热肉体是他的,以某种称之为神圣的仪式,将他的欲望发泄在我身上。除此之外,我就只是一个人坐在这里,一天又一天。灵视者说是在和"大能者沟通",但这到底是什么意思?但愿我知道。因为我只是坐在这里。不坐着的时候,就是跟他在一起。如果我不照着他的话去做,他就杖打我,好像我只是一头需要教训的笨牛。"

"大能者允许这种事情发生吗?因为博那比灵视者更神圣。"

"我不知道大能者允许些什么。我只知道我很痛苦。摩葛丽,为什么这种事会发生在我身上?我只想当妈妈的乖女儿。为什么现在会演变成这样?"

狮子王的秘密

"我可以告诉你,谁会觉得这种游戏很好玩。"她摇一摇装弹珠的罐子,"狮子王。他就喜欢这一类游戏。"

"弹珠!"摩根娜说,然后她把一个罐子拿起来。

詹姆斯点点头,微微一笑。

"你还有这种好东西。"她把罐子拿到桌上,"哇,好多种颜色。很漂亮,不是吗?"她把盖子打开,手伸进去不断翻动弹珠,"我也有一些,不过,没有这么漂亮,我把它们放在鱼缸里面。"

摩根娜把罐子举到眼睛的高度,朝里面望着:"你知道吗?如果这样透过罐子望过去,东西看起来五颜六色,像波浪一样起伏。你要试试看吗?"她把罐子递到詹姆斯面前,"喏,你看看。"

詹姆斯照做。

摩根娜歪着头看着他,"你能告诉我一件事吗?"她问。

"什么事？"

"这些弹珠你都怎么使用？"她问。

"它本来是拿来玩的。我不知道现在的小孩还玩不玩弹珠，但在我像你这个年纪，我们经常玩弹珠。"詹姆斯回答。

"噢，我喜欢玩游戏！"摩根娜热烈地说，"你能不能教我玩？"

詹姆斯离开座位，向摩根娜招手，示意她一起蹲在地毯上。他将弹珠一把握在手中，心中意外地升起一股愉悦的情绪。打弹珠是他童年愉快的回忆，他是个中高手，他还记得打赢时，口袋沉甸甸的感觉。

但摩根娜兴趣不大。因为她只有六岁，手指的协调能力还不够，无法精确地将弹珠射向目标。玩了几分钟后，她礼貌地表示："这个游戏还不错。"

詹姆斯站起来，把膝盖上的灰尘拍掉。

"我可以告诉你，谁会觉得这种游戏很好玩。"她摇一摇装弹珠的罐子，"狮子王。他就喜欢这一类游戏。他在家跟他的表姐就是玩这种游戏，他示范给我看过。不过，他不用买这些弹珠。我们在河边玩过，用石头，游戏图画在地上。我敢打赌，他一定很喜欢玩这些弹珠。"

摩根娜把盖子盖上，然后把罐子放回架子上。

"你猜发生了什么事？"她走回桌旁时说。

"发生了什么？"

"我和狮子王大吵了一架。他把我气坏了。"

"为什么会这样？"詹姆斯问。

"因为他有时候真的很固执，如果你不照他的意思去做，他就不听你的。"她拉开一张椅子坐下来。

"听起来很让人烦恼。"

"没错。我本来打算要为他做一件好事。我们家买了一本书,内容是关于老虎快灭绝之类的主题,上面有很多精彩的图片,我知道他一定会喜欢。我妈说不能把它拿出去,看完之后,我本来应该把它放回书架上,但我没有那么做,我把它偷偷藏在衣服里,像这样,然后我很快跑出门,到河边找狮子王。"她示范给詹姆斯看,露出两人分享秘密时的那种笑意。

"我到了那里,就跟他说:'我带了一本好书要给你看。'而且我告诉他,本来是不能带出来的,但我还是那么做了,因为我知道他会想看。可是,你知道他说什么吗?他说:'你不应该偷书。'我说:'我没有偷,它本来就是我家的书,所以那不叫偷。'他说:'但你还是不应该拿它,你根本不应该有这种偷偷摸摸的念头。'所以我被他搞得很火大。"

"你冒险带好东西要给他看,他似乎一点都不领情。"詹姆斯说。

"没错。"

"那你现在有什么感觉?"詹姆斯问。

"我还是很气他,因为他不懂。他喜欢看狮子和老虎的图片,那本书上真的有许多好图片。他却怎么也不肯看一眼。我们就这样吵起来。"

"除了生气,你一定也觉得失望吧。"詹姆斯说。

她点点头:"他老是叫我走开。他说人一出生就有一个人生的任务要遵从。他可以选择不遵从,那种选择权叫自由意志。但到最后,你还是应该运用你的自由意志选择去遵从,因为那么做才是对的。"

"你说的这位狮子王年纪有多大?"

"他八岁。"

"听起来是个很不寻常的小孩。"

"这是他和他表姐学来的。有一个人会到他家教这些,好像都是教是非善恶之类的东西。狮子王说他必须学这些,长大之后才能做一个好国王。"

"但那个人不教他怎样读书、识字吗?"詹姆斯问。

"不教。那个人自己也不识字。"摩根娜突然眼睛一亮,"你知道吗?狮子王现在已经全学会字母了,因为我教他字母歌。"

"他表姐也跟你们一起玩吗?"

"不,她待在家里。反正我们也不希望她加入。我们一起玩的事是个秘密。"

"为什么呢?"詹姆斯问。

"我们不希望别人知道我们在一起玩。所以不要把它说出去,好吗?我只告诉你一个,因为我觉得可以告诉你。"

"你父母知道这个小男孩的事吗?"

"不知道。"

詹姆斯露出不放心的表情:"把这种事隐瞒着不让你父母知道,我不觉得是个好主意。"

"我爸不会喜欢他的。"

"为什么?"

"他的头发太长,我爸说男孩子留长头发都是嬉皮。他不喜欢嬉皮,因为他们常不征求我们的同意,就在我们的土地上露营。所以,要是他知道了,一定不让我跟他玩。而且还会说:'你怎么跟男孩子玩?'他会想知道他为什么没有同年龄的玩伴。要跟我爸解释一大堆。"摩根娜回答。

"那告诉你妈如何?"

"我妈要想的事太多了。而且,我喜欢有秘密。"

"有些秘密最好不要保存,"詹姆斯说,"你的父母若知道你有他们不认识的朋友,一定会很担心。我认为他们应该知道这件事。"

"不,我不认为如此。我从来没有去不该去的地方。我只是去河边,那里我本来就可以去玩,因为水并不深,而且每次去那里,我都会事先告诉他们。再说,狮子王绝对绝对不会伤害我。"

"这是颜料,可乐门市公司制造。蓝色,蓝色的手指画颜料,可乐门市公司制造。"康纳念着罐子上的说明。

"你念得很好。"詹姆斯说。

"你念得很好。"康纳模仿着说。

"也许今天你可以画一些手指画,你以前画过这种画吗?"詹姆斯问。

康纳目光迅速往上瞟了一眼:"蓝色、红色和绿色混在一起变成棕色。"

"没错,我想应该是如此。"

康纳拿起一罐红色的颜料,把盖子打开。他闻一闻,然后小心地用手指沾一下颜料:"黏黏的。"

"因为是做手指画的颜料,所以很浓。"詹姆斯解释说。

"男孩要画。"康纳坚定地说。

"要我给你一些图画纸吗?"詹姆斯问,"或者,你想自己去拿?画手指画的纸就放在那里。我们必须在纸上先刷一些水,那样才能画。"

"画笔!"康纳突然说,"男孩不用黏黏的颜料。"

"今天你不想画手指画,你宁愿用画笔画。"

"对。"他把那罐红色的手指画颜料放回架上。

"画笔在黑板旁边的盘子里。"詹姆斯边说边指过去。

康纳慢慢转身朝黑板走去,拿了一支黄色的画笔,然后在纸上画了一大笔。

"原先的不是原先了。"他说着又画一笔。

詹姆斯不太了解他的意思,所以他没有响应。

康纳微微转向他,似乎意识到詹姆斯的困惑,便又说了一次:"原先的不是原先了。现在有颜色。现在不是原先的。"

"你是说原先上面什么都没有?"詹姆斯问,"但现在你画了一些东西在上面。你创造了一些原先没有的东西在上面。"

"对,原先的不是原先了。"

同样的字反复出现似乎令康纳觉得有趣。是一种幽默感的展现吗?自觉性的文字游戏?这意味着康纳具有复杂的思维能力。

康纳退后一步注视他的画作,说:"原先的到哪里去了?"

康纳没有得到詹姆斯响应,便转头快速地看詹姆斯一眼:"原先不在了,原先的不是原先的。"他随即一笑。

艾伦来接康纳时问:"你有时间吗?我能和你谈一谈吗?"

詹姆斯点点头:"可以,到我后面的办公室去谈吧。朵丝?你可以照顾康纳一会儿吗?"

艾伦说:"有一个天大的好消息要告诉你。这个周末我去修理畜栏的水槽,康纳跟着我一起去。一片枯叶落在水槽里,刚开始我没注意到,但康纳突然说:'有一片枫叶。'他说得非常清楚,而且还拿树枝把那片叶子捞起来。你知道吗?我已经好几年没有听过他这样讲话。事实上,在他学步之后,就没有这样说过话。"

"这真是一个大好消息,"詹姆斯说,"是一大进步。"

艾伦露出欣喜的笑容:"这本来也没有什么大不了。我是说,我九岁的儿子能完整地说一句话,毕竟不是被哈佛录取这一类的事情。但是……你无法想象,听到他像一般人一样说出完整的一句话,我感到多么不可思议。"

"我不想显得过度乐观,但我开始认真质疑他目前自闭症的诊断。因为刻板的行为和重复话语,会被诊断为自闭症并不令人感到意外。但我跟他相处得愈久,愈觉得我们应该开始思索其他的可能性。"詹姆斯说。

艾伦睁大眼睛。

"在他表现出自闭症患者典型行为的同时,他的思考却比一般自闭症患者更具弹性和想象力。他偶尔还会展现出比一般九岁儿童更优秀的抽象思考能力。这些我都不曾在自闭症儿童身上见过。"

"你的意思是我想的那样吗?"艾伦露出一丝期望的口吻,"他可能变得更好?"

"也许这么说更好:每多见到他一次,我就觉得他可以改善的空间更大。"

"啊，真是大好消息。"艾伦回答。

"不过，我需要你再提供一些讯息，"詹姆斯说，"我今天早上重读康纳的档案，浏览他被诊断为自闭症的那些报告，似乎遗漏了一些重要的线索。到底那个时候，在他周围发生了什么事情？你在第一次会谈时提供的线索很重要，但我觉得如果能更详细一点，对我会很有帮助。"

"没问题。"艾伦说。他走到会谈区坐下，停顿了一下说："那段时间真令人难过。先是一个不寻常的春天，气温异常地低，许多小牛死亡，再加上庞大的草料账单。然后到了六月，牧场发生严重的牛瘟，最后牧场被扣押。我必须杀掉四分之一的牛，但在债务全部清偿之前，又不能把剩下的牛群卖掉。我的收入很快变成赤字，相当严重的赤字。

"在那之前，萝拉和我的收入都是分开自理的。我觉得这样很好，因为我不希望外人认为我是为了萝拉的名声或钱才娶她。虽然萝拉并不富有，但是人们总是很容易这样想。总之，那一年我不得不告诉她我的经济状况，而且在扣押命令解除之前，我不得不向她借钱，不然牧场就要破产。

"那时的康纳几乎没有什么大问题，他是个敏感的孩子，或许有点黏他妈妈。萝拉太宠他，让他变得太娇嫩，所以我有空就带他到牧场去，让他接触一点男人的世界。我会让他坐在我前面，一起骑马到牧场上工作。"

"那时康纳多大？"詹姆斯问。

"我不太记得了，也许八个月大吧？还不太会走路，但他喜欢跟我一起骑马。那时,他是那种很容易兴奋的小家伙,而且很聪明。不是因为他是我儿子,我才这么说,而是因为他学什么都很快,你一教他就记下来。举例来说,他喜欢野鸟,我就告诉他那些小鸟的名字。他坐在马背上会说:'爸,蓝鸟!云雀!'他每次都说对。就像一块小海绵,你教他什么,都立刻记在脑子里。"

艾伦的表情一黯:"然后事情开始有了改变……不知道为什么,康纳开始变得黏人,而且愈来愈严重。到后来,变成他紧黏着萝拉,而不是萝拉在呵护他。"

艾伦抹抹脸,长叹一声:"那时我和萝拉已经结婚三年,蜜月期早已经结束。我的意思不是我们的婚姻触礁,只是我发现婚前在恶地和我彻夜长谈的那个女人,和后来我娶的这个女人,并不完全是同一个人。"

"你的意思是什么?"詹姆斯问。

"在那一晚我爱上的是一个随和、开诚布公的女人。但当热恋结束后,我发现萝拉就像一座冰山,有十分之九的部分,可能永远不会显露出来让我知道。"

"十分之九?你是说她故意不让你知道她大部分的生活状况?"

"我不知道她到底是不是故意的,这就是令我困扰的地方。我不认为她是想伤害我才那么做。只是对她而言,什么都是故事。在她脑子里,真真假假全混在一起,你永远分辨不清到底哪个是真的。你不知道她说的是真实发生在她身上的事情呢,还是想象出来的情节。而那些虚构的情节就像镜中的影像,是真实的反射。

"新婚的时候,我根本无从察觉,但日子久了,我开始觉察到一些蛛丝马迹。经常都是一些很可笑的小事情，但不知道为什么，她就是要隐瞒它们。你问她一件事，她如果心情好，就告诉你实情，不然，她就信口说一个她脑中的故事给你听。久了，我就觉得她不想让我知道真正发生在她身上的事情，所以随口捏造一个故事搪塞我。"

"你能举一个实例给我听吗？"詹姆斯问。

"有一个很好的例子可以说给你听。就是在我牧场发生财务危机，康纳的情况也开始走下坡的那段时间。我发现一件很奇怪的事情。有一天我接到一通电话，是当地警察局打来的，说是要找萝拉，讨论强制命令的事情。我大吃一惊，反问对方是什么样的强制命令。"艾伦说完，瞪着詹姆斯，"原来，萝拉被一名精神有问题的书迷跟踪并威胁，但她连一个字都没跟我提，这不是太奇怪了吗？"

"会不会是因为当时你的财务和康纳的情况都不好，她不想增加你的负担？"詹姆斯反问。

"那个家伙威胁到她的生命安全，而我是她的丈夫耶！在牧场发生财务状况的时候，她完全支持我，没有说一句重话，这让我觉得我们之间应该是很相契、很亲近的。我的意思是，一个人表现得那么无条件地爱着你，但一方面又隐瞒这么重要的事情，听起来不是很怪异吗？当我发现这件事的时候，我觉得自己真是差劲透顶。不能维持家里稳定的经济，已经让我觉得够窝囊，又发现她甚至不肯让我出一丝力来保护她。"

室内陷入沉默。

艾伦说："我想这件事也使康纳的问题更趋恶化。他是个敏感的孩子，他一定是觉察到萝拉的焦虑，感到她受威胁，她的害怕使他也害怕起来，所以，从那个时候起，才更黏着萝拉。我一知道这件事情，就立刻到警察局，要求彻底执行那道强制命令。不然，为了保护我的家人，对侵入牧场的陌生人，我绝对会毫不犹疑地使用我那把猎枪。这个警告果然奏效，我们再也没有听到那个家伙的名字。"

艾伦靠向沙发："现在你大概知道我的问题了吧？"

詹姆斯点点头："是的，听起来萝拉的行为很令人困惑，所以长久以来，造成你很大的压力。"

艾伦叹了一口气："偏偏那时，萝拉又怀了摩根娜。那是当时我们最不愿意见到的事情，萝拉的收入是家里重要的经济来源，而且虽然我曾经想让康纳有弟弟或妹妹，但她原本只打算生一个孩子。她想要多一点时间写作，她觉得写作的世界才是她真实的世界。而我在第一段婚姻里已经有三个女儿了，现在又有一个儿子，应该满足了。我同意了，也去做了结扎手术。但我忘记结扎手术结束后三个月内，还是要采取保护措施，因为要体内的精子彻底死亡，还需要一段时间。起初我们还不知道是怎么一回事。到了怀孕四个月，我们才想到这个可能性。

"确定怀孕时，萝拉烦恼极了，她很难接受堕胎这种事情，我则是一直安慰她。的确，就当时我们家的情况，不适合再添一个孩子，但老实说，我发现她怀孕还是很兴奋。后来，事情的发展完全不在我们的掌控之中，在我们考虑要安排人工流产之前，她就流产了。"

艾伦摇了摇头："这对萝拉是个可怕的经历。剧痛，又大量出血。她有整整六个星期都处于不适的状态中。所以当我们发现她肚子里竟然还有一个胎儿时，简直吓坏了。医生说，萝拉怀的是双胞胎，一个流掉了，另一个却保住了，而且发展得很好，是个健康、强壮的小宝宝。不管之前我们内心如何犹疑，听见这样的消息时，立刻爱上了萝拉肚子里的这个小宝贝。当然，我们现在更是心存感恩，让我们保留了这个胎儿，摩根娜简直是上天赐给我们的礼物。"

詹姆斯微微一笑："的确，她真是一个可人儿，不是吗？我非常喜欢和摩根娜会谈。"

"我很高兴我们决定生下她。"艾伦说，"但她一直很担心我们会离婚。有时候康纳占据了我们太多的注意力，而疏忽了她。"

"是啊，她好像经常独自一个人游戏。"詹姆斯说。

艾伦点点头："是啊，不过，说到这一点，我倒不觉得她很孤单。摩根娜遗传了不少萝拉的性情。她喜欢和自己作伴。我们总是问她要不要邀朋友过来，但她都宁可自己一个人玩。"

"经常跟她一起游戏的那个小男孩是谁？"詹姆斯问。

艾伦露出一丝讶异的表情："小男孩？哪个小男孩？"

"一个八岁大的男孩子。我推测是邻家的小孩。"詹姆斯回答。

"我们家附近没什么邻居，我是说步行范围内的邻居。她有没有说他是从哪里来的？"

"我没问，但应该住得不远，而且生活方式很另类。"

"噢，要命！"艾伦喃喃自语，"该不会又是那些新世纪浪人吧！他们总是不断地来烦我。去年夏天，有一伙人在牧场上搭了一座大帐篷，我花了八个星期的时间，才把他们赶走。"他停顿下来，思索了一会儿，"还是鲍伯·梅森一家？他们的土地在我们牧场北方。去年他卖了二十英亩的土地给某个想体验山地生活的东部佬，就是那种不用自来水、不用电的家伙。我告诉他,那么做蠢极了,除了自寻烦恼,什么好处都没有。但他们有的是钱,根本不在意这些。"

艾伦停下来,皱起眉头:"我真的不喜欢有人竟然这么接近我们家,还在我们不知情的情况下,单独和摩根娜碰面。她有没有告诉你,他们在哪里见面?"

"她说在一条你们允许她去玩的小河边。"

"小河边?我们唯一准许摩根娜去玩的那条小河就是柳溪,它刚好从我们家门前流过。她在那里玩的时候,我们可以看得清清楚楚,所以根本不可能有人靠近她,而我们却完全不知道。"

"真奇怪。"詹姆斯露出疑惑的表情。

艾伦突然露出恍然大悟的表情,大笑出来:"我知道了,那根本就是她想象出来的人物,她跟她妈一样想象力丰富,没有哪个孩子会把假扮游戏玩得那么逼真。我敢打赌事情一定是这样。我敢说那个男孩只是她想象出来的玩伴。"

充满谎言的中学时代

> 那种感觉很奇怪,我并不全然在她的世界里,但我也并不全然活在我的世界里。那种气氛贯穿我整个青少年阶段,我卡在现实和另一个无人可见的世界之间。

"我十三岁大时,模样一点也不吸引人。"萝拉说,"头发又塌又油,脸上长满青春痘,胸部还没发育,比班上男同学高出半个头,衣服穿在身上,就像挂在衣架上。但对玛丽安而言,我是一个令她无法抗拒的、超大的挑战。我搬去和父亲同住不到一个月,她就带我去做头发、报名百货公司化妆部的化妆课程、申请芭蕾课程。我要是胆敢抱怨,她就会说,我现在或许不乐意,但以后一定会感激她的。"萝拉侧头看詹姆斯一眼,露出嘲讽的笑容。

"接下来,她开始关心我的社交生活,对我说:'萝拉,你怎么不邀请朋友到家里来?星期五晚上有足球比赛。你邀请他们来家里,我们来办场赛前派对如何?'当时我才刚搬到那里,根本没有半个朋友,但我知道绝对不能承认这一点。所以我骗她说:'那是高中的足球赛,初中部没有人会去参加,所以举行赛前派对意义不大。'她不赞同地大喊:'萝拉,大家聚在一起就有乐趣!青少年的乐趣!现在是你人生的黄金时间,你要好好把握。'

"接下来又发生了一件惨事,学校为了鼓励中学部的学生联谊,每两周在体育馆举行一次舞会,但我一点都不想参加。偏偏事情被玛丽安发现了,她一天到晚跟我说:'萝拉,你一定得去!只不过两个钟头,就算没人邀你跳舞,也没关系。去那里露露脸,也是让别人认识你的方法。'

"更糟的是,有一天下午,玛丽安拿到一份我们的校刊,看到上面有征拉拉队队长的讯息。她自己在高中时代就是当拉拉队队长的,她觉得这是再好不过的事情。'噢,拉拉队!多令人兴奋!我去找一找,我以前那些道具应该还在。我可以教你那些动作,把其他应征者全都击败!'"

萝拉露出嘲讽的笑容:"玛丽安不知道我根本不想要这么做,想到当拉拉队队员,就让我毛骨悚然,我一点也不觉得兴奋。虽然我不受人欢迎,但我一点也不在乎。我真正想要的,是一个人静一静,偏偏玛丽安每天对我唠叨个没完。"萝拉无奈地耸耸肩。

"情况让人愈来愈难忍受,我只好开始撒谎。虽然我知道这么做不对,但我实在没办法了。为了不让她整天盯着我,我骗她说我有一堆朋友,我们一起做了哪些事情,编造一些令她满意的故事。我把学校里真实的人物编进去,都是一些离我们家很远,但我比较熟悉的同学,如此一来,如果无意间在路上撞见,也不会被拆穿谎言。我专挑那些长相清秀、举止良好,但不爱出风头的同学。然后我开始骗玛丽安,说我要跟他们去舞会,或者星期六的时候,要到那些同学家去玩。其实,我只是到加油站的厕所偷偷换下舞会的礼服,然后穿便服一个人乱逛。"

"你都到哪里去呢?你那时还很小,只有十三岁吧?"詹姆斯问。

萝拉点点头:"是啊,其实我也没去哪里,大部分的时间都是在城里乱逛,或是到公园去。这时的我,开始喜欢说谎。我只要一张开嘴,就自然而然编造各种情节,而玛丽安深信不疑。就某方面来说,这让我编造故事细节的能力大增。譬如,我会假造朋友写给我的小纸条,故意把它夹在书本里,然后在玛丽安拿课本给我的时候,让她'无意中'发现字条。我们两个人会对字条上幼稚的内容咯咯发笑。玛丽安轻易就被我骗住,无形中也让我更加得意。玛丽安并不笨,但她却相信了我的话,所以我知道自己一定是骗得相当高明。更重要的是,玛丽安因此认为我'受欢迎',就不再来烦我了。

"大约一年后,玛丽安怀了孕,这件事令我父亲大为振奋。他说要换房子已经好几年了,这次终于采取行动,找到一间大小适中的房子。那是一间有院子的独栋房子,院子里种了一棵松树,只有两个房间,还有一个尚未完成的地下室。我父亲说,如果我愿意,可以住在地下室,因为他们希望未来的小宝宝能睡在隔壁房间,好就近照顾。地下室几乎没有天然光源照进去,除了四面是墙,就是排水管,而且没有洗手间,但我却期待能早点搬进去。因为那就跟我以前住在阁楼一样,我能借此获得一直渴望的隐私。所以,我不在乎那个环境好不好。"

她停顿了一下:"当然,能获得隐私表示我能跟托冈再次为伴。我可以把空闲的时间都花在森林居民的身上。"萝拉沉思了一会儿,"那时,托冈几乎无时无刻不出现在我脑海中,几乎像强迫性的意念一般。我很难去描述它。我想,就像是疯狂迷恋某个明星。你知道的,有些青少年会崇拜乐团的歌手或某个电影明星?对我而言,我崇拜的就是托冈。我无时无刻不想着她,梦里也梦着她。她是我的偶像,我无法把她驱逐出我脑海……那种感觉很奇怪,我并不全然在她的世界里,但我也并不全然活在我的世界里。那种气氛贯穿我整个青少年阶段,我卡在现实和另一个无人可见的世界之间。

"我当时或许是想从托冈的世界寻求慰藉。在跟我父亲和玛丽安生活的头两年,我过得很不快乐,但又不想让他们知道我的心情。因此,我非常渴望托冈的世界是真实的,这样我就能抛开迅捷市和我的家人,住到那个世界里去。

"当然,我不知道要怎么做到那一点,但我开始把所知道的关于森林居民的一切做成书,就好像真有这么一个地方一样。我着手画托冈和灵视者住的圣城和村子的地图,甚至编一本他们的语言字典。不过,那么做比我想象中要困难得多,所以,不久之后我就放弃了。我每天花好几个小时做这件事,并且小心地把它们都搜集在我的活页夹里。它们很快成为我最珍贵的私人物品。虽然我很想把托冈画下来,但我是个差劲的画家,不管再怎么努力,也画不出来。于是,我开始从杂志上寻找长得像她的人物照片。

"后来,我凑巧看到一部片子里碧姬·芭铎的剧照。奇妙的是,托冈长得其实一点都不像碧姬·芭铎。她既不是金发,也没有碧姬·芭铎那种性感。但在影片里,碧姬·芭铎站在玉米田里,一头长发被风吹乱的模样，还有她的表情，完全是托冈的样子：深沉且热切。当我看到那个画面时，立刻就被那张脸吸引住。我把那张照片剪下来，贴在我房间的墙上，好每天看着它。

"十月，我的继妹出生，他们给她取名叫蒂法尼。我早就猜到玛丽安会给孩子取这类的蠢名字。我从第一眼看见她，就喜欢上她了。很快地，夏天又到了，六月我满十五岁生日前两天，玛丽安到我地下室的房间来。她坐在床边，看着坐在书桌旁的我。

"她的表情让我有一种强烈的不祥预感，我觉得不管她要说什么，我都不想知道。她对我说：'你父亲和我本来计划为你办一次特别的庆生会。我们想在水牛餐厅请客，一个惊喜生日派对。但我打电话给你的朋友，想邀请他们来参加你的生日派对，却发现你的朋友中没有一个认识你。'玛丽安意味深长地说。

"我羞愧到差点从椅子上跌下来。虽然要面对我父亲和玛丽安的质问是一件难堪的事，但之后要再去面对那些玛丽安——打电话联络的同学，我觉得更可怕。那些人大多数都不太认识我这个人，更别提来参加我的生日派对。

"当然，玛丽安不会轻易放过我。她看见我没有响应，就叫我父亲下来。我知道没办法再隐瞒了，就一五一十告诉他们。但没有人关心我的解释，玛丽安只想知道，在我欺骗她说我跟同学在一起的那些时间里，我到底都在干什么。我说没有做什么，多半时候就自己一个人打发时间。她听完之后，转身对我父亲说：'隆，这个孩子不正常。'虽然我怀疑玛丽安早就这么想了，但那是她头一次把那几个字清楚地讲出来。

"我被禁足了整整两个月。因为正好是暑假,所以我整个假期几乎都和玛丽安及小宝宝在一起。我没办法躲开她,只好拼命跟小蒂法尼玩,但一个八个月大的小婴儿,能玩的游戏很有限。到最后,连玛丽安也受不了了。所以有一天下午,我问她可不可以去图书馆借书看,她便答应了我。她开车送我到图书馆,叫我待在那里,一直等到她购物结束再回来载我回家。我很听话地照做,这令她很满意。所以,几天后我再提出相同的请求,她便又答应了。对她来说,我的行为似乎显示我已经改善了,而且图书馆是正当场所,但其实我只是想远离她。在最初两个星期中,我尽情地看书和杂志。当新鲜感过去了,我便开始烦躁起来。

"在参考室有一个巨大的橡木桌,大概十五英尺长、五英尺宽,因为长年使用,露出蜜蜡的颜色。我进到里面,在那张大桌子前坐下来。室内几乎空无一人。因为是闷热的七月天,大家都跑到户外游泳或郊游。那个时代还不流行冷气,图书馆里非常闷热。阳光透过那些老式的长窗照进来。我记得自己坐在那里,看着在光线中飘浮的尘埃。室内充满了灰尘和蜡油,还有陈年旧书的气味。

"我坐着,觉得身体愈来愈放松。那是一种平静、温和的感觉,好像身体里的紧绷都从脚底释放到地板上。我就那样坐在那里好几分钟,只为享受那种感觉。桌子中央放了一个笔筒,还有一小叠纸,供查数据的读者使用。我取了一支笔,又拿了一小叠纸,然后开始书写……"

萝拉停顿下来。室内变得相当安静。

"我开始在纸上写托冈的名字,一遍又一遍。然后……我就开始写下去。那是第一次……在我书写的时候,图书馆四周的墙壁消失了,桌子消失了，隔开我们俩的障碍消失了。我不再是我。我能够进入她的世界，去看、去听，去感觉它，就像我童年时第一次与她遭遇时那种实时而令人震撼的体验。而且，就像七岁那次穿越空地的小径，我们相会的那一刻，我在图书馆拿起笔书写托冈的故事时，我的世界又再次改观。"

杀生与质疑

"不行,从来没有月吻的孩子能活下来。"托冈说完,抱着婴儿离开。

最后,她抽出刀子,割断孩子的喉咙,鲜血从她的双手流到她的白袍上。

"我把那天在图书馆写下的故事带来了,你或许会想要读它。"萝拉说。

"是的,我会读这些故事,这对我了解整件事情,会非常有帮助。"詹姆斯回答。

"开始写作对我来说是个转折点,不单是写作成为我日后的事业,而是这整个经验把我带到原先没有预料过的路上。我到现在还不能很明确地掌握它的意义,但是,就是从那时候起,事情开始有了变化。"

当托冈接近小草屋时,她看到灵视者站在门口。他穿着他那件正式的长袍,所以她知道他是来执行新生儿的诞生仪式。孩子的父亲多纳也站在门口。他的妻子安妮已经在草屋里待产三天,所以,这大概是他第一次见到他刚出生的女儿。多纳在托冈走近时,匍匐在她脚前,这是工人阶级见到神圣博那时应行的大礼。

"平身。"

多纳在匍匐下地时,眼眶盈满泪水。"请原谅安妮。"他哀求说,"她很想有一个孩子,已经渴望了好久。"

他们进到小屋里。已经是黄昏时候,室内昏暗,没有点灯,空气不流通,带着一股产后的血腥味。

安妮坐在干草上,孩子趴在她的胸口。托冈原本担心会撞见婴儿在吃奶的画面。安妮两腮流着泪水。她无法行大礼,只能低头向托冈示意。

托冈在她身旁蹲下来,"来,让我看一看。"她轻声地说,朝婴儿伸出两手。

安妮难过地慢慢解开绑在身上的布绳,将婴儿交给托冈。

孩子的嘴唇上有一道裂口,一直延伸到鼻下。"啊,月吻。"托冈抱着婴儿起身,轻轻用手检查那道裂痕。

"请不要把她带走,她已经撑过最初三天。她身体够壮。"安妮哀求说。

"不成,不可以。"托冈温和地说。

"求求你,我会亲自哺育她。用小汤匙盛我的乳汁哺育她。"安妮哀求,泪珠自两腮滚落,"我会照顾她,不会拖累其他人。"

"不行,从来没有月吻的孩子能活下来。"托冈说完,抱着婴儿离开。

托冈小心地把婴儿缚在身上，开始爬上通往圣区陡峭的小径。小径穿过树林，落日的余晖照在山顶上。托冈将婴儿稳稳地抱在胸前，然后单膝跪地，向圣地的造物主大能者显示孩子天生的缺陷。然后她站起来，继续往断崖爬去。

到了崖顶，她盘腿而坐。婴儿因为饥饿，发出嘤嘤的哭声。在托冈把缚在她和孩子之间的绳子解开时，婴儿在她大腿上撒了一泡尿。她笑一笑，摸摸孩子柔嫩的肌肤。接着，她抽出腰上的短刀。

她将孩子高举在头顶上，让孩子的脸朝向天空，喃喃念着神圣的词语，然后把婴儿放在大腿上。她倾身向前，亲吻孩子的嘴，借以表示她的缺陷尽存于肉体，她的灵魂仍是无瑕，并以此神圣的一吻，送孩子回归于造物之主。最后，她抽出刀子，割断孩子的喉咙，鲜血从她的双手流到她的白袍上。

湖水在星光下闪烁不定。灵视者穿着一袭白袍，站在水边，几乎像星光一般发亮。湖水不断拍打着岸边。他匍匐下地，向托冈行最恭敬的大礼。然后，他安静地起身，将托冈身上染血的白袍解开。他将她身上的衣物一件一件脱下来，挂在岸边一块木头上。最后，托冈一丝不挂地站在秋夜之中。她毫不迟疑地走进冰冷的湖水，直到湖水淹没到她的颈项。灵视者将披着血衣的木头推向湖心，并且浇上圣油，点上火把。不久，在黑暗中，木头燃起熊熊的火焰，就像流星一般。

托冈从湖中走出来，全身发抖、湿淋淋地站在岸边。灵视者替她穿上另一件袍子。不是博那专属的袍子,而是一件给死者穿的粗制长袍。他粗鲁地将衣服套在她身上,就像套在一个没有生命的物体上。

然后,他转身朝森林走去。托冈尾随在后。她没有穿鞋子,在她重生之前,她不能穿鞋,也不能点灯,即使在如此的黑夜中也一样。因为她还未彻底净身,不能进入圣城,所以,灵视者将她带至一间独立的小屋中。他等托冈进到屋里后,便栓上门栓,在门把上涂上圣油,也用处理死者时所用的香草,铺在台阶上。然后,他开始专注地哀悼她的死亡。接着他沉默下来,然后悄悄地回到森林里去。

托冈的眼睛逐渐适应四周的黑暗。房子的东边有一小扇窗子,是屋子里唯一的光源。窗子很高,看不到外面,不过,小屋位于森林中央,所以即使看得见窗外,在这样的深夜里,意义也不大。那一小扇窗子只比屋子其他的部分略亮一点。

托冈把袍子拉紧,企图抵挡寒意。为什么要如此行事?这个念头突然在她脑中清楚地闪过。当然,她之前也发出过类似的疑问,但那时多只牵涉到她自己。为了让她学习做一名博那,那么多令人苦恼的仪式,让人很难不发出质疑。不过,现在牵涉的是一个有月吻的婴儿。当她发出这个疑问时,突然有了领悟。

神权?

为什么她此刻产生一种权威感?有缺陷的孩子必须处死,这是发自大能者的意愿。为什么大能者的神权令她产生质疑?

为什么事情要如此处理?为什么她要接受它们?

托冈坐下来。为什么大能者要求她这么做?

托冈醒来时，看见摩葛丽俯身看着她。她手里拿着一条毛巾，正在擦拭托冈额头的汗水。

托冈转头张望，看到她熟悉的白墙。"你在这里做什么？"她低声地问。

"嘘。"摩葛丽说，把毛巾沾湿，再擦拭托冈的额头，一股药草味散出来。

"你不该出现在这里。"托冈说。

"因为其他学徒都不会像我这样细心照顾你，所以我才待在这里。你流了满身的汗。现在，先不要说话。"

摩葛丽老练的手法，以及熟悉的药草味，实在令托冈感到舒服。灵视者从来不在水中加上药草，更不会允许她擦拭身体。为了让她能安然护送婴儿的灵魂离开，涂抹在她身上的圣油气味，还令她感到头昏眼花。托冈放松身体，任由自己处在昏沉之中。

"摩葛丽，这一次非常奇怪。"她喃喃地说。

"你在说什么？"

"在我被隔离的状态下，一种权能的感觉袭上我心头。"

"托冈，我看不是权能的感觉，而是你被圣油的气味给熏昏了。他们把你从隔离的小屋抬回来的时候，你完全不省人事，我很担心你熬不过来，再也醒不过来。大家都说，为了寻找那个孩子的灵魂，你必定是跋涉相当长的旅途，而且被许多亡者的灵魂阻挡了你回来的路。"

摩葛丽停顿了一下，然后接着说："我这样说可能不恰当，但容我说一句，除了怪罪死亡者的灵魂，我觉得最该怪罪的是灵视者，他不该用圣油把你弄昏。托冈，我看他年纪那么大，恐怕有时候头脑也不是太清楚。"

"让我产生灵视的不是圣油，而是大能者，他在我喝下圣油前，就出现在我眼前。"

摩葛丽转为严肃的表情，快速地做了一个礼拜的动作："这些话你应该跟灵视者，而不是跟我谈，我没有获得神的召唤，你该知道这一点。"

"我没有办法跟他谈。他一定会说出现在我眼前的那些不是大能者，而是来自黑暗的势力。不过，并不是这样的。它……大能者……散发着巨大的光芒。在它的光芒中，我看到不同的做法，和大能者的做法完全不同……譬如，我看到安妮的宝宝，她和她哥哥一样，有一头金发，但是是卷发，跟她父亲一样，而她嘴唇上的缺陷消失了……不对，不是消失，而是变成一道疤痕，不再那么明显。就像柏弟的嘴唇。他不是被矛刺到，破了相，但后来就复原了？"

摩葛丽摇摇头："但托冈，月吻是不会复原的，她终究无法活下来。"

"我知道。但在大能者带我看到的景象里，事情的发展却不同。那个孩子存活下来。她并没有因为那样的躯体感到不快乐，而死亡并没有带给她解脱。"

托冈叹一口气："为什么大能者要带给我这种景象，质疑圣法的合理性？我要怎样去理解它们？它们显现得如此清晰，把我带离黑暗，进入另一个世界。"

"来，把你的手给我。"摩葛丽温柔地伸出手来。她用双手握住托冈的手,将它们按在胸前,"你需要感受到活生生的躯体,你在灵界待太久了,紧靠着我,你现在最需要的是这个。"

也许摩葛丽说得没错,因为她温暖的手将大能者带给托冈的景象驱散。托冈疲惫地躺下来,抛开那些异样的感受,无言地沉入睡梦中。

争 执

于是我们之间展开一场可怕的争执。我父亲和玛丽安气极了。玛丽安对我父亲说：'隆，这个女孩太不对劲了，她会变成一个病态的谎言家，她根本有问题'。

"我不知道我写的那些事情来自何处，它们原先并不存在于我脑海中，但那天在图书馆里，当我坐在那里开始动笔时，它们就自然地流泻出来。我吓坏了，她杀了那个宝宝！托冈杀了她，就那样杀了她。"萝拉看着拿在詹姆斯手中那些泛黄的学校笔记本上所记的东西说。

"你觉得它们会不会代表你那时候某种痛苦的体验？"詹姆斯问。

萝拉靠向椅背，平静地说："我真希望你不要先预设立场，再来下判断。"

"我只是想提醒你，在那个时候，你处于相当多负面的情绪之中，而我们的心智具有很大的转换力量。"詹姆斯回答。

"如果真是那样，应该会产生正好相反的效果。既然我自己曾遭受到相当巨大的负面感受,我对发生在托冈世界里的事情,应该有更大的接受能力。那个时候是六十年代。在那个时候,电视上很少有什么暴力镜头。不像现在,随时都可以在电视或电影中,看到暴力和色情的画面。所以,我感到很讶异,托冈竟然会做那种事情。那种行为跟我的生活经验相去甚远。"萝拉说。

"我立刻就觉察到那个婴儿的问题——兔唇。我对它了解得很多,因为我有一位堂姐妹的孩子也有相同的问题,所以,即使那时候我才十五岁,可我对兔唇这种缺陷知道得很多。我晓得它可以修补,而且有这种缺陷的孩子能够正常地成长。但托冈没有给那个婴儿一个机会,而是马上将她处死。

"我不断重读我所写的这些内容。不断自问为什么?困扰我的并不是那种暴力。我从来没有想过:我怎么会写下杀死婴儿这样血腥的情节,或者我为什么会想到这些?老实说,我从来没有想过自己在书写的过程中所扮演的角色。我所想的是:为什么像托冈这样敏感、聪慧的人,会接受杀婴这种行为?既然婴儿的母亲已经表态要妥善照顾孩子,为什么托冈不替她们争取?就只因为她被教导要遵从神的旨意?她就不能停下来思考一下吗?

"但是一股力量逼迫着我将它们写下来。我的想象终于找到宣泄的出口。从我在图书馆拿起笔书写的那一刻起,我的生活彻底改变。写作完全掌握住我,除了写作,我什么也不想做。"

"你的家人对这件事情,作何感想?"詹姆斯问。

"玛丽安起初还表示一点关心。她说如果我持续写下去,也许会成名、出书,被好莱坞拍成电影。不过,后来她一直想看我写的内容,但我怎么能给她看呢？她以为我写的是青少年那种浪漫故事，她期望看到的不会是杀婴的情节。

"我父亲对此则不置一词。我不知道从什么时候开始，但在我青少年的时期，我们就变得像陌生人一般。或者，我们其实一直是陌生人。我父亲爱我，这一点我很肯定，但我从很久以前就发现，我们俩的生活完全没有交集可言。

"可惜，玛丽安的耐心并没有持续太久。我一直不愿意给她看我写的东西，开始引起她的猜疑。她开始用一种质疑的口吻问我到底在地下室做什么。当我对此抱怨时，她便反驳说：'没有哪个健全的青少年会整天把自己关在房间里。'

"那时，我真的对玛丽安相当反感。我的学业成绩都是甲等，我经常帮忙照顾蒂法尼，我主动做我负责要做的家务，我不喝酒、不抽烟、不嗑药，也不参加疯狂的派对。我也不再漫无目标地在街上闲逛，而且有将近一年的时间，我到底跟什么样的朋友来往，都老老实实告诉家人。为什么她还是对我不满意？

"最后，是玛丽安再次怀孕才拯救了我。这一次是个小男孩，他们给他取名叫柯弟。蒂法尼那时两岁，有了她和柯弟，玛丽安似乎觉得不必再担心我的事。或者，是她要操心的事够多了，无暇再顾及我。不管怎样，我终于可以一个人安静地做我自己的事情。"

萝拉停顿了一下，表情变得有些不自在，随即露出尴尬的笑容："虽然我把交友的状况一五一十地向家人坦白，但我发现很难把自己局限在这个旁人认为唯一真实的世界。我开始在学校里编造一些故事。我那么做并非心存恶意，也不是要引起注意。只是我脑中有太多丰富的故事，无时无刻不跟着我打转。

"我从来没有想通过那么做去占别人的便宜。甚至对我来说，那也不是说谎。我只是把我脑中有的、而别人没有的故事，拿出来跟大家共享。我在脑中设想情节和人物，不断修改，直到成熟为止。我从来不在乎那些到底是真的还是假的。

"到后来，我编造故事的功力好到几可乱真。一个周末，我刚好不在家，我的法文老师送了一盒明信片到我家来。我回到家里，看到我父亲和玛丽安两人严肃地坐在厨房里。我立刻不安起来。虽然我还不知道发生了什么事情，但直觉告诉我，一定和我有关。

"'你告诉我，这是怎么一回事？'我父亲把那一盒明信片推到我面前。我瞪着它们，耸耸肩，并且说：'我从来没有见过它们。'我父亲说：'我想也是。但帕特太太刚刚把它们送来，说是要给莎拉的。麻烦你告诉我们，莎拉是谁？'我说不出话来。当时，玛丽安的眼神已经变得相当冰冷。她对我说：'你的法文老师热心地抱了一盒明信片，说是要送给我们家的小莎拉，要我和你父亲怎么办？说根本没有莎拉这个人？说那是你捏造出来的？'

"于是我们之间展开一场可怕的争执。我父亲和玛丽安气极了。玛丽安指责我根本没有半个朋友，从来不约会，不参加学校的活动，不邀请任何人到家里做客，整天把自己关在地下室的房间里。她对我父亲说：'隆，这个女孩太不对劲了，她会变成一个病态的谎言家，她根本有问题。'

"我觉得很沮丧。我多么希望我父亲和玛丽安能了解我，知道我无意伤害任何人。尽管托冈和森林居民的故事一向让我产生好的感受，但我开始领悟到，也许我那样的做法真的不对。为了那件事，我哭了又哭。

"到了晚上，我鼓起勇气去向我父亲解释。我们单独在他的书房里，我父亲对我说：'萝拉，我们的气已经消了。我知道下午我们说了一些伤害彼此的话，但人在气头上常会说一些过分的话。你知道我们非常非常爱你，我们希望给你最好的照顾。'

"我对我父亲说：'我很抱歉捏造有关莎拉的事情。我不是有意的……但是，我有事情必须对你说。一些人物会出现在我脑海里。我能清清楚楚地看见他们，就像我看见你一样清楚。我能听见他们说话，知道他们的感受和想法。我知道这听起来很疯狂，你也许会认为玛丽安说的没错，我八成是疯了，但情况不是那样。我知道他们只存在于我脑中，我从来没有把内心的世界和外在世界混为一谈。'

"我父亲听了皱起眉头，说：'噢，萝拉……'

"我又指着脑袋说：'他们真的存在于另一个世界，有许多家庭，里面也有祖父母、叔叔、婶婶、堂兄弟姐妹。有政治系统、法律、宗教、动物，所有的一切……都在这里。我的脑子里会有这些，一定有一个理由。如果不是我脑子里的化学物质作祟，或者也不是所谓的发疯呢？'

"我父亲当时默默地看着我，好像在探索一个令他感到陌生的领域。因为他一直没说话，我开始担心起来。最后我说：'你认为是我有毛病，所以才会看到那些东西吗？'

"他笑了起来，摇摇头说：'不，只是就你的年纪而言，你太孩子气罢了。多数小孩到你这个年纪，都不会再有这些情况。但是你过去

的生活形态……是有可能让你变成这样的。你从出生就过得不太顺利，这一点我很抱歉。我也能理解你为什么有一点不成熟。'

"我皱起眉头，说：'我不认为发生在我身上的这些事情，可以用不成熟来解释。我认为那跟与众不同有关。实际上，我并不想失去脑中的这些东西。我只是不想因为这样，造成别人的困扰。'

"我父亲听了之后，说：'萝拉，我们都喜欢活在幻想的世界里，都曾做过这些傻事，但是，人长大之后就不能再做这些梦，你需要做的只是停止再做傻事，继续往前走。'

"那天晚上，走出我父亲的书房时，我感到前所未有的孤单。他的态度很温和，并且以他的方式在支持我，但他一点都不了解我的困境。我甚至不认为他有能力觉察到困境的存在。"

猫与血

猫、血、鬼、死亡,到底象征什么呢?詹姆斯试着想象康纳在创造这些恐怖意象时,实际上过着什么样的生活?

"你告密!"摩根娜生气地叫着。游戏室的大门都还没关上,她就大步地朝詹姆斯走去,"你自己说在这里我可以把秘密告诉你!你说在这里我可以做我想做的事情。你先这么说,然后又告密!"

"等一下,等一下,你先坐下来,我们再好好谈这件事情。"詹姆斯说。

"那是我的秘密,是我和狮子王的秘密。我跟你说过了!我说它是一个秘密,但你还是把它说出去了!"

"你觉得我不应该这么做?"

"我再也不会跟你说任何事情,再也不会。"她两手往胸前一抱,嘟着嘴,生气地瞪着眼睛。

"我很抱歉,看得出来你很气我。"詹姆斯说。

"你说谎。"她嘟囔着说。

"你误会我说的话了。我说你可以在这里说秘密,但并没有保证一定不告诉任何人。当然啦,如果可以,我会保守秘密,但有的时候小朋友对我说的秘密,我必须对我所听到的,认真做一个判断。因为我年纪比较大,知道的事情比较多,如果我觉得这件事是有危险的,我就必须要告诉其他人。我很抱歉,让你以为我会一直保密下去。如果我事先知道,这个秘密对你这么重要,我会先问过你之后,再告诉别人。"

"我不打算再告诉你任何事情了。"

"摩根娜,我是因为担心。我觉得你口中的似乎是一个很不寻常的小男孩。你年纪还小,照顾你、保护你的安全,是你父母的责任。所以知道你在外面做什么,对他们来说很重要。我没有说你的秘密,我只是问他们知不知道狮子王的家人,因为我担心你的安全,我必须确定你不会有危险。"詹姆斯说。

"但他们不了解。"

"是的,我看得出来,你对这件事很生气。"

"现在他们不让我去见他。我爸说我必须待在家里的院子里玩。他不让我去河边了。从星期二开始,我就没再去过那里,狮子王不知道我为什么没有过去。"摩根娜快哭出来了,"他是我唯一的朋友。"

"学校的朋友呢?"詹姆斯柔声地问。

"他们都不是像狮子王那样的朋友。而且我正在教他阅读。上个星期我为他借了两本书,但现在我爸不许我去河边,书也不能拿给他看了。"

"你为什么不邀请狮子王去你家玩呢？"詹姆斯问。

"他不愿意去。"泪水开始滚落脸颊，她抬起手，抹掉眼泪，"你为什么要说？狮子王绝对不会伤害我。他永远都不可能害我，因为他是我最好的朋友。"

"摩根娜，我真的真的很抱歉。我感觉得出来，你真的很难过。"

摩根娜沉默了两分钟，把泪水擦干。最后她抬起头说："如果我要再出去跟他玩，唯一的办法就是告诉我父母，他是我假想出来的玩伴。我打算要这么做。"她用反抗的口吻说，"而且从现在起，我也要这样跟你说。狮子王不是真人，他是我捏造出来的。"

不能用"画图"这个词语来描述康纳在会谈时间里所做的行为。他会把画笔沾上颜料，然后在纸上大笔一挥，让颜料往下滴，看能滴多远的距离，这似乎带给他相当大的乐趣。他的身体会兴奋地僵直起来，然后在纸上再刷上另外一道。

这个早上，康纳格外兴奋，第一张纸很快就被他刷坏。于是詹姆斯起身替他换下一张。最后，康纳将半打的图画纸都涂满黄色的颜料。

他将所有的注意力都集中在涂色这个动作上。像平常一样，他把那只玩具猫挟在腋下，空出两手，各拿一支画笔，先刷上一道黄，再刷上一道蓝。"绿色。"他自言自语，将两支笔的颜色混在一起，配出一种绿色来。

"绿色。"他转身看着詹姆斯，"黄和蓝变成绿。"

"对，没错。你配出绿色来。"

康纳再用画笔沾上蓝色的颜料,在纸上刷上一道,看着颜料往下滴去。然后他拿起沾有红色颜料的笔刷,在纸的上头刷了一道。红色的颜料覆盖在其他颜料上,也往下方滴去。他转头,脸上混合着兴奋和害怕的表情:"看,血。"

"是的,看起来像血,不是吗?"

康纳很快地刷上一道又一道的红色颜料,红颜料从纸上滴到地板上。詹姆斯注意到,康纳从原先的兴奋转为焦虑。他一遍又一遍地不断重复相同动作。

"你开始觉得焦虑,"詹姆斯解释他的状态,"刚开始涂色时让你觉得兴奋,但现在这么做,开始令你觉得害怕。"

"喀—喀—喀—喀—喀!喀—喀—喀—喀—喀!"康纳说。好像突然感到烫手似的,他把手一放,任由红色的笔刷掉回颜料桶里。康纳把玩具猫拿出来,按在他的眼前:"喵!喵!"

詹姆斯站起来,快速朝他走去,然后蹲下来,一手搂住男孩的肩膀,"你非常害怕,但在这里你很安全。游戏室很安全。"他温和地轻声说。

"插上它!"康纳大叫,"插上它!插上它!"

插上什么?詹姆斯感到不解。

"喀—喀—喀—喀—喀。喀—喀—喀—喀—喀。"康纳抓住玩具猫,紧紧按在脸上,好像想把一切阻挡在外面。

詹姆斯把一张小椅子拉过来:"来,我打算坐下来,坐在你旁边,直到你觉得舒服为止。游戏室很安全。我坐在你附近,示范给你看。"

康纳小心翼翼地把玩具猫放下来。他和詹姆斯的视线接触,并且慢慢地深吸一口气，然后弯下腰，拿起其中一条绑在身上的腰带，走到附近的墙边，蹲下来，把它插到插头上。他当然插不进去，因为那只是普通的绳子。不过，他非常认真地再插一次，好像它真的能够插进去。

"我明白了，"詹姆斯说，"你要把你的电线插进去。"

康纳把另一条弄直，也往插座上插。在这同时，他发出巨大的机械声响，就像一台生锈的机器在运转似的。

"你现在把电线插上了。"詹姆斯观察后说。

"哗、哗。"

"啊，你把自己变成了一台机器吗？我现在听出来了。我听到引擎顺利运转的声音。"詹姆斯说。

"滋——滋，电力，滋——滋。强力电力。电死你。"康纳发出声音。

"你觉得自己变成机器男孩了，是不是？全身通电的机器男孩。"詹姆斯解释说，"机器男孩比康纳强壮。康纳只是肉躯，但机器男孩是用电力打造出来的。"

"还有钢铁。强壮的钢铁。通电的钢铁。钢铁合金。"

"机器男孩是用电力和钢铁打造而成，我看得出来他现在已经不再害怕。"詹姆斯回应他的话。

"是的，红色颜料像血。血流到墙上。机器男孩能够大笑。哈哈哈。你会死，红色颜料像血。机器男孩是由钢铁合金打造的强壮机器。机器不会死。"

接下来的会谈从手指画开始进行。康纳用手把红色颜料平涂在纸面上。他模仿机器的样子，转动他的手臂和手指，在过程中，一语不发。

到底发生了什么事情？詹姆斯自问。为什么他不继续进行绘图的活动，却要假装成机器人以寻求安全感？

还有那只玩具猫。跟平常一样，它从来不曾离开过康纳身边。现在它被康纳夹在腋窝下，多少影响他左边手臂的灵活度，但长久以来的习惯，已经让他处之泰然。那只猫到底扮演什么样的角色？

猫、血、鬼、死亡，到底象征什么呢？詹姆斯试着想象康纳在创造这些恐怖意象时，实际上过着怎样的生活？当时他两岁，一周有两个白天时间交给保姆照顾。他的父亲因为财务问题，忙得焦头烂额。母亲则是受到盛名之累，被人骚扰，而且还有孕在身。康纳身上发生了什么事情？日间照顾时被虐待，因为年纪太小，无法表达？因为感受到父母的压力，所以聪明、敏感的康纳，产生了这样的反应？还是因为摩根娜的到来，影响了他和父母的关系？他对死亡的注意，是一种分离焦虑吗？

但是地毯下面的人又是谁？是康纳无意间撞见父母亲热吗？"死亡"代表亲热后两人虚脱的状态？或者因为艾伦曾经阻止萝拉对康纳太过关注，所以他用死人来代表他父亲，希望他父亲不要对他继续干扰下去？

詹姆斯望着男孩。以自闭症来解释他的状况，确实是简单多了。

康纳全神贯注在图画上，并不想和人互动。不管他在绘画中表现出什么，在这一刻，他都无意与人分享。詹姆斯只能静静坐在一旁观察。

当游戏室安安静静时，詹姆斯总会想起亚当。亚当玩耍的样子，亚当轻声说话的样子，还有亚当的死亡。詹姆斯望着康纳，心想：我和康纳一样，都被某种鬼魅纠缠。

法院判决，亚当的死和詹姆斯脱不了关系。最糟糕的是，詹姆斯自己也很清楚，要是他少花一点时间分析、观察和解释，而是多观察亚当，多关心亚当所说的话，并且采取行动，亚当现在也许还活着。精神科医生应该注意并且能够判断出虐待的迹象，而不该误以为那是某种治疗后的痕迹。

詹姆斯的确注意到亚当身上的疤痕，也注意到他体重减轻。但詹姆斯始终没有把虐待——更正确的说是凌虐——这个念头放进自己的脑海里。五岁大的亚当，根据弗洛伊德的理论，正是经历伊底帕斯情结的时期，潜意识里他自然会和继父争夺母亲的关注。而且，他们是享有社会地位的家庭，孩子的父母都受过高等教育，家庭经济富裕，是有知识、社交生活良好的人。是孩子的父母带他来接受治疗。詹姆斯怎么猜得到，事情并不像他们所说的那样，那并不是亚当在发泄他莫名的愤怒、自我残害的结果？

詹姆斯找不到理由为自己辩护，虽然当时他曾经怀疑事情不单纯，但他并没有提出来，质疑亚当的父母。他之所以没有这么做，是因为他担心自己弄错了，万一那些伤痕真的是亚当病态性自残的结果呢？詹姆斯所受过的专业训练，告诉他这种情况之下，孩子多半是自虐而非受虐。詹姆斯不愿意让人觉得他无知或愚蠢，更不愿意自己的专业形象受到质疑。但事实证明，他犯了大错，为了保全自己，没有更积极地去做求证的工作。

詹姆斯陷入了自己的思绪中，所以当意外发生时，他并没有马上察觉到。康纳为了再拿一张图画纸，身体太过前倾，挟在腋下的玩具猫掉了下来，刚好落在康纳正在画的图画纸上。因为纸上有大量的红色颜料，颜料便溅到玩具猫身上。

康纳露出惊恐的表情，害怕地大叫出来。

詹姆斯马上跳起来，把玩具猫拿起来，但即使如此，他的动作还是不够迅速。康纳立刻陷入歇斯底里的状态，两只手剧烈地挥动，颜料泼得四处都是。

"来，我们把小猫洗一洗。"詹姆斯试着要安抚康纳。詹姆斯一手按着康纳的背部，想引导他望向水槽。

"血在墙上！血在墙上！不！不！不！"他激动地跳上跳下。

詹姆斯把沾了颜料的玩具猫扔进水槽里，然后回头试图让男孩安静下来。

"不！不！不！"康纳大叫，"血！血在猫的身上！猫死掉了！"

"不对，那不是血，康纳，它只是颜料。"他紧紧抓住男孩，也弄了一手的颜料。康纳不断挣扎，因为处在惊恐的状态下，力气出奇地大。康纳用力地想推开詹姆斯，打他的脸，并且踢他的小腿。詹姆斯试图要抓住康纳，结果两人一起跌到地上，詹姆斯半个身体滚到桌子下，男孩则趴在他身上。

康纳继续大叫和挣扎。詹姆斯拉着康纳一起坐起来，紧紧地抓着康纳。

一分钟过去。

两分钟过去。

三分钟。

康纳大口喘气,声音因为刚才大叫变得沙哑。最后,他无力地趴在詹姆斯的身上。

詹姆斯低头看着男孩,他白皙的面颊上留着泪水的痕迹。詹姆斯等他完全平静下来。

"我们去把小猫洗干净好不好?"詹姆斯等康纳终于平静了,才开口说。

康纳抬起头,眼中因恐惧而显得黯淡。因为詹姆斯抱得很紧,所以他只能稍微向后拉开一点距离。康纳安静地打量詹姆斯良久,然后小心翼翼地碰一下他脸上的红色颜料。"没有死?"他问。

"没有。我没有死。那不是血,康纳,它只是颜料。"

"猫死了。"

"没有。猫也没有死。猫只是沾到颜料。"

"猫死了。"

詹姆斯慢慢站起来,把康纳也拉起来:"来,我们把猫洗一洗,好吗?看到没有?那不是血,只是颜料。来,我打开水龙头,把猫放在下面冲水。看到没有?颜料冲掉了。"

康纳面颊上还带着泪水,看着詹姆斯用海绵擦掉玩具猫身上的红色颜料。

"他的小猫在哪里?"康纳小声地问。

"小猫在这里啊。"

"他的小猫,男人的小猫在哪里?"康纳强调地说,并且轻轻碰了下詹姆斯的袖口。

"我的小猫？"

康纳点点头。

"因为这里很安全，所以你认为一定有小猫在这里保护我？"詹姆斯说。

康纳抬起头："对。"

脸、衣服、头发和腰上绳子都沾了颜料的康纳，不等詹姆斯回答，开始四处寻找起来，但是怎么找都找不到。詹姆斯这才想到，他的游戏室里动物玩具虽然多，但好像并没有小猫。

康纳翻开了一个架子上的盒子，里面有许多用硬纸板剪出来的农庄动物模型。那是詹姆斯在跳蚤市场买来的，那些玩具大概有三十几年的历史，因为小时候他也有一组那样的玩具，出于怀旧的情绪，才买下它们。但现在的小孩对那些老旧的玩具多半不感兴趣，所以几乎一直放在架子上，没有人动过。

康纳竟然在盒子里面找到了一只猫。那只猫站立着、竖起耳朵、摇着尾巴、摆出和人打招呼的友善姿势。它的脖子上绑着一段充当链子的绳子，不知道是多少年前，某个孩子把它绑上去的。

"看！"康纳兴奋地大叫，小脸散发出光彩，并且直视着詹姆斯，"看！看！一只机器猫！"

学 医

> 我好像得到一把金钥匙,能够将我的世界和托冈的世界联结起来。我就像获得重生一般,我有了新的人生目标,为了托冈和兔唇婴儿的事,我决定当医生。

"托冈杀死有兔唇的婴儿,这件事一直困扰着我。"萝拉说,"即使我继续写森林居民其他的故事,这一段的情节总会出其不意地浮现,让我不时地思索它的含义。我也开始领悟到无知造成的影响。托冈并非出于恶意去杀死那个婴儿,她已经尽力而为,因为除了那么做,她不知道自己还能有什么别的选择。

"这份领悟让我突然看清楚很多事情,我了解到类似的情况不单发生在托冈的世界里,在我们的世界中也是如此。有很多地方就像托冈世界里的村庄,因为缺乏技术和装备,无辜的生命因而死去,人们别无选择地接受严酷结局。我好像得到一把金钥匙,能够将我的世界和托冈的世界联结起来。我就像获得重生一般,我有了新的人生目标,为了托冈和兔唇婴儿的事，我决定当医生。"

萝拉对詹姆斯露出一抹微弱、略带自嘲的笑意。

"我的家人都大吃一惊，本来他们以为我只会做白日梦，突然之间，却有了这样的雄心壮志。像我们这种家庭，很少会有人想要做医疗这样专业的工作。所以当我把想法告诉父亲时，他说：'我们家并不富有，这样一来，等蒂法尼准备念大学时，我们还得继续负担你的学费。而且学医要花好多年的时间，玛丽安说得对，这样你怎么有时间谈恋爱、结婚？你既然喜欢医疗，为什么不读护理？不但学费便宜，又有机会嫁给医生？'

"我并没有因此动摇。我觉得这个决定，让多年来一直出现在我脑海里的画面有了一个合理的解释，我就像托冈一样，被挑选出来走向一条神圣的道路。我感到前所未有的快乐，所以我拒绝退缩。我仔细计算费用，到处申请奖学金，最后第二所申请的学校接受了我。那是一所位于波士顿的大学，距离我家几乎有两千英里远。

"我还记得准备去学校的前一天晚上，玛丽安到我地下室的房间找我，她坐在我的床上，轻声地对我说：'这对你将是一个很大的转变。'当时我正在整理房间，把我所有的东西都收进盒子里，因为他们打算把地下室改装成游戏间。她跟我说话时，我刚好站在椅子上，正在把墙上的照片撕下来。玛丽安说：'我希望你会快乐，所有的愿望都能如愿以偿。''是啊，我相信会！'我肯定地回答她，用那种只有年轻人才会有的肯定口吻。

"我从椅子上爬下来，把撕下来的照片小心地放在书桌上。它们大部分都是碧姬·芭铎的照片，我花了好多年的工夫搜集来的。《上帝创造女人》那部电影的剧照,是最像托冈的,而每一次看到它,都会让我产生愉快的感觉。

"玛丽安接着对我说:'我感到很抱歉,没能让你更快乐。'我感到很意外,我对她说:'玛丽安,我已经够快乐了。也许和你期望我得到的那种快乐不同,但我依然是快乐的。这才是最重要的,不是吗?'从她的表情我看得出来,她并不同意我的论调。这反而让我觉得难过,让我后悔自己没能成为拉拉队队长、选美皇后——那些她希望我成为的人物。那些没有一样是我想要的,但我为自己想要的东西和她对我的期望不同感到难过,甚至有一种罪恶感。

"她温和地继续说:'也许你已经做了最好的选择。等你想结婚,想安定下来的时候,也许你可以回到这里。萝拉,你会想结婚吧?'我看着她,而她正侧着头看我从墙上撕下来的照片。我并没有了解她话中的含义,只是照着字面的意思回答她,所以我说:'不知道。'

"接着她又问我:'萝拉,你喜欢男孩子吧?'我说:'是啊,有些还挺欣赏的。'她低头不语,隔了一会儿,抬起头再看着我说:'你比较喜欢女生吗?所以你才一直没有交男朋友?'我这才明白过来,吃惊地对她说:'老天爷,玛丽安,就因为我跟你不同,你就只能想到这样的解释吗?'

"玛丽安却表示,如果真是这样,她和我父亲有权利知道事实。我强烈地否认,但也告诉她,就算是这样,又有什么关系?虽然我只是因为有其他的事情要做,所以才不急着约会的。空气中再度充满一种悲哀的气氛。玛丽安垂着头低声地说:'也许到东部去,真的对你比较好。在那里,你或许能找到适合的人选。'

"我在大学确实找到更多和我同类型的人，对我而言，那是美好的自由岁月。有生以来，我第一次可以全心全意做我想做的事情，没有人在一旁唠叨。我想读书就读书，想写作就写作，我可以随心所欲地把整面墙贴满碧姬·芭铎的照片，也没有人来干涉。即使我有一点与众不同，也没有人在意。我听乡村歌曲和反战歌曲，不听摇滚；穿衬衫和牛仔裤，不穿流行服饰。我不算嬉皮，却是有创意的校园边缘人，而大家对我们这种人都很友善。

"事实上，大学的社交气氛相当适合我。我不是交游广阔的那一型，我并不讨厌同学，只是社交要花时间，我宁可把时间用在别的上头，像写作和读书，我乐于沉溺在校园中学术的那一面。不过，身边随时有些友善的朋友可以聊一聊也不错，也许在喝咖啡的时间，大家随便谈一谈，喝完咖啡，可以起身就走，各自做自己的事情，没有人觉得受到冒犯。我喜欢每个人都有各自的生活要忙，而不会有人过度关切我的生活。"

"这么说，你那个时候花很多时间在写作上？写不同的东西吗？还是仍然在写托冈？"詹姆斯问。

"只写托冈，那是我想要说的故事。我第一次可以自由地跟托冈的世界接触。没有人监管我的时间，没有人让我觉得那么做有罪恶感。这是我渴望了很久的事情，很难形容那种感觉。借由写作，托冈就像在我眼前一般。我可以听见脑中的一切，就像听写一样。我一向同时体验到我和她的世界，她的世界就潜伏在我的世界之下。那种感觉很好。我记得自己那时真的很快乐。"萝拉回答。

托冈解开腰带，任由长裤滑落下来，然后把外面的罩衫脱掉，只穿一件内衣。本来她不想把衣服都脱掉，因为四周都是小飞虫和爬虫动物，但白色的内衣在草丛中显得相当突兀，所以，最后她还是把它脱了下来。

她跪下来，把四周的水草拨到身边，以掩盖她身体的气味。她小心地设下陷阱，然后隐身在高高的水草间静静等待着。

时间一分一秒过去。照在她背上的阳光变得愈发炽热，汗水将小虫吸引过来。水草强烈的气味虽然有驱蚊的效果，但其他小虫不受影响，继续围在她四周嗡嗡作响。

一只野兔出现了，但离陷阱还有一段距离。它出来晒太阳，懒洋洋地趴在距离托冈隐身处二十英尺的草地上。它跳到水边，悠闲地整理它的长毛。托冈屏息以待。

哗！陷阱的机关启动，托冈像猫一般扑出去，在绳索收得太紧之前，抓住那只野兔。野兔拼命挣扎，发出惊恐的声音。

"小东西，给我逮到了，别再反抗了。"她轻声地说，露出笑意，然后把兔子塞进袋子里，迅速地绑好袋口，穿过森林，走回圣城去。托冈进到自己的寝室后，才敢打开袋子。她知道自己动作得快一点，不然兔子可能因剧烈的挣扎而死亡。

除了圣油，一切都准备就绪。她怕突然被灵视者撞见，所以不敢事先把圣油从盒子里拿出来。她揭开盒盖，各种圣油都保存在里面，一股刺鼻的气味跑出来，逼得她不得不往后退一步，深吸一口新鲜的空气。

用哪一罐好呢？她考虑良久，最后选了装在蓝瓶子里的那一罐。

那一罐比其他的圣油更容易造成肠胃不适，但毒性没有那么强，而且比较容易稀释。

她滴了一两滴在水瓶中。浓度够吗？会太浓吗？她停下来，深吸一口气，让剧烈的心跳平稳下来。大能者会告诉她该怎么做，如果她能平静下来，让大能者的力量进入，过去几个月来她一直看到的内脏跳动的景象就会再显现在她眼前。

托冈对动物身体内部的结构有初步的了解。小时候她曾经跟父亲一起去狩猎。当打到猎物时，他们会按照惯例，在动物死亡后，取出肝脏和大脑食用，以补充营养。心脏则给打到猎物的人吃，希望他能获得如那只动物般的力量。但那些是已经死亡的内脏。和大能者显现给她看的很不同，还在跳动的心脏，充满空气的肺泡，和像河流般流动的血液。那是活生生的内脏。

抓野兔来研究，是托冈想出来的点子，她为此很得意。她想借此让脑中看到的景象成真。她用布沾一点稀释的圣油，捂在野兔的口鼻上，渐渐地，野兔挣扎的力道减弱。但她把布移开得太快，兔子又苏醒过来，挣出她的掌握，不过，显然已经相当无力，只能在她脚边勉强移动。托冈第二次把布捂上，这一回等到兔子完全没有动静，她才把布移开。

看到一向活蹦乱跳的野兔沉甸甸地躺在她大腿上，托冈感到不可思议。有好几分钟的时间，托冈只是观察它的身体随着呼吸上下起伏的样子。她摸摸它柔软的皮毛，但保持着一份戒心，因为怕它身上有跳蚤。虽然她费了这么大的工夫，但能这么近距离观察一只野生动物，还是值得的。她尊敬地看着野兔，感谢它增长她的智能。

她把野兔搁在石板地上，然后抽出腰中的小刀，小心地划开兔子腹部的皮肤。将皮分开，她看到皮肤下方光滑的肌肉。

　　血液突然流得到处都是。托冈连忙四处摸索，找到被划破的血管，把它捏住。她把野兔拖到壁炉边，将小刀插进炽热的灰烬里。她小时候曾看过父亲用过火的小刀止血。果不其然，在发出一股肌肉烧灼的气味后，血就不再往外流。

　　趁着等小刀降温的时间，她把摩葛丽留给她的针线找出来，然后重新坐在石板地上，用小刀挑开兔子体腔上半透明的覆盖物，把它拨到一旁，露出仍在跳动的心脏。

　　真是惊人的景象！她有好一会儿完全说不出话来。她想向大能者表示崇敬之意，因为他向她显示如此伟大的奇迹，但她无法动弹，只能惊讶地注视着。心脏、肝脏、胃部——每一个部位，之前她都只在餐桌上见到过，现在却活生生地跳动。

　　她小心地探看胃部，感受肝脏的温度，再闻闻手上沾到的气味。这些都和大能者在她梦中昭示的一样。托冈放下刀子，匍匐在冰冷的石板地上，向野兔致以最高的敬意。

　　之后，托冈小心翼翼地把野兔的伤口缝合起来。但它没有再转醒过来。托冈不得不再到森林里捕捉第二只。第二只也没有活下来，所以，她再去捕捉。一遍又一遍。夏季就快过去，托冈隐身在草丛中时，担心天气转凉之后，就无法再来狩猎。

　　"你在干什么？"

　　托冈大吃一惊，抬起头来。她在自己的内室，灵视者在没有得到她的许可下，无权进入，但他还是大喇喇地走进来。托冈迅速站起来，想把双手藏在背后。她的双手,还有地板上都是鲜血。她早就领悟到,血在这个国度里是一种禁忌,而她的内室里却满是鲜血。

"这是大能者要做的事,他令我这样做。"她尽可能以平静的口吻回答。

"什么?大能者怎么可能命令你双手沾满鲜血,站在神圣的土地上?你不要把这一切推给大能者。"

"虽然流血,但动物还活着啊!你瞧,它的心脏还在跳动。"

灵视者惊讶地睁大眼睛:"这不是大能者的意旨!"

"大能者所统辖的领域远比我们所想象的还广大。"

"你把自己引入黑暗的地域!不是大能者命令你做这些的。大能者怎么会违背这么多神圣的律令?回答我。"

"神圣的灵视者,你是长者,受人敬仰,又教导我许多事情,我实在不愿意违逆你。但实际上,我没有必要回答你任何问题。我是神圣的博那,我只须向大能者交代,而不必向你交代,正如同大能者只须向造物者交代。"

"你胆敢这样跟我说话?"他愤怒地说,"神圣的博那?你?除了我教给你的,你知道什么?要不是我,你还住在工人居住区里。"他说着举起手杖作势要挥下来。

那根手杖过去曾挥打过她无数次。尽管他年事已高,但力道却很大,所以托冈总是很快因为畏惧而服从他的话。但这一次不同,当她看到他举起手杖,连忙抓住它。她并不愤怒,事实上,她发现自己一点情绪也没有,反而异常冷静。

老人发现她想夺下手杖时,气得满脸通红。两人相持不下,灵视者不肯放手，托冈也无法就此打住。尽管他在盛怒之下，但托冈毕竟比他年轻许多，他根本赢不了托冈。不过托冈不愿意伤害他，更不愿意为了手杖，和他发生肢体冲突。于是托冈改变策略，突然一个箭步上前，两手扣住老人的咽喉。老人由先前的愤怒转为恐惧。

"你越俎代庖太久了，"托冈凑近他脸庞说，因为刚才的一番争斗，而微微喘气，"把手杖放下。"

手杖"咚"地一声掉到地上。

在她的指腹下，可以感到老人的脉搏急速跳动着。她可以像捏断一根芦苇秆一般，捏断他的颈项。在那电光火石的一刻，她知道老人以为她会下手。

她和老人目光相对："我还不至于会对一个老人动手。取一个比自己弱的人的性命，不值得夸耀。"

她一放手，老人便瘫软下来，两手撑地，趴在地上。

"你是在神圣的博那面前，行礼要合乎规范。"她淡淡地说。

老人于是匍匐下地。

"亲吻博那的鞋尖，好让你牢记是谁侍奉谁。"

他照做了。

"现在平身。"

老人慢慢地起身。当他转身打算离开时，仍然一直低着头。

"等一下，"托冈把手杖拾起来，"别忘了你的手杖，你走路的时候需要它。"她把手杖递给他。

灵视者伸手要接手杖，但托冈没有马上放手："你先告诉我一件事，博那真的需要从灵视者那里传承力量吗？"

对方没有任何响应。

她放开手杖："如果真有这种事，光是想象，就让我反感。"

第八只野兔活了下来。因为八是她的幸运数字，所以托冈把这个视为吉兆。夏季已近尾声，托冈喂兔子新鲜的草料，好让它能恢复体力。她每晚都检视它肚子上缝合的伤口。

这次的成功让她信心大增，所以，她决定要再抓一只狗来做实验。狗很容易抓，但手术的过程却很狼狈。因为狗被视为不洁之物，所以她必须偷偷摸摸地把它带进圣城。这么做令她感到不愉快，同时让她意识到，为了追随大能者引领她的视野，她打破了多少禁忌。

尽管如此，当她在内室进行已经很熟悉的手术时，不同的震撼袭上心头。狗的器官有拳头那样大，散发另一种气味。她坐在地板上，目瞪口呆地注视着。不管在别人眼中看起来是什么，托冈肯定自己现在的做法绝无邪恶之处，而是洞识到真正神圣的事物。

治 疗

大能者重新进入托冈的体内,使她无法专心在灵视者的话语上。狗的躯体。每一个都有它的王国。行走在各个国度上。仅一根针线就能治愈月吻。大能者对她不断低语着。

"我听得出来,你的大学生活真的很快乐。"詹姆斯说,"享受做自己的自由,读你感兴趣的东西,随时接触托冈的世界。还有大学的社交方式,可以和别人互动,但又不必做任何承诺。那男性友人呢?在那一段时间里,他们曾经在你的生活里占一席之地吗?"

"是的,在我二年级的时候,我交了第一个男朋友。他叫麦特,也是医科的学生。我们两个都不善于社交。"她发出由衷的笑声,"麦特想得很多,但执行能力不佳。他对医学很着迷,打算成为热带疾病专家。所以和麦特在一起时,我们最常聊的话题是发烧和寄生虫病。我们偶尔也会被体内的荷尔蒙征服,但仅止于亲吻和拥抱,从来没有发生过性关系。其实我们并没有很认真地看待这段关系，我并不在乎这一点。在经历过史蒂文的事情后，我一点都不想和男人发生性行为。

"那段关系之所以能维持，是因为我们都具有热衷某种事情的特质，尽管兴趣不同，但都能明白那种全心投入的感觉。所以，我们经常在一起做各自的事情。我写作，他读书，可能几个小时都不会交谈上一句话。他从来不问我在做什么，我也不问他。那段关系维持了两年，我们快乐地聚在一起，各做各的事。

"一直到大三，我才真正开始用功读书。刚进入大学时，我因为脱离了家里那个牢笼，有一种特别的释放感觉。但很快地，我就对其他同学的生活态度感到厌烦，变成了一个相当认真的学生。因为我是为了托冈而读，大学对我来说，不只是一张文凭而已，我是真的有心要把书念好。我一定要睡足八个钟头，早上才能集中注意力。如果有人在晚上恣意玩闹、制造噪音，害我无法好好睡觉，我上课就无法集中精神，也无法好好写作。

"到了大三就不同了，每个人都很认真，而且我开始有了单独的宿舍。那时我二十二岁，我的宿舍虽然阴暗潮湿，还位于五楼，但这正是我喜欢它的原因。它让我想起以前在凯那利街的阁楼，而且这一次没有史蒂文·麦克斯会来骚扰我。

"医学真是个很有意思的东西，原本我是为了托冈世界里那位兔唇的婴儿，才决定念医学院的。但当我踏入医学的领域时，它带给我知识上的冲击，让我彻底得到启发。我把所学的一切，和托冈的世界及现实世界中那些落后地区连结在一起，形成一幅美好的蓝图。我决定毕业之后，到落后地区服务。是托冈让我体会到医学的重要，所以我应该把医疗带到像她的世界一般的落后地区。这让我产生强大的使命感,托冈的世界不再只是一个可笑的幻想,更不是一种精神疾病,她是我事业的启迪者,也是一种召唤。如果没有听到某种召唤,你怎么能确定事业的方向?

"这大概是我最快乐的一段时间。在课堂或实验时,我会试着融入托冈的世界,透过她的眼睛来看待医学。落后地区的人们会怎么看待这些医学常识?他们从来没见过手术室,更不知道什么是抗生素,会怎么评估或使用现代医药呢?当我从这些角度看事情时,一切都变得相当清晰。所有的事情都充满难以形容的魅力,这对我而言,变成一种精神上的经验。"

最近,詹姆斯养成了一个习惯。在跟萝拉会谈后,就马上翻看她的写作档案。刚开始他会一口气看上三四十页,不过当他发现整个档案剩不到数百页时,他每次就只看四五页。

他拿起档案,翻到他上回看到的地方,继续读下去。

隆冬季节的某天深夜,从学徒宿舍那里传来痛苦的哀叫声,将托冈吵醒。她躺在床上仔细聆听。学徒的健康情形由灵视者负责,不属于她管辖的范围。虽然没有明文规定她不能涉足,但既然她的地位神圣崇高,大家自然认定她不会去接近生病的人。所以,没有人期望她会踏出寝室。

起初,她的确没有那样做。但大能者在她体内骚动,他经常如此骚动，在半夜中将她扰醒，就像怀孕妇女肚中的胎儿。

她躺在黑暗中，那个有月吻的婴儿来到她眼前。她处死婴儿之后，已经过了三年，但那婴儿依然纠缠不去。托冈不敢把这件事告诉灵视者。此刻，她以一个五六岁的女孩形象来到她面前，面露微笑，唇上那道裂口只剩下轻微的疤痕，托冈心想，就像野兔肚子上的疤痕。

唇上的裂口也能缝合起来吗？用腹部的皮肤来补足缺口？托冈脑中突然闪过这样的灵感。会不会靠一根针线就能解决月吻的问题？她尝试在脑中想象那个动作。

走廊外的动静打破了她脑海中的影像。

一名妇人捧着一盆热水，快速地从走廊外跑过去，一群学徒尾随在后。"神圣的博那，我们把您吵醒了，真的很抱歉。"她迅速地低头行礼。

"发生了什么事？"

"有个学徒病倒了，不断呕吐。"

"替我带路。"

"神圣的博那，灵视者已经过去了。您最好还是待在这里吧？不能让您也染上疾病。"

大能者在托冈体内骚动，透过托冈的眼睛注视着那名妇人，"不，大能者希望我过去。"托冈说。

当托冈进入时，学徒们发出一阵惊讶的低呼，并都屈膝致敬。在她们身后，托冈看到有个穿着睡袍的孩子躺在床铺上。走近后，托冈发现那是洛奇，那个战士家的孩子。

灵视者已经将蜡烛点亮。他将洁油滴进烛火中，洁油刺鼻的气味混合着呕吐物酸臭的味道。

女孩像鬼魅一般苍白,在微弱的烛光中,她两眼显得无神。但看到托冈,她还是勉强挤出笑容,喃喃地说:"神圣的博那,您能过来,我感到很荣幸,不过,很抱歉,我无法向您行礼。"

"我相信你有这份心,洛奇。"托冈把一张短凳拉过来。

灵视者作势阻止她坐下来:"您不要这么靠近她比较好。她得了重病,洁油才刚刚燃烧没多久。"

托冈不理会他,径自坐下:"洛奇,你年纪多大了?"

"神圣的博那,我已经十三岁了。"

托冈伸手摸摸她的额头:"你头很烫。你病了多久?下午祈祷的时候,我看你还好好的。"

"我肚子不舒服已经一两天了,但还不至于病倒。但刚才突然痛起来,吐过之后也没有好一点。"

走廊外传来叮叮当当的声响,是正快速赶来的巫女身上配饰相互碰撞的声音。

灵视者倾身对托冈说:"巫女来替她驱走邪灵,先离开吧,神圣的博那。"

"我想留下来。"

巫女来到床前。她的黑发抹着油膏,绑成细小的发辫,脸上涂着油彩,表示她有成功驱魔的能力。她凑到洛奇的面前,张开双臂,开始做起法事,寻找她身上被恶灵寄宿的部位,每找到一处,就在上面放一块铁片,九处都找到后,她解开一条红色的响尾蛇,随着一种节奏摇动它。她闭上眼睛,召唤黑暗之鸟来将恶灵带走。

托冈密切地注视着巫女的举动，觉得其中毫无神圣性可言。她不但汲取垂死者的力量，而且众所皆知，巫女没有灵魂。

"神圣的博那，现在走吧。"灵视者低声地说，"她在作法的时候，您如此接近她并不妥当。而且，我有事要向您报告。"

托冈不太情愿地站起来，退到摆放神位的房间："你有什么事情要说？"

"您应该把时间花在在神坛上祈祷。我刚才已经察看过那个孩子，恐怕巫女可做的也有限。据我推测，她大概是吞了梅子核。"

"什么？不可能。"

"我确定是这样没错，类似的症状，我之前已经看过无数次，先是发烧，然后死亡。"灵视者露出悲哀的眼神，"对她父亲会是个不小的打击。虽然他们生了六个儿子，但只有这么一个女儿。"

"她真的会死吗？"托冈问。

"一旦梅子核卡在肚子里，它会开始腐烂，然后把恶灵招来。巫女会想办法把它们驱走，但之前碰到类似的状况，结果都不理想。它们潜伏在体内深处，她的法力到不了那里。"

托冈露出若有所思的表情。

"来，我们一起在神坛前祈祷她安然无恙。"灵视者说。

"不。"她说。

灵视者疑惑地看着她。

"我不认为事情如你所说的那样，"托冈说，"她为什么现在会吞下梅子核，现在已经是隆冬了，梅子成熟的季节早过去了。"

"也许她在夏季的时候不小心吞下去，现在才开始在体内腐败。您也知道,今年冬季特别的冷。"

"我的想法不同。就我所知,洛奇根本不喜欢吃梅子。那她又怎么可能吞下梅子核?"托冈说。

灵视者摇摇头:"我不知道,我只是就经验判断,剩下只能交给巫女了。我们能做的只有为她祈祷。"

"不,大能者要我守在那个女孩身边。"托冈说完就径自走出神坛室。

托冈穿过围在洛奇床边的一小群学徒,在洛奇身边跪下来:"灵视者担心你吞了梅子核。"

洛奇忍着痛摇头说:"没有,我没有碰任何野梅子。"

"我知道储藏室对大家是多大的诱惑,风干的梅子非常香甜,小孩子多么喜欢它的味道。所以,如果你真的偷吃了储藏室的梅子,我也不会怪你。洛奇,你可以老实地跟我说。"

"但我确实没有吃野梅,我根本不喜欢吃野梅。"

托冈点点头:"很好。我可以把手放在你身上吗?"

当托冈的手来回在洛奇身上探查时,大能者的力量迅速贯穿于托冈的指尖。她视而不见地直视着白墙,烛火的光影在她的瞳孔中跳动。在她的心眼里,她看到洛奇的身体像那只被刀子划开腹部的小狗,一层一层地被揭开。大能者在她耳中低语:每个部位都是独立的王国。

当托冈的手移动到洛奇的腹部时,她痛苦地呻吟出来,这声音暂时打乱了托冈探查的路径。她摇摇头,重新将注意力集中起来。

"停止!好痛!"洛奇按住托冈的手腕,"拜托,神圣的博那,请您停止!"

灵视者推开围观的人挤进来："神圣的博那，这样做不妥当。恶灵会跑到您身上。快离开这里吧，这不是您该管的事情。"

大能者重新进入托冈的体内，使她无法专心在灵视者的话语上。狗的躯体。每一个都有它的王国。行走在各个国度上。仅一根针线就能治愈月吻。大能者对她不断低语着。

在托冈用手探索之际，原本搁在洛奇身上的铁片掉落下来，巫女重新将它们拾起，放回洛奇的肚子上，并且拿起一长串铃铛，不断摇动，制造出扰人的声响。

托冈被铃声吵得无法专心，按着头，侧身对巫女说："安静点！"巫女没有听见，继续摇铃。"安静！"托冈叫。

室内突然全静下来。学徒们睁大眼睛，灵视者吃惊地张着嘴。巫女则把铃铛按在胸前。

"出去，这样吵闹或许能驱走恶灵，但同时也干扰大能者。"托冈对巫女说。

巫女放下铃铛。涂着彩绘的脸上看不出她的表情，但两眼像受惊的牛犊，先望望灵视者，再看着托冈，最后又回到灵视者身上。然后她点点头，退到后面去。

"洛奇没有说谎，不是野梅核造成的。即使在此刻，大能者仍能传达旨意给我，而他告诉我，在她体内某个王国对邻国发动战争。他们的战士已经败下阵来，这个王国可能被消灭，果真如此，这个孩子就会死亡。"托冈说。

灵视者问："这又有什么不同？如果那个王国的战士已经败下阵来，谁也无能为力。"

"大能者令我拿起武器协助他们战斗。"

托冈用布沾一点圣油,然后俯身对洛奇说:"不要害怕,我等会儿要做的,之前我已经实验过许多回。你会昏睡一会儿,进入无梦的睡眠中,大能者会取走你这段时间的记忆。"说完,她把布盖在女孩脸上。几分钟后,洛奇的身体逐渐放松下来,等到托冈把布拿开,女孩的呼吸变得浅薄,四肢无力地瘫软下来。

"她现在行于死亡之谷吗?"一个孩子问。

"嗯!"托冈作出回应,并在学徒之中打量了一番,"摩拉?你年纪最大,你来做我的助手。我需要一块好的磨刀石,好把我的武器磨利,还需要一根好铁针。你到我的房间去,在窗边会找到一根针。最后,我需要一条金线,去翻翻洛奇的衣橱,应该可以找到能拆出金线的衣服。"

托冈解下腰上的小刀,用指尖试试它够不够锋利。在她划下第一刀时,四周发出惊讶的低呼声。当洛奇腹部的肌肉被揭开,露出里面的内脏,一股热气逸出。大家以为那就是邪灵,纷纷后退,巫女又开始快速地念念有词,灵视者跪了下来,其他学徒也跟着他这么做。

"这是神圣的景象,你们是该在此刻崇敬大能者。这样神圣的景象也许不会再在你们眼前重现。"托冈说。

她开始探查,寻找大能者昭示她的画面。学徒们按捺不住好奇,一个接一个停止祈祷,站起来观看。

"很奇妙不是吗?"托冈对一个靠近她的小男孩说,"看,是多么完美的小世界,自成一个宇宙,对我们秘而不宣。"她对着其他靠过来的学徒,露出微笑。

不久，托冈就寻到一块隆起的部位。大能者在她体内剧烈的作用，但即使没有大能者的昭示，凭借着肉眼，托冈也猜出那里必定就是问题所在。托冈用一小段线绑住发炎的部位，然后深吸一口气，用刀子把那地方割下来。

她仔细检查剩下的部位，确定没有异状，就把它们缝合起来。

"结束了。"她把小刀擦干净。尽管在寒冷的冬夜，但托冈的额头却冒着汗水。她抬手把汗水擦掉，突然感到一阵昏眩，身体摇晃了一下。

一名妇人立刻上前扶住她："神圣的博那，你还好吧？"

"还好，只是有一点累，必须休息。"托冈说，"但你们必须都守在这里为洛奇祷告。洛奇还行走在死亡之谷，你们要祈祷她能在大能者的引领下回到这里。并且要祈祷巫女能驱走她身上的邪灵，没有邪灵能再进入她体内。同时，你们要为我祈祷，祈祷大能者为我的所作所为感到欣喜。"

洛奇转醒后，陷入高烧状态。托冈大部分时间都陪伴在她身边，照顾她，为她祷告，手掌在她伤口上方来回移动，希望伤口能早点愈合。

到了第八天，洛奇的烧退了。她看起来苍白无力，但至少意识清醒过来。接下来的几周，伤口还是红肿，巫女替洛奇涂上某种药膏，伤口便渐渐愈合，只剩下一点疤痕，就像剑伤后愈合的模样。

在月圆之前，洛奇开始能下床四处走动。显然她已经好转了。她父亲为了表示感激，将一柄黄金打造的长剑献给神坛。

尽管是隆冬，距离春季还有一段时间，一场盛大的庆典却准备展开。大能者借由他神职的代理人显示如此的奇迹，是值得大肆庆贺一番，唯有如此，才能表达子民对他的感恩。

托冈换上圣袍，戴上圣冠，配上黄金圣刀，接受子民们的欢呼，并被冠以"阿纳卡"、"大力治疗者"的封号。圣火燃烧了三天三夜。

庆典结束后，托冈到森林里的小屋闭门思索。她是在小木屋里，第一次感觉到大能者的力量，所以她再回到这里反省。她也将存活下来的第八只野兔带来，原本她打算在适当的时机，将它献给大能者，表示对大能者崇高的敬意。不过，现在她觉得不应该这么做。杀死它作为从它身上获得知识的回报，似乎并不恰当。托冈又想到是否要把它放回野外？但她很快否定了这个主意。它已经被饲养了一阵，享受过室内的温暖和易得的食物，再回到冰天雪地的野地，恐怕活不了多久。托冈抚摸着野兔温暖的身躯，下了一个决定。她下令禁止大家以野兔为食，即使在粮食短缺的季节，自即刻起，野兔将和老鹰、山猫一样，成为圣兽。

22

与先知的命定相遇

> 听他的名字,我本来以为他会是个人高马大的男人,结果他并不比我高,有拉丁血统,黑色的卷发触及衣领,下巴冒着隔夜的胡茬,给人一种叛逆的味道。

"我的指导教授是一位很严格的老医生,叫作本杰明。"萝拉说,"他是一位很优秀的教授,但大家都很怕他,因为他要求很严格。他要我们全力以赴,绝不妥协。所以他很能激发出大家的潜力。

"有一次研讨会结束后,他把我叫住,问我未来的计划是什么,我想专攻哪个领域?我说:'我对一般外科感兴趣。'但在那个时代,很少有女生走这条路。他听了赞许地点点头,并且对我说:'你的选择不错,你观察事情的角度和其他人很不一样,令人印象深刻。如果你喜欢外科,那你一定能成为那个领域的佼佼者。'

"他的赞许让我感到很骄傲,我便鼓起勇气告诉他我真正的理想。当时我说:'我想到海外去,加入和平访问团或其他的慈善医疗团体,

到那些医疗资源不足的落后地区，把我所学的传授出去。'

"我热爱医学院的课程，但是，白天整天花在课堂和医院，晚上又忙着写作，根本没有时间再做别的事情，更不可能有社交生活。搬到校园外的公寓生活，虽然让我更自由，拥有更独立的空间，但也让我跟其他人完全疏离。我并不在乎，也并不觉得孤单，但那种生活大概使我显得太独特。可能是这一点，才使得艾利斯注意到我。"

萝拉停顿下来，打量着自己的双手。

"艾利斯是我实习的那家医院的放射科医生。高瘦、下巴后缩，一点儿都称不上英俊，不是我平常会注意到的那一型。要不是在医院的餐厅发生了一场小意外，我大概永远都不会察觉到他。那时我端着餐盘，同时想把松脱的鞋带绑上，结果盘子一斜，整盘通心面倒在他身上。事后，他表现出十足的风度，请我吃甜甜圈，代表他一点儿都不介意。

"从那时候起，我们开始约会。那是我第一次真正的异性关系，和之前跟麦特那种互不交集的关系不同。艾利斯和我开始分享彼此的生活，因为我们真的想要更了解对方。

"我和艾利斯在一起时，才终于敢再有性生活。这也可能是我对性的态度已经改变了，我知道我不可能永远逃避它。我并没有详细告诉他有关史蒂文的事情，但或许是因为他也曾经有类似的经验吧，所以猜到了七八分。我相信他能体会我的心境，谨慎行事，他也确实这样做了。

"但性并不能给我愉快的感觉，只有疼痛和恶心的感受。真希望能借由艾利斯的细心呵护改变这一点。可怜的艾利斯，他真的努力尝试过了。第一次,他为了让我达到高潮,试了三个小时,但我只想对他尖叫。之后,我干脆假装,好让事情赶快办完。"萝拉苦笑着说。

"每一次,我都像灵魂出窍,坐在床头看着我们两个人。我看着他达到高潮,然后翻下身,躺在我身旁呼呼大睡,而我清醒地躺在那里好几个小时,对于性的力量感到不可思议。我知道自己不可能在性交中达到高潮,因为我不可能让某个人如此掌控我。我知道我会这样,是史蒂文造成的,但了解是一回事,要摆脱这种影响力又是另一回事。既然明白我自己这种状况,我开始思索有什么方法能让我们两个达到类似的亲密。我想到托冈。分享托冈的故事是我可以和艾利斯建立亲密感的方法。

"那是一个困难的决定。我要怎样分享托冈的故事?一个二十三岁医学院的学生要怎么告诉别人,她还有一个想象出来的同伴?他会不会认为我是傻子?或者不再跟我见面?如果他知道我有幻听,会不会感到害怕?但接着我心想,如果我不跟他分享托冈的故事,我们之间绝对无法建立真正的亲密感。

"我大概花了六个星期才鼓起勇气。那时已是晚秋,屋外下着大雨,屋里生着火。我躺在他怀里,一边喝酒一边听着音乐。我并没有喝醉,但也无法亲口对他说托冈的故事,所以我把写下来的一部分故事拿给他看。

"他看完之后惊讶地说:'哇,你真是一个了不起的作家!故事里的人物和场景给我历历在目的感觉。那个女人好像活生生地站在我面前。'艾利斯的赞美令我受宠若惊,我说:'真的吗?你真的这么想?'他回答我说:'太神奇了,你怎么会编出这样的故事?'酒精发挥了壮胆的效果，我开始一五一十地告诉他有关托冈的事，包括托冈从什么时候起涉入我的生活，以及森林居民层级分明的社会结构、他们的宗教和法律。

"艾利斯听得目瞪口呆。我说得愈多，他显得愈热切。他问了我一大堆问题，想知道我如何解释这样的体验。我如何解读它和我的关系？我从中学到什么？它是否让我变成更好的人之类的问题。那时我已经喝了不少酒。在酒精的催化下，我告诉他，我是为了托冈才学医。我觉得似乎可以借着我的学习传授给托冈。

"艾利斯两眼炯炯有神地盯着我，并且对我说：'你真是太幸运了。'我同意他的说法，因为我知道自己确实很幸运。然后他说：'我可以问她一些问题吗？她会回答我吗？'我疑惑地问他："什么？"他一字一句重述一遍，好像我有重听似的。他说：'她会对我说话吗？她会透过你发言吗？'我跟他说：'她是我想象出来的人物，怎么对你说话？'他却说：'你不明白吗？这是通灵。我带你去见一些朋友，他们听了托冈的事，一定会大吃一惊的。'

"我紧张地要求他，这是我私人的事情，不希望别人知道。他却告诉我说：'不明白的人是你，萝拉。托冈是真实存在的。她来自于更文明的星球，透过与你的接触，将更高的觉察和知识传授给你。所以，你才能轻易得到这么多领悟，但你竟然不知道自己到底发生了什么事。你拥有不可思议的通灵能力！一旦你彻底开放自己，你将成为……嗯，我不知道……另一个灵媒。相信我，我有一些朋友，他们会乐于认识你。'

"后来我觉悟到一点，我初次和他交往时所感受到的那种能畅所欲言的感觉,是因为他善于和某些特殊敏感的人应对。我没想到,他认定托冈是真实存在的。那天晚上,我只想和他分享我活跃的想象力。但艾利斯想要的是一个灵媒。"

萝拉停下来,注视着摆在大腿上的双手。

"你知道生活中的转折点吗?"她低声地说,"你站在十字路口,你知道当你推开一扇门时,生活就会完全不同。"

她再度陷入沉默,持续了许久。

"那次就是我人生其中一次转折点。在那一刻,我真正看清楚艾利斯,一个满嘴胡言的失败者。即使如此……我完全忽视这份领悟。我任由他说服我去见他那些朋友。我得承认,他并不需费太大的力气就能说服我。"

詹姆斯专心地注视着她。萝拉深陷在椅子里,防卫似地将双臂交抱在胸前。

"你怎么解释自己的反应?"詹姆斯问,"你深知托冈是你想象出来的人物,你甚至揶揄艾利斯的反应。但你又轻易接受他的建议,和他的那群朋友见面?"

"这也是我一再问我自己的问题,为什么我不一口回绝?"萝拉说。

沉默持续着,詹姆斯任由萝拉保持沉默,知道她正在思索,而不是无话可说。

"这或许是因为我渴望显示自己与众不同。"萝拉最后说,"我想成为艾利斯所认为的那种神奇人物。在我心里有部分的声音,知道自己那么做是错误的,也知道那是欺骗,但这似乎不会伤害任何人。而且这是艾利斯主动提的,并不是我,所以就算这样做应该也没什么关系。

就像我们小时候相信有圣诞老人。大家都假装相信,因为没有人会因此受害,而且你身边重要的人,譬如你的父母,他们都希望你这么做。所以,大家都假装相信,这样大家都很快乐,而它实际上是个谎言的事实,就被忽略了。

"外表上看来,艾利斯那群朋友看起来就像我一样,是受过高等教育的年轻中产阶级。但在面对自己的生活问题时,我向内求,他们向外寻找答案。他们定期聚会,天南地北地讨论各种问题,新世纪的议题、东方哲学、德鲁伊教派的思想、外星访客、天使的造访等等。

"在我去参加他们的聚会之前,艾利斯已经对他们提起过我的事,所以他们非常热情地欢迎我……甚至是以一种尊崇的态度来对待我。他们纷纷来和我握手,久握不放,并且注视着我,好像我是某个大人物。

"大家似乎都相信艾利斯的说法:托冈是某个来自更高灵界的精神体,进入我体内,来引导我,带领我进入更高层次的领悟。对于艾利斯描述托冈如何坚持要与我接触,而我却拼命反抗的说法,大家都报以一笑。艾利斯把托冈形容成一个睿智、迷人的人物。我记得当时透过艾利斯的说法,我觉得托冈属于自己所有,因而产生一种模糊、温暖的感觉。我认为托冈不时会想着我,而非我想着她,那是一种很美好的感受。

"中场休息用点心的时候,一名年轻女子跑来询问我,想知道当初是怎么开始的,我的感受又是如何。站在她身旁的一名男子则想知道我是否曾亲眼见过托冈。很快地,其他人靠过来。我当时坐在一张休闲椅上,在我觉察之前,所有人都已经围在我脚边坐下来。

"我不是那种善于在公众面前说话的人。即使现在也一样。但那晚不同。我发现和他们说话一点儿也不费力。他们显得真诚、开放，只是单纯地想了解我的体验，不带任何批评和判断。原本我担心会欺骗他们，随着时间流逝，那份担心也渐渐淡去，因为我告诉他们的，都是我体验到的事实。它们确实是我的感受和领悟。原本我一直得隐瞒托冈的事情，但头一遭却有人珍视它们，那种感觉很好，让我觉得非常轻松。

"接下来的一周，我又去参与那个星期二晚上的团体。事实上，我开始固定跟艾利斯一道前往。我从来不曾觉得自己孤单。我以为自己满足于读书和写作的生活。事实上，我真的渴望有朋友。只是我从来不敢往这方面去想，所以星期二团体开启了我崭新的视野。"

萝拉自我嘲弄地笑了笑："当然，事实上，他们欢迎的不是我，而是托冈。刚开始我觉得很怪异，一屋子的人都在谈论托冈，好像她真的跟我们同在，我好像回到小时候跟迪玛玩那种假扮游戏。但经过一番努力，我压抑下不舒服的感觉，好像我那么做减损了托冈的真实性。听起来很可笑。托冈是我想象出来的人物，我怎么可能减损她的真实性？是不是？"

"所以……"萝拉迟疑了一下，看了詹姆斯一眼，然后迅速转移视线，露出尴尬的笑容，"所以，我就那样开始通灵起来。"

"你的意思是？"詹姆斯问。

"我的意思是，我开始传达托冈对我说了些什么之类的启示语。"

"所以，托冈从一个想象出来的人物变成了公众人物？"

萝拉不自在地点点头："我但愿自己能诚实地说，我对当时那么做感到惭愧，或者我从那种欺骗的行径中领悟到某些哲理，但实际上并非如此，我并不觉得自己在占他们的便宜。他们在某方面来说都有某些弱点，而我在帮助他们。和那些人相比，在面对生活的困境时，我似乎比他们更善于应付。我所做的只是给一些普通的建议。但当他们认为那些建议是出自托冈之口时，似乎就变得特别有力量。而它们也确实帮助到了他们。我真的是在做一些正面的事情。"

"所以，你觉得如此利用托冈，对他们有帮助？还是有其他的理由促使你做这样的决定？"詹姆斯问。

萝拉皱起眉头：“是的，我喜欢那种被人欢迎，受到特别对待的感觉。"她眼中开始盈满泪水。

"这让你感到激动？"詹姆斯温和地问。

"很难表达它对我的重要性。"萝拉低声地说，"以这种理由来解释自己为什么要欺骗别人，似乎太自私了……它让我想起小学四年级和帕玛拉接触的经验。只不过这一次我的行为，正是帕玛拉那时对我做的，而我却觉得很好。"

"可以理解。"

"一旦开始，我便无法停止。每次聚会我都会提起托冈，几周之后，星期二团体就变成了'萝拉团体'。大家来只为了要见我。我喜欢事情演变成那样。我不断地想：我说那些建议出自托冈之口又有什么关系？我就是托冈，所以，我并没有说一些不负责任的话。而且我在助人，也没有收他们半毛钱。那似乎是很高尚的行为……有点像……

"但我跟艾利斯的关系却变得很奇怪。他完全陷入那种情境中。在我们独处的时候，他不断谈论着托冈，好像她真的跟我们同在，而且采用托冈世界里崇拜的仪式对待她。老实说，他的行为变得相当疯狂。最后，我们分手，我怀疑这么做对我、对他都是一种解脱。他需要的不是我，而是托冈。我们分手之后，他可以全心全意做萝拉团体的一员，只谈论托冈。"

"那真正的托冈呢？"詹姆斯问，"在精神导师托冈来到之前，你最初所体验到的托冈还会出现在你脑中吗？"

萝拉靠向椅子，思索了好一会儿："我现在才明白，从那个时候开始，托冈在我脑中的影像逐渐褪色，在我愈来愈投入星期二团体后，真正的托冈变得愈来愈不鲜明。

"后来，事情有了新的变化。在我开始参与星期二团体两个月后，有一位叫萝萍的成员，她是一位艺术家，她邀请我星期六到她家吃饭。她告诉我她各种通灵体验，其中一个精神导师叫杜宾，他发出类似马嘶的声音，而她希望通过我，帮助她整合那些启示。

"然后，她突然问我说：'艾利斯有没有安排你见先知？'我回答：'艾利斯从来没有跟我提过有关先知的事。'听到我这么说，她以一种能预知未来的口吻说：'我相信你很快就会得到召唤。'在那之前，我从来没有听过先知这号人物。但你也知道，一旦你开始意识到某件事情，突然之间，大家好像都在谈论这个人。

"他名叫费加斯·麦印度，但没有人直呼他的名字，都称呼他先知。传闻他早在二十岁的时候，就放弃大学学业，到印度去寻找自我，追随各种修道者和瑜伽师，最后开启自己的智慧，并和某个来自更高灵界的精神导师——他称之为'声音'的精神体接触上。回到波士顿地区后，他成功地建立起他的心理咨询事业，全心投入传达'声音'

给人们的启示。

"我很想见见这个人物。我自知自己的能力是假的，所以对他的能力产生高度的好奇。我也想知道他是否能觉察到我所做的事情。我们能相互揭穿彼此的骗局吗？或者真有来自灵界的声音？

"这个人不单只是向那些轻易相信的信徒说些小预言，收一点小钱而已，他还预测人类将面临大的灾难，只有少数人能存活下来。自然，'声音'知道谁是选民，而且，授命先知为北美地区的精神导师，将引领存活者度过黑暗时期。而最终，他将带领他们建立一个新世界，名为新亚特兰提斯。"

萝拉笑了一笑："我知道这听起来很荒谬。但你知道这一类事情都是怎样起头的，只要有个充满魅力的人物宣称世界末日要来临，就会有一堆信徒追随着他。

"不管怎样，先知这些怪诞夸大的想法并不会令我感到困扰，反而让我觉得他像来自托冈世界的人物，充满了神秘和吸引力。我很想见他一面。而且，我知道如果我要继续在星期二团体发挥作用，就必须得到他的认可。

"但是，尽管萝萍信誓旦旦，先知丝毫没有要和我联络的动作。根据星期二团体成员的说法，先知通常都是突然出现，但我在团体待了三个月，未曾见过他现身，也没有任何迹象显示他知道我的存在。

"最后，我决定自己找上门。我略作调查，得知先知在市区一家会员制的健康俱乐部替人做'心理咨询'。所以，我打电话预约时间。预约的名单很长，我必须等三个星期。此外，十五分钟的'咨询'，费用相当于我两个星期的生活费。

"我不希望星期二团体的成员知道我的行动,尤其不想让艾利斯知道,我也不想让先知事先有所准备,所以预约的时候,我用蒂法尼的名字。然后,我好奇又兴奋地等待着。

"到了那一天,我踏进健康俱乐部,柜台小姐非常有礼貌地和我打招呼。我甚至记得她的穿着,蓝白色的小背心,看起来真像一名空中小姐。她领我穿过健身房,打开一道门,门后是通往下方的楼梯,然后对我说:'从这里下去。'我记得当时自己相当不安,很希望她能与我同行。

"楼梯的最后一阶面向一间宽敞的大房间,房间的天花板很低,墙面贴着壁纸,地板上铺着绿色的地毯。健身俱乐部建在山坡上,所以,虽然它的大门和街道等高,但这间房子却和后面的山坡地同样高。早上的阳光透过落地窗照进来,使得地毯看起来就像真的草坪,但同时,因为低矮的天花板,给室内一种压迫的感觉。室内几乎是空的,除了角落远离窗户的地方放了一张桌子,先知就坐在那里。除此之外,唯一的另一个家具是他对面准备给咨询人坐的一张椅子。

"我不自在地朝他走去。他仍然坐在那里没有动静,但密切地注意着我,我也注视着他。等我来到桌前,他站起来和我握手。听他的名字,我本来以为他会是个人高马大的男人,结果他并不比我高,有拉丁血统,黑色的卷发触及衣领,下巴冒着隔夜的胡茬,给人一种叛逆的味道。尽管我听过不少人谈论过他,但从来没有人提到他英俊的长相,但他确实相当英俊,这使我一时之间乱了阵脚。

"他的魅力在他的眼睛,深邃的目光以非常温和的方式使你难以动弹,在事后你才会意识到自己的意志力曾被他左右。他用低沉、温柔的声音对我说：'你好。'然后坚定地和我握了手，便坐下来，并且示意我照做。他将两臂放在桌上，身体略向前倾，然后说：'我能为你效劳吗？'"

萝拉露出笑意："我惊讶地愣在那里说不出话。说是一见钟情太夸张，但我当时能做的就只是盯着那双眼睛。难怪有那么多女人肯为了短短的十五分钟，付出那么高的金额。我的沉默并未使他感到困扰。他只是用缓慢如催眠的声音再说一遍：'我能为你效劳吗？'我说：'我只是想见见你。'他点点头，报以一笑：'很好，你想问我什么？'他仍然专心地注视着我。我发现很难一直直视着他，于是便低下头来。'你碰到问题，希望有人帮忙？'他温柔地询问，面带微笑，但目光始终盯着我。我发现无法继续注视着他，也无法清楚地思考，那是一种奇怪的感觉，思绪都在，但无法整合在一起。脑中不断重复想着，他有多英俊，多具男性气息，身上散发的气味有多香。不是香水，也不是刮胡水的味道，纯粹是一种暖洋洋的男性味道。

"他伸出手，摊出他的手掌，并且对我说：'把你的手给我。'我把两手伸出去。先知握住我的手，先是仔细地观看，然后缓缓合起十指，握住我的手。他的皮肤相当黝黑。他对我说：'你会成为名人，非常有名。'在他说话的时候，他一直看着我的手。经他这么一说，原本那种神秘的气氛被打破，我失笑出声。我心想，好一个伟大的算命师。先知注视着我，似乎有一点儿受到冒犯的感觉，他说：'我说错了吗？不可能，掌纹上显示得很清楚。或者，你已经是位名人了？'我告诉他，我一点都不有名。但他重拾信心地说：'不过，将来会是，我感觉到许多人会知道你这个人。你的沟通能力很强，也许会出现在电视上？因

为我感觉到你会和数以百万的人沟通。'我把手缩回来，靠回椅子上，露出笑意，并且说：'你对所有女生都这么说吧。'

"这回换他露出笑容，衷心地笑着，并说：'一个怀疑论者，我欣赏这一型。'然后，他突然收敛起笑意，仔细地注视着我的脸。这一次我没有回避他的视线。托冈进入我的脑中。我想起灵视者曾经说过的一句话：'别人可能认出你的神性，所以，绝不要做第一个回避视线的人，避开目光就减损了你的神性。'先知用平静的语气说：'你并没有坦承你真实的身份。'我不动声色地直视着他。

"他眯起眼睛，似乎想看透我。他说：'你是谁？'他的目光变得如此幽暗，让我产生一种莫名的不舒服。他再问一次，声音低到几乎听不到：'我觉察到另一个人存在着，围绕着你，把你包裹在它的光中，变成你……分开来……又融在一起。'我心想，他看到托冈，在我这么想的同时，一种怪异的感受贯穿体内，好像被一只冰冷的手抚过，使我不自觉地颤抖。所以，我低声地说：'我是萝拉。'听到我这么说，先知身体突然前倾，顺势将椅子带向前，撞到桌边，打破我刚才产生的怪异感受。'你是萝拉？我的天，真的吗？艾利斯的朋友？'他丝毫不掩饰惊讶之情，原本温和的声音变得沙哑。'是的。'他靠回椅背，不敢置信地垂下肩膀。他大声地说：'为什么我事先不知情？该死！我一直在等你出现。要命，真让我想不到。'我自己也感到很讶异，但出于不同的理由。他怎么能察觉到托冈？他怎么办到的？我仍然被前一刻所发生的事深深撼动着。

"他露出愉快的笑容，说：'我一直在等你出现。'

"'这是什么意思？'

"'我知道就是你。他们对我说就是你。他们说，当我召唤时，你就会前来。'

"'他们是谁？'

"'声音'。

"我很困惑地盯着他。他接着说：'是我召唤你前来的。你也许以为你是凭着自己的意志前来的，但并非如此，是我召唤你来的。你是因为听到我的召唤，所以才会过来。'

"我不知道能说什么。所以我只是坐在那里。我不知道。我甚至不晓得能对自己说什么。所以，我站起来，对他说：'我得走了。'然后我拿起皮包，准备付咨询费。他连忙阻止我，说：'不，不，不，我绝对不会收你的钱。'我仍然像是坠入雾中，只能和他握握手，然后转身朝门口走去。他突然飘来一句：'噢，萝拉？'我停下来转身看他。'你会成名。'"

23

安 塞

庆典在她为安塞披上圣袍，戴上金冠时，达到最高潮。那是他们第一次正面相对。他本该低下头，显出谦卑的态度，但他并没有那么做，反而直视着托冈，露出亲密和略显轻佻的笑意。

萝拉的会谈结束后，詹姆斯走到存放个案档案的柜子前，拉开下面的抽屉，把萝拉的手稿拿出来。原本孤单的女孩，为了赢得现实世界里的友谊，想象中的友伴托冈渐渐褪色，成为精神导师般的托冈，这倒并不令人费解。

不过，詹姆斯好奇的是"真正的"托冈。在那段时间里，萝拉仍然继续在写托冈的故事。他翻开手稿，仔细地标记，想找出萝拉二十三岁时所写的那一部分。

摩葛丽说："已经过了四个月圆的日子，我们没有单独说过一句话。"

托冈将手搁在膝头上,支着脸庞:"对不起,但我不太舒服。"

"我看得出来。是因为冬季的关系吗?"

"不,是老人。他陷入了昏迷。他的魂魄离开他的躯体前往死亡之谷已经数周了,但他的身体仍然拒绝跟随。所以,得清洁他的身体,并且喂食。可是这么做无益,他仍然没有醒转过来。"

"你不必做这些工作吧?"摩葛丽说,"那些伴妇做什么?"

"她们分担了不少工作,但灵视者的工作全落在我身上。我现在必须身兼灵视者和博那的工作。而且,我觉得大能者会希望我照顾老人,所以我才把饭端给他。"

"记得我们的老祖父吗?"摩葛丽说,"他之前的情况也是一样,先陷入昏迷,然后不久身体也随之离去。想些快乐的事情吧,想想安塞,再过不久他就要过来了。"

摩葛丽露齿一笑:"而且他长得多英俊。托冈,你真幸运!多想想将来和他亲热的景象,换成是我,我一定会这么做!"

听到这些话,托冈淡淡地笑了笑,双手抱膝,将头放在大腿上。

"看你显得多疲倦。"摩葛丽伸手抚摸姐姐的头发。

"你觉得真的是疲倦吗?或者只是因为我老了?"托冈说,"我有点担心。摩葛丽,我已经过了二十九个年头。我不再年轻了。看,我的额头上已经出现了皱纹。我的青春都耗费在他年迈的父亲身上。我恐怕安塞不会希望我做他的伴侣。他年轻、英俊,不会想要一个长相无法和他匹配的女人。"

"我不担心这一点。你还年轻,而且我听说,他一向来者不拒,甚至那些不乐意的女人,他都会用强迫的手段。"

"我也听说了这点,但那只是发情。摩葛丽,我说的是婚姻,一旦结合,就不能反悔。而且他也不能再和别的女人亲热。"

"为了结婚,他等待的日子比你更久。以他现在的年龄,他期望从你身上得到的不是少女的热情,而是为他将来的孩子找一个母亲。"她再次露出笑意,"想想迷人的卷发和胡须。想想他能给你多么漂亮的孩子。"

托冈低下头,点一点头。

"可怜的人儿,要我说说我的新闻,让你振作一点吗?"

"喔,当然。抱歉,我忘了问你的近况,告诉我家里最近怎样?"

摩葛丽说:"我的事没法像你的这样伟大。我是不可能嫁给贵族的,但我也尽力而为了。我怀了泰坦的孩子。"

托冈猛然抬起头:"真的?我的妹妹?噢,现在我更觉得自己老了。接下来我大概就要有白头发了。"托冈搂住摩葛丽的肩膀,"婚礼什么时候举行?"

"在花开的月份。泰坦的家人要等到确定孩子能生下来才打算迎亲,现在孩子确定在夏季出生,所以才定下婚约。"

托冈上前拥抱妹妹:"我真为你高兴。你这么幸福,我为你高兴。"

"你的情况也会好转的,"摩葛丽说,"离婚礼还有两个月。也许会是安塞来主持我们的婚礼。谁知道?也许我们两个会在同一年生孩子。"

春天第一次播种的日子,托冈端着食物来到灵视者跟前。那晚因为是月圆的时候,天色显得特别明亮,所以她没有拿烛台。她进到他的私室，借着微弱的月光，看见躺在床上的灵视者终于断了气。

一种解脱的感觉袭上心头，她不自觉地流下泪来。她把泪水擦干："什么？你以为我为你而哭吗？不，你不是教我不要为死者流泪？我是喜极而泣，我为自己而哭……"她轻轻抚摸他冰冷的手背，在月光下，她手上的泪水在他苍老的肌肤上留下一道痕迹。

在哀悼期间，学徒们暂时被遣返她们的家庭，负责替老人擦洗身体的伴妇也离开了。只剩下托冈一个人。她在棺椁停放的圣坛前跪下来，替老人涂上圣油，并且为老人祈祷，期望他能平静、安详地离开。

托冈从来没有亲眼见过老人的儿子安塞。身为低下阶级，在她受召之前，根本不可能见到他，或和他说话。现在情况不同了。他们的角色互换。虽然他出身贵族，但她受大能者宠召。

在老人过世后第十六天，新任灵视者的加冕仪式正式举行。冬天刚过去，春天才来，仓库里，食物几乎快吃完了，而新谷物才播种，还无法收成，是不适合举办任何庆典的日子。为了庆典，他们杀了两头小牛和一头雄鹿。

庆典在她为安塞披上圣袍、戴上金冠时，达到最高潮。那是他们第一次正面相对。他本该低下头，显出谦卑的态度，但他并没有那么做，反而直视着托冈，露出亲密和略显轻佻的笑意。托冈脸红起来，担心那些长者看到安塞的表情会有不好的联想。但……她迎上了他的视线，因为不那么做似乎不恰当。最后，她自己也忍不住笑出来。

陷入爱情

在他的怀中,麦特生涩的拥抱,艾利斯的笨拙,甚至史蒂文的粗暴都被抚平。事后,我们交缠在彼此温暖的怀里,我在那一刻深深爱上他。我从来没有想过自己会陷入这样的爱情中。

"第二天下午,研讨会结束后,我走出医院,看到先知靠着我的车站着。他竟然出现在那里,让我非常意外。"萝拉在下一次的会谈时说,"他哈哈大笑,开玩笑地说:'你怀疑我的本事吗?'

"在冬季微弱的天光下,他显得更为英俊。他知道怎样装扮自己,羊皮外套、手织的衬衫和一条长围巾,虽然是休闲装,但都是昂贵、时髦的服装。他的卷发垂在领子上,面颊则被寒风吹得红通通的。

"在那晚之前,我没有真正恋爱过。我很喜欢艾利斯,本来期望和他发展出真正的爱情,但事与愿违。坦白说,私底下,我担心史蒂文已经彻底破坏我爱人的能力。但遇到费加斯之后,一切都改观了。

"没想到,他竟然和我有相同的感受。距离我们第一次见面不到二十四小时,他就出现在我实习的医院停车场。他张开手臂拥抱我,让我不由自主地产生游子返乡的感觉。我将脸埋在他的胸前,呼吸着他身上散发出的气味,好像被他如此拥抱是天经地义的事情,然后我们开始第一次亲吻。

"他在亲吻中注入我未曾体验过的热情。他几乎是想要把我吞噬一般。我从来没有这样和人亲吻过,但我没被吓到,反而急切地迎上,期望它永远不要停止。我脑中唯一的念头是,他就是我命中注定的男人,童话故事的情节是真的。亲吻结束后,他对我说:'跟我走,我们去吃饭。'

"当然,我毫无异议。我们坐进他的车,驶进市中心。一路上他滔滔不绝。这是他最大的魅力,全身充满着活力,和之前在健康俱乐部那种深沉完全不同。他对我说话的方式好像我们是好朋友,好像我只是去做了一趟长程旅行,最后终于回来和他团聚。当我称呼他先知时,他轻声斥责我:'为什么要一本正经?你又不是我的学徒。'当他出乎意料使用学徒这个字眼时,我的注意力还是无法从他身上移开。

"我们来到一家小巧、精致的意大利餐厅。铺着红色桌布的餐桌、烛光、柔和的音乐,空气中飘散着烤面包和橄榄油的香味。我喜欢他那种理所当然把我当作所有物的态度,但事情发展得也未免太快了,毕竟一天前我才刚认识这个男人。我靠向椅背,对我自己的心思感到惊讶。费加斯真的很善于洞悉人心,他立刻露出同情的表情,对我说:'可怜的人,你真的什么都不记得了吗?'我反问他:'记得什么?'他伸手托住我的脸,然后倾身,直到我们额头碰触在一起,再按住我的

太阳穴,说:'闭上你的眼睛。在无数次的轮回中,我们不断进化。让你的思绪回到过去吧!'

"借由他话语的引导,以及我强大的想象能力,一道黑色的帷幕好像在我心眼前徐徐降下。他用微弱的声音对我说:'接受"声音"传递给你的影像吧!'在餐厅其他客人的眼中,我们看起来可能像在祷告。他像在催眠似的对我说:'回忆,回忆,回忆,你一定还记得片段的影像,因为你和我在一起已经很久很久了。埃及时代、亚特兰提斯时代、星星诞生之前的时代。'

"在他说话的同时,我仿佛从黑色的帷幕上看见各种星星和星球的影像,就像我在大学实验室看到的基因模型一样,呈现螺旋状。然后又出现一道金光,和埃及的狮身人面像。他喃喃地说:'你和我几乎就快要碰到那道光芒,进入存在之光中了。要不是失去你,我现在已经进入光中。'他露出伤感的口吻。'我必须回来找你,我不能单独把你留下。'他说完放下双手。当我睁开眼睛,看见他眼中泛着泪光。他笑着说:'现在我终于找到你了。'

"我能说什么?我很惊讶自己竟然是这么浪漫的故事主角。一部分的我质疑他的故事,但大部分的我却全心想拥抱他,拥抱这个故事。在那一刻,这个念头强过一切,胜过我想成为一个医生的心愿,也胜过我对托冈和森林居民的依恋。虽然他所说的故事超出常理,但我为之心动。我觉得那一刻也许在星星形成之前便已经注定。

"第二天晚上,我们又一起出去吃晚饭。因为他的工作直到十点才结束,他十一点才来接我。整天,我无法停止想着他。原本想测试他的真假,以及对他隐瞒自己的念头全都消失无踪。我决定向他坦承托冈的事——真实的托冈,而不是我在星期二团体里所描述的托冈。

"费加斯对我和她的关系非常感兴趣。我第一次是怎么和托冈接触上的?我怎么保持这样的联系?我从她那里得到什么样的讯息?怎么将它应用在每天的生活中?第一次想向人分享托冈的故事是什么时候?她为我设定的目标是什么?她提供的世界目标又是什么?

"世界目标?当我们谈到世界目标时,我才意识到我们之间的对话已经完全脱序。我尝试一五一十地向他说明托冈的性质,以及她不是精神导师的事实,但显然他并没有把我的话听进去。即使我的想象力再丰富,我也从来没有想过什么世界目标。

"费加斯对我说:'你拥有难得的天赋,你必须开始这样去想它。当你可以利用它行善,却对托冈的事秘而不宣,这是错误的。'我抗议他的说法,并且表示我在星期二团体假托冈之名向成员提供建议,已经是在利用托冈行善。他温柔地抚摸我的面颊,还说:'不,不,不,你和我还有更伟大的事情要做。'

"那一晚我们谈了数个小时,一直谈到凌晨一点老板赶人为止。当我发现时间有多晚时,大为惊讶,因为再过四个半小时我就该起床了。我告诉费加斯我得回去了,但他要求我再待一会儿。虽然他的要求令我受宠若惊,但我太疲惫了,我必须回家。在我提出异议时,他的态度就不是那么可亲了。他说我让身体主宰心灵,才会觉得疲累。不过,他还是让步,开车送我回去。

"不用说,我第二天的实习状况惨不忍睹。而且在本杰明教授的课堂上,我像一只泡在麻醉剂里的海星一样了无生气。'等一下,萝拉。'本杰明教授在下课时叫住我。我心想,噢,拜托,不管要说什么,不要在今天，今天我实在太累了。他关上教室的门，然后转身问我：'你有什么困难吗？'我说：'没有，我只是今天有点累，我昨晚太晚睡了，我发现不应该这么做。''我提的不光是今天，这几个月你的表现不如从前，发生了什么事吗？'我一听，心情沉下来。我的学业成绩开始滑落了。因为忙于星期二团体，我无法像从前那样专心念书。我以前一直缺乏社交生活，所以，我觉得现在稍微放纵一下，并不过分。我认为我终究会将心收回来，放在我的课业上，再将退步的部分给补回来。

"本杰明教授问我：'你毕业后仍然想到国外去工作吗？'我回答他说：'我想是的。'我依然想做个丛林医生，虽然这个念头已经不像前一年那样急切。他告诉我，之所以这样问我是因为他有一个同事在约翰霍普金斯大学任教，他们有一个外科研究计划，由帕特医生主持，会开放给外校的同学参与，而且就在我准备当住院医生的时间。帕特医生是外科领域最优秀的医生，而一向不喜欢推荐学生的本杰明教授，认为我的天分很特别，如果我愿意，他将会推荐我过去。

"他停顿一下，并注视着我，然后说：'即使如此，你还是得非常努力才能申请得到，因为会有许多人也提出申请，而且都是和你一样相当优秀的人才。'他接着露出笑容，并且说：'但我敢打赌，没有一个比你更优秀。'我很感动地向他道谢。他要我重新加油，并且认真地看着我，说：'这是一个非常难得的机会，我希望你好好珍惜它，萝拉，它能实现你的理想，并且发挥你的潜能。不要浪费了它，好吗？如果你缺乏争取它的热情，即使有再好的机会也是枉然。'

"我怀着自责的心情走出教室。本杰明教授说得没错，我失去了追求目标的热情，我向自己发誓，要马上回家睡个好觉，然后开始拼命看书。但出乎意料地,费加斯又出现在医院的停车场。他温暖地拥抱我、亲吻我,让我原先的决心立刻烟消云散。

"跟费加斯在一起,没有什么事情是平淡无味的,而且除了精神世界和他的'声音',没有什么事情对他来说是真正重要的。他绝对不会跟你谈论足球或电影八卦,这些事情根本不存在于他的世界中。他也不知道什么叫疲倦,我从来没碰到过像他这样充满精力的人。跟他在一起,周遭的事务似乎都变得更伟大、更明亮、更完美。我也受到这种影响。在他身边时,我觉得自己更活泼,更能专注在自己身上。但相较之下,当我们不在一起时,所有事情都变得索然无味。

"那一晚,他带我回到他的住处。一幢优雅的老式乡村建筑,铺着橡木地板,装饰着壁炉和老式家具。到处都是波斯地毯和靠垫,使得室内充满了阿拉伯情调。他带我到厨房,问我要不要喝薄荷茶。我答应后,他转身打开洗碗槽上方的大吊柜,里面装了许多罐薄荷叶,似乎是他自己种植的,所以叶子看起来非常新鲜。室内很快飘散着清新的茶香。

"我从来都没有喝过那样的茶,这让我立刻联想到托冈世界里喝的药茶,带给我非常美好的感受。我立刻忘了自己的疲倦,以及我应该回去读书的念头。

"他带我进到一间摆满书本的小房间。在房间的尽头有个小壁炉,上面贴着精致的瓷砖,前方有铁栅栏。房间的另一头立了一张现代化的黑色金属桌,和房里其他的装饰显得格格不入。桌子上有一个大水晶球,美得令人忍不住想抚摸它。

"费加斯带我到壁炉前面,坐在地板上的坐垫上。壁炉里已经堆着柴火，他探身上前，划一根火柴丢进去，熊熊的火焰很快燃烧起来。在我能反应之前，他已经捧着我的脸，热烈地亲吻起来。松木枝燃烧的香味混合着薄荷茶的清香。每次我回忆到那一晚，就想到那种气味。

"在他的怀中，麦特生涩的拥抱、艾利斯的笨拙，甚至史蒂文的粗暴都被抚平。事后，我们交缠在彼此温暖的怀里，我在那一刻深深爱上他。我从来没有想过自己会陷入这样的爱情中。正因为如此，使我更珍惜费加斯。当时我已经知道自己不能没有他。

"接下来的日子在相同的模式中进行：辛苦地实习和读书，欣喜地迎接费加斯，一起吃饭，然后彻夜长谈。一次，在事后疲惫地躺在床上时，我向他解释托冈如何在我童年时出现在我的想象世界里，而她和他的'声音'性质不同。我说：'她无法透过我传达什么，因为她就是我。'

"费加斯听了之后，温柔地说：'她当然可以透过你传达事情。'

"'不，我的体验和你不同。我不是直接触及托冈，她有些层面也和我不同，但我认为那是创造力的结果，是我创造出一个独特、活生生的个体，一个同时具有我和她独特性格的个体，但她仍然是由我创造出来的。'

"费加斯对我说：'萝拉，你只是还未充分进化，时间到了，她就会进入你体内，你会听到她的声音，我会帮助你的。'他把我额前的头发拨开，接着说：'这一次我不会单独把你留下来。'

"'但是，我听不见她的声音。托冈并没有对我说话，从来没有过。她存在于我脑中的另一个世界。'

"'你不认为我们都是这样吗？我们这个世界都存在于神的想象之中？为什么我们要祷告，不就是跟神说话？'

"'我不知道。但这不是我想要说的。要向你承认这一点真的很难，但我必须这么做。我已经爱上你，而我希望我们之间能建立完全坦诚的关系。我在星期二团体所做的事情……完全和托冈没有关系，永远不会有关系。团体的成员他们都是好人，但因为他们太迷惘，所以急着想抓住什么，解除他们的痛苦。但老实说，他们并不需要来自灵界的帮助，只需要一个关心他们的人，给一些客观的建议就够了，这就是我所做的。当他们认为是某个特殊的人在关心他们，给他们建议，就更乐于尝试。这段日子以来，我一直告诉自己没有做错任何事，虽然我的做法不算完全诚实，但我想有时候即使方法有瑕疵，结果是好的，也就够了。不过，我不希望你认为这些都是出自托冈的意愿。托冈根本不知道他们的存在。'

"费加斯搂住我，亲吻我的头发，然后说：'当然这都是出自你的意愿。这么做绝对没有什么错。到健康俱乐部来寻求咨询的人，百分之九十九意识都停留在低阶的层次。他们没有进化。所以他们来找我，只想知道他们可不可以和司机偷情，可不可以投资某个热门股票，或者可不可以嫁给某个拥有果园和夏季庄园的富豪。他们不想得到灵性的开发。他们要的是金钱、地位和不会断裂的假指甲。对他们来说，其他都不重要。所以我就装神弄鬼在他们面前表演一下，把他们想听的话告诉他们。他们听了很开心，我收到他们的钱也很开心。事情就是这样。这么做有错吗？我会觉得良心不安吗？我是个骗子吗？都不是。萝拉，是因为他们还没有进化。除了眼前的痛苦和快乐，他们什么都看不见,他们就像两岁大的小孩活在当下,看不到下个星期后的事情。这样的人无法面对'声音'所要传达的讯息。所以,'声音'才会选择像你我这样的人接触。'

"他温和地一笑,说:'你会习惯这种矛盾的状况。如果那个人没有进化,如果还不到他得到启发的时候,不管你做什么都不能让他进入光中。每个人都有自己的进程。你只能尽力解除他当下的痛苦,然后放手让他自己去承担。这么做并没有错。这不是欺骗,这是同理心。'

"我躺在那里,聆听他的心跳,几分钟后我说:'但愿我有你这份自信。'"

死亡的映照

鲜血像喷泉般涌出。托冈注视着他的脸,看它从红转紫,再转白,最后转为死人的蜡白。

詹姆斯翻到之前读到托冈为安塞行加冕礼的那一页,继续往下读。

在安塞搬进灵视者专属的寝宫时,托冈待在远处,从她自己寝宫的窗口悄悄注视着。他确实英俊,身材高大、壮硕,全身散发出贵族的气息。

他一搬进去就把他父亲留下的物品扔到走廊外面,而且将房门敞开,仿佛那只是一间普通的房间。不过,既然学徒和伴妇们都还没有回到圣城,他这么做大概也没有什么关系。托冈看了几分钟,便去做她自己的事情。

快到晚上,托冈把面包和干酪放在桌上,并对食物施以祝词。

安塞进到餐厅,打量桌上的食物后说:"我们没有更好的东西可吃吗？"

"这些食物都受到祝祷，都是圣物。"

"或许吧，但它们是冷的。没有热食可吃吗？还有，肉在哪里？"

"我的工作不是准备食物。"托冈回答。

"为什么？你不知道怎么做吗？你没有做婚前准备吗？"

"你别忘了，我是神圣的博那。准备食物不是我该做的。"

安塞不在意地耸耸肩："你知道怎么煮饭吗？"

"我当然知道怎么煮饭。"

"那你就该去准备，这不是一个战士该吃的食物。"

"在这里，你不是战士。"

"是没错，但我的肚子不知道这一点。"安塞说。

"如果你想吃不同的东西，你应该自己准备，因为我还有别的事情要做。"托冈简单明了地说。

安塞看着她，突然笑着说："啊，我可以预见到自己有这样的精神伴侣相伴，会有多愉快。"

晚餐后，托冈回到自己的寝宫。她本来想利用晚上的时间静坐，但因为长期照顾老人，她现在全身酸痛。她和衣躺在床上，不一会儿就睡着了。

"这么早就睡觉，太懒散了吧。难道我父亲鼓励这种懒散的态度？"

托冈听到安塞的声音大吃一惊，马上坐起来，看到他站在她内室的门口，光着胸膛，只穿一件鹿皮内裤。

"难道你父亲教你无礼地擅闯别人的寝区吗?这是我私人的寝宫,我没有召唤你,请你出去。"

他咧嘴一笑:"你的反应很快。你被封为'阿纳卡'实在当之无愧。我父亲选择你是正确的。"

"是大能者选择了我,不是你父亲选择我。现在快出去吧。"

他没有移动分毫:"我来行使我对你的权利。"

托冈往后退:"你无权对我行使任何权利。"

"我是灵视者,而你是博那。"

"但我们还没有在圣法、圣坛和大能者的见证下举行婚礼,而且现在学徒们都不在圣城里,所以你无权领受圣杯。"

"这些都是可笑的习俗。现在这里就只有你我两人,没有必要搞这些愚蠢的仪式。"

"看来你父亲没有好好教训你。你似乎以为自己高于圣法。"

安塞挑起眉头:"你有什么资格谈圣法?你不是也违背规定,偷偷和你妹妹见面?我可不像我父亲,我会注视我女人的动向。"

"我不是你的女人,我是神圣的博那,这一点你最好记住。现在立刻出去,在大能者见证之前,我不会和你同床。"

他不但不离开,反而开始解开内裤的带子:"你应该不会是不喜欢男人吧。应该不会。像你这么美丽的女人,如果真是那样,不就太可惜了。之前你大概只跟老人和青涩的少年同床过,该是让你见识真正的男人的时候了。"

"我拒绝和你同床。我们还没有接受圣法的见证。"

"别再提圣法了!"安塞显出不耐的口气,"你不明白吗?是因为我父亲选择了你，你才成为博那。"

"是大能者选择了我，你父亲只是遵从大能者的心意。"

"你真的这么认为？你不会真的相信什么大能者和圣法吧？这些都是骗工人的把戏，就像牧童唱牧歌来安抚他的羊群们。"

托冈不可置信地睁大眼睛。

"该是你知道真相的时候了。我父亲为什么要选择一个工人的小孩做博那？如果真有所谓大能者的意旨，为什么他不挑选贵族出身的女孩？那是因为根本没有什么大能者存在。上面除了一片漆黑，没有任何东西。你只是我父亲挑选出来的，或者，更准确地说，是我挑选出来的。"

"胡说！"

安塞耸耸肩："别太激动。这对你来说，是个难得的机会，能让你摆脱工人阶级，为你的后代开创贵族的血统。当初，我父亲来找我，他问我在我接受圣袍成为灵视者之后，我愿意接受谁为博那。我说，只要对方长相不差就好，我不希望每天面对一张丑陋的面孔。我父亲于是提了几个贵族女孩的名字，但都被我否决了。最后，我对我父亲说：'我想要箍工的女儿托冈，在我看来，她比较漂亮。'起初我父亲大为光火，他说：'一个工人的女孩，你要一个粗鄙、身上可能带着跳蚤的女人？'"

托冈大叫："跳蚤？我们工人阶级不比你们肮脏，也许比你们更干净。"

安塞哈哈大笑，并且说："我对他说，我不在乎跳蚤。我的狗都有跳蚤，而战士经常都得跟他的狗同眠。"

"你真是一个邪恶的人，走吧，我命令你立刻出去！"

"我开始对这种对话内容感到厌倦。"

"你从我这里能得到的就只有这句话。你父亲尽管年老,但至少他是个有礼的人。我现在看清楚了,虽然你长相不差,但你永远比不上他。别妄想我会和你同床,马上给我出去,去找你的狗吧。"

"我说了,别再说下去了。"他说着一个箭步上前,一把揪住她的头发,把她拉到身前,"这是我们的第一夜,我宁可你自愿,但如果你不愿意,对我来说也没有多大差别。"他露齿一笑,"而且,你生起气来更漂亮。我有一个预感,今晚你就会怀上我的孩子。"

托冈不再挣扎,因为那样除了使自己受到进一步的伤害,毫无作用可言。所以她让安塞将她推到床上,但整个过程中,只是被动地任由他摆布。

事后,安塞翻身躺在她身旁,亲吻她的发,然后说:"现在你知道和一个真正的男人同床是什么样子了。"

托冈仍然保持沉默。

他抬头看着她:"学徒们还没回来,今晚我就睡在这里。正式的仪式很快就会举行,所以睡谁的床都是一样的,今晚我想躺在你身边。"安塞再次爱抚她的身体,"为了让你做我儿子的母亲,我已经等待太久了。三十八岁,许多人的孩子都已经成人。但我不想要私生子,所以虽然我睡过不少女人,但从来不曾让她们怀上我的孩子。"

托冈轻叹一口气。

"现在我知道你确实值得等待,我的选择是对的。我可以告诉你,我已经爱上你,希望假以时日,你也会爱上我。"

"你都是这样对待你爱的人吗?"她反问。

"这是战士的方式。你会习惯的。"他温柔地说。

"但这不是一个神圣者的方式,而做一名灵视者是你的本分。"

"我们不要再谈神圣这些字眼了。来,把你的手放在这里,让我可以枕在你胸前,聆听你的心跳。该睡了,我累了。"安塞说完,微笑着最后一次亲吻她。

他睡着了,房间里微弱的烛火晃动着。安塞比她还没有成为博那时的未婚夫麦乐英俊多了。托冈深深吸一口气,慢慢吐出来。她但愿自己能哭出来,用泪水冲刷掉她心头失望的感觉,冲掉她对未来感到的哀伤,但她哭不出来。所以,她无泪地带着悲哀的情绪静静地躺在他身侧。

如果在她被大能者召唤之前,他就娶她做一名战士的妻子,或许她会慢慢爱上他。年轻、青涩、对神职一无所知的她,也许能承受得住他如此粗鲁的方式。如果他那么久前就想得到她,为什么他不能直接将她从他父亲身边带走?现在已经太迟了。她已经委身给更崇高的目标了。

"它不是骗人的把戏,我真的拥有大能者授予的力量。你父亲在临终前知道这一点,他为什么没有告诉你?"她喃喃自语。

安塞动了一下,调整姿势,再次入睡。

"我不能接受现在的你。你的灵魂早已坠入黑暗中,我无力将它再唤回。为了大能者,我得做我必须做的事情。"

"你干吗喃喃自语?"安塞用想睡的口吻低声说,"把蜡烛吹熄,深夜已经过了。"

"为了你的加冕典礼，我牺牲了一只红色雄鹿，现在回想起来，它跟你的发色一样。"她说。

他懒洋洋地微笑说："现在不是讲情话的时候，我累了，把蜡烛吹熄。"

"我还有话要说，那只鹿现在也许已经知道，是大能者，而不是我要取它的性命。"

"该安静的时候你好像特别想说话。嘘——"安塞将一根手指头按在她嘴唇上，然后再度闭上眼睛。

室内于是安静下来。

托冈躺着，静静倾听他愈来愈沉稳的呼吸。然后，她探身将他放在桌上的短刀拿过来："大能者现在再次要借用我的手。鹿人，去加入你的族群吧，因为你已经不再拥有神圣的灵魂。"她以一记熟练的动作，划断他的咽喉。

鲜血像喷泉般涌出。托冈注视着他的脸，看它从红转紫，再转白，最后转为死人的蜡白。

这是快速死亡的方法。她对此知之甚详，因为她曾将这种手法用在祭品、畸形儿和那些灵魂已逝但形体残存的人身上。

托冈看着躺在血泊中的安塞。

"我做了什么？"

她突然兴起一阵恐慌感。到处都是黏呼呼的血。此时，她忽然失控起来。她开始惊恐地大叫。她从床上起来，试图想把安塞的身体摆正，但他高大又沉重。每动一下，就有更多的血从伤口涌出来。她拼命想保持冷静，直到恐惧感终于将她征服时，她夺门而出。

不怕鬼的机器猫之歌

康纳拿起他的猫,又安静下来:"很多鬼,鬼小声说话,小声说话,猫能看见鬼。猫说:'鬼在这里,毯子下的男人在这里,猫能看见,猫知道。'"

康纳坚定、快步地走进游戏室,手里拿着那只玩具猫。他并没有笑,但詹姆斯从他的表情中感觉到笑意。康纳把猫按在詹姆斯外套的袖口,然后说:"猫知道。"语气友善,好像在打招呼。

"看来男孩今天很开心。"

"对,今天是星期二,男孩要来这里。男人的猫在这里吗?机器猫在哪里?"

"看你能不能找到它。"

康纳走到架子那里,找出放农庄动物的盒子,把它拿到桌上,然后揭开盒盖,"在这里!"他开心地说,一边把绑在猫脖子上的绳子拉出来。

康纳把对面的椅子拉出来，自信满满地坐下来。他把小猫的纸座张开，将它固定在桌上。突然他又站起来，走到架子那里，从其中一个篮子里拿出一小块黏土。他剥了一小块，用它把猫黏在桌子上。他露出开心的表情："插上了！"

"对，是你做的，对不对？"詹姆斯回答，"你替它做了一个插座！"

"对。"康纳看起来很得意。

康纳把他的玩具猫也放在桌上："这是男孩的猫。它站在桌上，和机器猫站在一起。"

詹姆斯微笑着："没错，现在有两只猫。"

"猫可以看见鬼。"

"你相信猫可以看见鬼。"詹姆斯回应他所说的话。

"很多鬼，看到很多鬼。很多猫看见鬼。"

詹姆斯看着他仔细调整两只猫的位置。

"今天来这里，这是猫说的，起来，康纳，去迅捷市见男人的时间到了。今天是男人的日子。今天我们去看机器猫。今天我们去没有鬼的地方。"

"那些鬼在你家吗？"詹姆斯问。

"那些鬼在你家吗？"康纳重复詹姆斯的话。他抬起手臂拍动，现在詹姆斯知道那代表焦虑。然后康纳拿起他的猫，又安静下来："很多鬼，鬼小声说话，小声说话，猫能看见鬼。猫说：'鬼在这里，毯子下的男人在这里，猫能看见，猫知道。'"康纳把玩具猫按在胸口，好倾身向前仔细检视那只用硬纸板剪出的猫。他小心地查看，然后伸出一根手指碰碰绑在它脖子上的绳子,"这是猫的电线。插上它,猫就变强壮。"

"像机器男孩。"

"对。"康纳把绑在腰上的绳子拉起来,按在桌面上,"电力。滋滋滋。用金属做成的机器。它们不会死。它们永远存在。"他摸摸褪色的纸板猫,"猫用很好的金属做的,看起来像绒毛。"

康纳突然把纸板猫举在空中,好像把它当成模型飞机。"看,男人的猫会飞。机器会飞。"他朝詹姆斯望过来。

一阵沉默。

"鬼会飞。"他带着微微颤抖的声音说。

"很多东西都会飞,鸟会飞、蚊子会飞。"詹姆斯说。

"天使会飞,到了圣诞节,很多天使在飞。"康纳说。

"是啊,圣诞节快到了,是不是?现在可以看到很多天使的图片,对不对?"

"人不能飞,只有天使人和鬼人会飞。"康纳说完站起来,不安地打量室内,然后拿着纸板猫在空中画了一个八字形,"但机器猫会飞。"

"是啊,你刚才拿着它在空中打转。"

"机器猫很强壮,它可以飞很长的距离。"他拿着纸板猫更剧烈地上下左右移动。詹姆斯从来没有看过康纳这样随兴地摆动四肢。"呼"地一声,机器猫划过詹姆斯鼻前,"滋"地一声,它又滑过他的笔记本。

接着,康纳说:"我要开始跑了?"他的口气像在陈述,又像在提出疑问。好像要做这么一件普通的事情,必须征求同意。

他开始跑起来。起初几步,他垫着脚尖,之后就愈来愈放大胆子。整个过程中,他都把纸板猫高高举在前头。"猫可以飞。"他重复喊着。

康纳绕着室内打转,直到他喘不过气来,他才停下来。他把纸板猫拿到面前,疼爱地抚摸它:"男孩可以在这里做他想做的事情。机器猫说:'男孩,放心地做,你很安全,这里没有鬼!'"

从那次之后,康纳很明确地知道自己在会谈时要做什么。他会把纸板猫从盒子里拿出来,开始让它在空中打转。起初,他只是在他和詹姆斯之间移动纸板猫,渐渐地,他开始站起来,大胆地四处跑动,并将纸板猫高高举在前头。

有一次,他跑到桌子前,突然停下来,飞快地看了詹姆斯一眼,然后出乎意料地站在椅子上。"猫能飞。"他几乎用叛逆的口吻说。

"是的,猫在飞。"詹姆斯回应他的话。

康纳举起一只脚,好像打算站在桌上的样子,但随即迟疑起来。"我要站在桌上。"他这么说,但没有马上采取行动。

"你今天觉得想站在桌上。"

"机器猫说对。男孩可以站在桌上。"在一阵迟疑后,康纳将脚轻轻放在桌上,然后停下来,好像在等詹姆斯出声制止,见詹姆斯没有任何反应,便将另一只脚也踩上去。"机器猫很强壮!男孩可以做他想做的事情!"他说完这些话,便从桌上一跃而下,然后跑开来。

这次大胆的尝试使康纳更加有信心。他跑回来,再次爬到桌上,然后跳下去。

"你很强壮。"詹姆斯看到康纳的鞋子从他面前经过时说。

"对!"康纳大叫,从桌子上跳下来,纸板猫像降落伞被高高地举在他头顶上:"上上下下,上上下下,机器猫会飞!"

突然,他停下来望着詹姆斯说:"这是一首歌,你听到了吗?这是一首歌。"他露出了笑容。

詹姆斯听到这话,露出不解的表情。

"听,我来唱它:'上上下下,上上下下,猫会飞,永不死。金属毛,永不死。通满电,永不哭。'"他用高而尖的声音,以说唱的方式把它唱出来。

"真的很棒,我喜欢你的歌。"詹姆斯说。

康纳开心地在室内打转,动作自在又流畅。

"猫知道,它的眼亮亮,猫能飞,且永不死。"

詹姆斯飞快地把康纳唱出来的歌词一字一字地记下来。

康纳注意到,便停下来:"你在写我刚才唱的歌。"

詹姆斯点点头:"对,它是一首很美的曲子,我想把它记下来。"

"那你一定要在上面写着:机器猫之歌。把它写在上头,因为它是歌名。"

"没问题。"

"然后你要在下面写着:作者康纳·麦拉伦。"

詹姆斯照做。

康纳移到詹姆斯身边,探身察看他的笔记。他念着:机器猫之歌,作者康纳·麦拉伦。"这表示它是我的歌,我是作者,是我创作的。"

"是的。"詹姆斯说。

"你会保留我的歌吗？保留在你的笔记本里？"

"是的。"詹姆斯说。

"男孩说的每件事，男人都会把它记下来，记在他的笔记本里。这会变成我们的书。"

康纳露出微笑，将纸板猫伸出来："今天你可以这样写：男孩听到机器猫的歌，他突然听到，就把它唱出来。男孩唱一整天的歌。"

康纳于是在会谈时自在地唱歌，自然地交谈，举手投足都像一般快乐的男童。

詹姆斯每次到会谈快结束前，都会提醒孩子。所以，当会谈还剩五分钟时，詹姆斯说："结束的时间快到了，等到长针走到十，就要结束了。"

"不要，今天我不要走。"

"你今天过得很开心，所以你不想离开，"詹姆斯替他说下去，"你想多待一会儿。"

"今天我想多待一会儿，我想画手指画。"康纳说。

"你希望能有更多时间，但每次会谈时间有多长都是固定的。等到长针走到十，就必须结束了。"詹姆斯说。

"但今天不是，今天我作了一首歌。"

"不幸的是，即使今天也一样。"

"但我不想停止，我还没有结束。"

"星期二你还会再过来，到时候你还能继续。"

"不！"康纳生气地大叫，然后倔强地说："机器猫说：'不要！'"

他把猫举到他面前,"机器猫说:'不要听男人的!'"康纳跑到房间对面,爬到书柜后面躲起来。

最后几分钟过去了。

詹姆斯站起来,走过去打开游戏室的大门。

康纳站起来,警觉地从书柜后面探头往外望。

朵丝站在走廊上,萝拉站在她后面。"你妈妈来了。"詹姆斯说,"现在该离开了。"

康纳大叫着爬出来,跑向詹姆斯,并且大声说:"不要!"

"来,把纸板猫放回盒子里,让它跟它的朋友在一起。"詹姆斯说。

"不要!"康纳把纸板猫按在胸前,一路大叫着绕过桌子,然后跑了出去。朵丝没来得及拦住他,但萝拉拉住了他肩膀的衣服。

康纳放声大叫,声音之大,把詹姆斯的耳鼓都快震破。

"他怎么了?"萝拉问,"康纳,你手里拿着什么?那是什么?来,把它交给我。你不能把游戏室里的东西带出去。"他们三个人费了九牛二虎的力量才把他的手指掰开,将那只纸板猫拿过来。

但康纳接着就放声大哭。

詹姆斯对萝拉说:"你要不要先带他到我的办公室去?我接下来还要和一个小朋友会谈,但如果你需要时间让康纳冷静下来,朵丝可以陪你一起过去。"

萝拉摇摇头。

"你确定吗?"詹姆斯问。

"不用了。"她低声地说,"不过,拜托,注意一下他真正的行为。"

詹姆斯看到泪水在她眼眶打转。"仔细看看他,不要轻易相信艾伦的说法。他没有变得更好,我在家跟他待在一起,简直像待在地狱中。他跟我在一起的时候都是这个样子。我真的再也受不了了。我是说真的,我受不了了。"

说完,泪眼婆娑的母亲拉着啜泣的儿子离开。

渐行渐远

最糟的是,他看到我花时间写托冈的故事,也斥之为世俗,认为我应该停止写作。

费加斯义正辞严地表示,写托冈的故事会阻碍我进化成为一个真正的沟通者。托冈应该直接和我对话。

詹姆斯认为康纳在上次会谈结束时的行为,是一种进步的迹象,因为那表示康纳在他的期望受阻时,有足够的自信表达他的愤怒。

反之,萝拉的反应则令詹姆斯感到困扰。他们之间的会谈似乎建立了足够的信任感,但她却会遽然下结论,认为詹姆斯轻信了艾伦的说辞。

由这一点,詹姆斯又联想到长久引起他关注的一点:为什么萝拉从不谈论康纳?为什么她从来不谈在家里跟康纳共处的状况?除了最初在会谈中为詹姆斯提供了有关康纳的基本资料,她在治疗中甚至不提儿子的名字。没错,因为她把会谈的焦点集中在她生活中未被揭露的故事，即使詹姆斯也很难从中提到康纳。

这让詹姆斯陷入一种两难的局面。一方面，他深信在会谈时由个案主导，有助于建立治疗者和个案之间的信赖感，使得个案愿意透露出他最深层的恐惧和秘密。但这种治疗模式要维持多久呢？当初他在纽约执业的时候，就是因为一直充当被动聆听再做反应的角色，才无法及时挽救亚当的性命。

到了下一次的会谈时，萝拉显得格外紧张。她出现在詹姆斯的办公室门口，双手插在宽松衣服的口袋里，紧紧交抱在胸前，仿佛觉得寒冷异常。

詹姆斯露出温和的笑容，"请进。"他朝会谈区做个手势。

她走进来，坐到沙发上。拉斯喜欢称呼它"子宫椅"。詹姆斯先和她随意聊一聊，多半是关于即将开始的圣诞假期。

萝拉突然说："上次康纳那样大吵大闹，我感到很抱歉。"

"没关系。"詹姆斯回答，"你想谈谈它吗？"

"说真的，不想。"她说。

詹姆斯任由沉默笼罩下来。

"我真的不想。"她说。

"没关系，"詹姆斯说，"在这里，由你决定。"

"我想谈的是费加斯。"

詹姆斯点点头。

她开始静静地陈述，慢慢地放松，进到她说故事时自信的态度。

"若说费加斯真有什么大本事，那就是不管我的行程多复杂，或者我们之间相隔多远,他都能突然出现在我面前。甚至我去购物,他都可能出现在超市的停车场。他说,因为他关注我、很爱我,所以他才办得到这一点。而且他不能忍受与我分离。但不管我们相处的时间有多长,他都嫌不够。

"起初,他这样的全神贯注,并不会令我有窒息的感觉。那时我深爱着他,想每时每刻都和他在一起。况且,能成为他的女友是一件风光的事——许多人真的把他当成一回事,他们崇拜他,并嫉妒我能如此亲密地和他相处。我喜欢那种被众人羡慕的感觉。

"那像是一场梦,能成为费加斯生活的中心。他毫不掩饰他对我的渴望,并且极力取悦我。譬如,我的生日在六月,那时波士顿早过了水仙花的季节,他便一路开车到缅因州,买一大束水仙花送给我,因为他知道我喜欢水仙花。从来没有人对我做过这样甜蜜的事情,我喜欢如此被人宠爱的感觉。

"不过,那并不是无条件的爱。费加斯经常突然拿一些宗教、哲学,甚至量子物理学的书给我,一次两本、三本或四本,然后对我说:把它们读完,我们找时间来讨论。我不但得读完,消化其中的含义,还必须跟他仔细地讨论。除了医学,我几乎等于同时在修另一门学分。

"他热衷于使我进化,反对我吃"死肉",认为我必须成为素食者,才能在未来的新世界中,成为他的协同领导者。他感到不解,为什么他深夜想见我的时候,我会感到疲倦。对他而言,疲倦就表示身体缺乏纪律,那是懦弱的表现,甚至表示我自愿选择世俗而非精神的层面。还有,就是我跟世俗的"联结",费加斯如此称呼我搜集的CD、我看电影的嗜好,当然还包括我修习的课业。他是我认识的人之中,唯一瞧不起医学,认为它只是一门技巧的人。他看不出传统教育有何价值可言,只有僵化和教条。最糟的是,他看到我花时间写托冈的故事,也斥之为世俗,认为我应该停止写作。

"我反驳他说:'我必须写托冈的故事,毕竟是因为她,才有现在的我。'费加斯义正辞严地表示,写托冈的故事会阻碍我进化成为一个真正的沟通者。托冈应该直接和我对话。

"我们经常谈论托冈。但谈论的是像星期二团体里的托冈,真正的托冈早就不再被提起。费加斯为了帮助我认识她,不断重塑她的样子:她不是我想象的产物,不是笔下的主角,而是光之使者。她来到我面前,以一个朋友的形式,因为我在那个年纪,只有用这种方式我才能接收到这样的讯息。但重要的是,我要让托冈回到她原本的面貌,接受她给我的任务。

"费加斯解释了许多细节,说她如何把智慧传给我,让我促进这个世界的和平和博爱。我必须接受这一点,并且以适当的饮食、静坐和朋友来净化我自己,使我能够开放地接受这种博爱。

"我记得我分辩说:'托冈没有带给我一丝丝博爱的启发。她的生活和我一样脆弱,而且她所处的社会粗鲁不明。'对于这些话,费加斯充耳不闻,只是一味要我开放自己,以便和她直接沟通。

"我很想相信费加斯所说的这些。我爱他,我希望能和他并肩而行,追求他的梦想,我也希望过他所描述的那种生活,成为他所认为的灵媒。我想成为光之使者的桥梁,在上亿的人口中成为他们的选民。我非常渴望成为众人深信的灵媒。"

会谈结束后，詹姆斯马上在沙发上坐下来，寻找"真正的托冈"。故事剩下的部分不多，每段都很短。他把脚放在茶几上，开始往下读。

托冈从山上沿着崎岖的小路下来，等着妹妹送食物过来。远远地，托冈看到树林里有人站在那里。

"谁在那里？"

对方没有动静。

托冈从岩石后面冒险走出来："摩葛丽！是你！真高兴看到你。"

"但愿我也能这么说。"

摩葛丽从树林里走出来："喏，我把食物带来了，填饱了肚子，你就可以继续跟你的神沟通。"她生气地把装食物的篮子重重放在地上。

"摩葛丽？"

"别说了，拿去吧。妈妈特别为你准备的，因为永远要给你最好的。拿去吧，托冈，拿去吃吧。"

"我现在不能吃，我得回到上面的净地才能进食。"

"哎，听起来像你会说的话。很好，继续保持你的神圣性。"摩葛丽说完转身要走。

"摩葛丽？发生了什么事？你的口气怎么这么不好？"

摩葛丽突然哭出来："泰坦死了。"

"什么？"

"是的，三天前。他在他父亲的铁匠铺工作，手上割了一刀，就在这里，只是一小刀，但邪灵就此侵入，他死得很痛苦。"

"这么快？巫女没有来为他敷药吗？"托冈问。

"巫女来了,但邪灵的力量已经发展壮大,她也无可奈何。"

"听到这个消息,我真的很难过。"托冈悲哀地说,"来,让我抱抱你,我们一起为此痛哭一场。"

"现在这么做又有什么用?"摩葛丽往后退,"三天前你在哪里?那才是我需要你的时候。我们在圣庙前点上蜡烛,祈祷了一整晚,希望你能看见,前来帮助我们,但你没有回来。"

"噢,摩葛丽,我真的很抱歉。"

"安塞死的那一晚,我建议你跟长老们说,你是因为和安塞起冲突,无意间杀死了安塞,但你不肯这么说。你说必须照实说,是因为安塞已经没有资格担任神职,所以大能者才令你终结他的生命。你又说,如果不据实以告,你就真的像他所说的,是假冒、伪善的人,但你知道自己高他一等。高在哪里?在全村都因失去神圣的引导者而受苦时,你为了避开安塞兄弟们的报复躲在山里,这就是你高明的地方吗?"

托冈无力地转身靠向树干:"这么说,你期望我怎么做?跟大家说,没错,我因为害怕所以逃走?好吧,我逃走,因为我害怕。我为自己的软弱感到抱歉,但正因为我同时具有人性,所以才受到尊崇。我怕在我找到下一个方向之前就殒命,所以才躲到这里,希望得到大能者的启示。"

"那他又能给我什么样的启示?"摩葛丽挖苦地说,"因为没有灵视者来主持婚礼,我无法成为泰坦的妻子,但我已经怀了八个月的身孕。现在有哪个男人会要我?"摩葛丽把眼泪擦掉,"我该怎么办?不管孩子的死活,以免他妨碍我未来的婚姻?或者永远待在父亲的屋檐下?"

"摩葛丽,我很抱歉。我无意因为我的事而影响到你。"

"或许你无意，但却已经影响到我，而且你也没有采取行动来减少影响。"

"摩葛丽，求求你，请你原谅我。我真的很抱歉。"

"是啊，我知道你感到抱歉。"摩葛丽叹一口气，再次把泪水抹掉，"我也知道事情不单单是你一个人的错。只是人生对我这么不公平，让我不由自主感到愤怒。"

托冈走向她。

"你要不要回家去？"摩葛丽问，"坚强一点，面对你的恐惧。事情已经平息了，长老们会为你的事举行公听会。"

"要我告诉你，为什么我还要待在这里吗？"托冈沮丧地垂下肩膀，"我不知道为什么，但我感到大能者在我身上作用的力量逐渐在消失，我失去了我的神圣性。我待在这里是要等他重新降临，因为如果没有他，我什么也不是。"

"村子里的人谣传说你已经死了，因为灵视者的死亡，所以大能者取走了你的生命作为报偿。如果你继续再待在这里，大能者可能真会找下一个继任者，你就永远回不来了。所以，你要不要鼓起勇气，回来澄清那些谣言？"

地毯下的鬼

"在这里。"康纳伸出手,从面纸盒里抽了一张面纸出来,铺在娃娃屋最下层房间的地板上,"地毯下面有一个鬼。在楼下的房间里。坏男孩知道。猫知道。猫说……坏男孩……"

尽管詹姆斯希望麦克和贝茜能来共度圣诞,但让孩子有一个快乐的圣诞节回忆,对他来说也很重要,他不希望他们留下父母为此而争吵的印象。他自己的父母已经过世,弟弟又住在遥远的另一头,所以,他绝对无法像珊蒂的家庭,营造出传统的圣诞节气氛。因此,他们最后达成协议:圣诞节两个孩子跟母亲过,新年再飞到南达科他。

詹姆斯为了要营造新的新年假期传统,费了好一番工夫。因为孩子们还不适合太晚睡,所以他们在起居室的壁炉前"野餐"庆祝。詹姆斯让他们就着壁炉的火烤热狗和蘑菇,最后把玉米粒放进去爆米花。

另外一个传统就是到三十一街采购新年新装和玩具。孩子们圣诞节才收到过礼物,所以这样做有点宠坏孩子,詹姆斯也了解这一点,但看到他们购物时开心的模样,他就不忍心阻止他们。

到玩具城采购时,贝茜通常都要在卖芭比娃娃的专区驻足良久。

"看,芭比马出了新款式,是不是?"詹姆斯说。他在陪着女儿逛那一区的玩具。

"是啊!"贝茜说。

"哇,很漂亮。"詹姆斯说,"我喜欢黑色那一只,可以和马车搭配起来。"

"是啊!"贝茜响应说,继续往前走。

"你不喜欢这个吗?"詹姆斯问。

"我喜欢布拉兹娃娃,它们陈列在另一个走廊。我想买一个金色长发的布拉兹娃娃,配上一双黑色马靴。我们去看看那里。"

"发生了什么事?"詹姆斯赶上女儿,"上一回,乔伊叔叔买给你芭比娃娃的马车,你还说个不停。"

"我已经不喜欢了。"她说。

"有什么理由吗?"詹姆斯问。

贝茜把一只布拉兹娃娃从架子上拿下来:"因为是乔伊叔叔买的。我讨厌乔伊叔叔。"

詹姆斯听了颇为意外,认真地看着女儿:"为什么?"

"我讨厌他整天待在我们家,我希望他走开。"

"对,"麦克从购物车后面挤过来,"但他不走。他和妈妈可能会结婚。"

"我讨厌他，"贝茜嘟囔说，"我只要你。"她搂住詹姆斯的手臂。

新年在壁炉前野餐的活动非常成功。事后，两个孩子依偎在詹姆斯身旁看迪斯尼的"睡美人"动画片。麦克不到半小时就睡着了，贝茜把整部片子都看完，整个过程中，她紧紧靠着詹姆斯，把他的手臂拉过来抱着自己。

片子播完后，詹姆斯把麦克抱上床，替他把被子盖好，贝茜则自己钻进被子里。

"晚安，甜心。"詹姆斯弯下腰，在女儿额前吻上一记。

"爸，我能问你一件事吗？"

"什么事？"

"我和麦克能不能搬来跟你一起住？"

他把女儿额前的头发抚平："家里有什么事让你不愉快吗？"

"我不想和乔伊叔叔一起住。我不喜欢他。"

"为什么？"

贝茜耸耸肩："就是不喜欢。我不要他搬进来跟我们一起住。我要来跟你一起住。"

"甜心，我是希望你们能跟我一起住，但我必须先跟你妈商量，这是一件大事。更何况你的朋友、外公、外婆和表兄弟姐妹都住在东部。"

"我知道，但我不在乎这些。这里有摩根娜陪我。她和我已经互通电子邮件，我们已经是很好的朋友，虽然她年纪比我小一点儿。而且，如果我和麦克能够住在这里，我们就可以养狗。我真的真的好想养只狗。我很想在生日的时候得到一只狗。所以，拜托你啦！"

"这是大事，不过，我会好好考虑的，行不行？"

"爸？"

詹姆斯睡眼惺忪地翻个身："怎么了，贝茜？出了什么事？"

"我睡不着。"在昏暗的房间里，她矮小的身影显得模糊，"我可以跟你一起睡吗？"

詹姆斯把被子揭开。贝茜爬上床，偎进父亲的怀里。

"你身体好冷哟。"詹姆斯说，"你是被冻醒的吗？也许我得再给你多加一床毯子。"

"不用了，我只是睡不着。"

他揉揉女儿的头："为什么？"

"我在烦恼明天的事。"

"什么事？回家吗？"

詹姆斯感到女儿在他怀中点点头："我不想离开你，我想跟你在一起。"

一个可怕的念头突然掠过，或许有更不堪的原因可以解释贝茜的行为。

"贝茜，家里到底发生了什么事？"

"没事。"

"不，一定有事，我感觉得出来。"

"你能不能回纽约？"

"去保护你的安全？"

"不是，去做我爸爸。因为我不要乔伊叔叔做我爸爸。"

"甜心，乔伊叔叔做了什么？告诉我没有关系。"

"没有。"

"但你说你讨厌他。如果他伤害你，如果他做了什么，贝茜，我必须知道，你大可放心地告诉我。"

"他没有做什么，"贝茜喃喃地说，依偎得更紧，"我讨厌他的原因只是因为他不是你。"

在治疗的过程中，如果碰到假期，孩子们治疗的成效通常会呈现出退步的状况。但康纳在新年假期结束后的第一次会谈时，便兴冲冲地进来，直接走到架子那里，把装纸板猫的盒子拿下来，放在桌子上。

"这是男人的猫。"他把它放在两人之间的桌面上，并且替它"通电"。

"这是男孩的猫。"他把他的玩具猫也放上去，并且快速地看詹姆斯一眼。

"没错，这里有我们两个人的猫。"詹姆斯回应说。

"我不能有这只猫，"康纳喃喃自语，"机器猫要留在这里。"

詹姆斯拿出笔，打开他的笔记本。

"我的歌还在上面吗？"康纳指着笔记本问，"我的猫之歌？"

"还在。"

"念出来，让我听一听。"

詹姆斯翻到十二月那次会谈的记录，大声把那首歌的歌词念出来。

詹姆斯念完后，康纳没有任何响应，只是呆站在那里。

最后，他转身走开，把他的玩具猫留在桌上。

"我不知道我今天要做什么。"他边说边走到窗前，然后又回到架子那里。他把原本插在口袋里的一只手抽了出来，用手指戳放在架子第一层的塑料道路板，然后走到娃娃屋前面跪了下来，把娃娃屋打开，把里面的小娃娃拿出来，先是父亲，然后是母亲，再来是男孩、女孩和小宝宝："这里没有动物，他们没有养猫。"

他把男孩娃娃搁在最上面的房间里："去睡觉。待在床上。不要出来。你老是往外跑。"

康纳尝试要把母亲娃娃放在娃娃屋里的楼梯上，但它站不住。"我可以用黏土，我把黏土黏在她脚下，她就可以站了。"

"没错，这行得通。你替黏土想到了另一个功能。"詹姆斯回应。

"看，坏男孩跑下床。回床上去！妈妈娃娃说，我受不了你这样！不要哭了。我必须照顾宝宝。"康纳让妈妈娃娃下楼，把小宝宝娃娃放进她怀里。

他把女孩娃娃放在楼梯另一边、最上一层的房间里："这是女孩住的房间。她很乖，她不会跑下床。看，男孩娃娃又下床。"他把男孩娃娃放在地板上，把妈妈娃娃移到楼梯上。

"噢，你是个坏男孩，坏、坏、坏男孩，为什么你不照着我说的话去做？我还有其他事要做，不能一直忙你的事。为什么你不乖一点？"康纳把女孩娃娃拿起来，"她是好女孩，比男孩要好。"

"你认为女孩比男孩要好吗？"詹姆斯问。

"对。她不会跑去学校。她待在她的床上。现在，看，她在这里，她说：'为什么你不待在床上？'坏男孩说：'我是机器，不要跟我说话，机器不会说话。'女孩就离开了。看到没有？她下楼去跟爸爸和妈妈在一起。那没有关系，因为她看不到鬼。"

"鬼在这间房子里吗？"詹姆斯问。

"对，"康纳回答，然后站起来，"地毯在哪里？"

詹姆斯不解地挑起眉头。

"在这里。"康纳伸出手，从面纸盒里抽了一张面纸出来，铺在娃娃屋最下层房间的地板上，"地毯下面有一个鬼。在楼下的房间里。坏男孩知道。猫知道。猫说……坏男孩……"

这个假扮游戏突然让康纳无法承受，他忽然站起来往后退。他的呼吸变得粗浅。詹姆斯以为他会大叫出来，但他没有那么做。他转身抓起他的猫，按在胸前，呆站在那里好一会儿，拼命地喘气。他飞快地看詹姆斯一眼，然后望着桌上那只纸板猫。

"滋滋。"他模仿通电的声音，然后把那只纸板猫拿起来，小心地放在娃娃屋的厨房地板上。他坐下来，研究他的成果。玩具猫仍然紧紧按在他胸前："滋滋。金属猫。金属毛。机器猫。"他的声音小到几不可闻。

房间陷入沉默。

"滋滋。"

康纳把原本放在娃娃屋最顶楼房间里的男娃娃拿下来，跟纸板猫放在一起："这里有鬼。在地毯下面。没有人看得见它。男人看不见，妈妈看不见，小宝宝看不见，好女孩也看不见。但男孩看得见，机器猫也看得见。"

前世今生

在昏暗的灯光下,我看着他,疑惑地说:'记得什么?''亚特兰提斯啊!那时你是皇后,我是你的情人。你的秘密情人。记得我们晚上幽会吗?我乘着小船沿着石头墙上行?你专心回想,一定记得的。'

詹姆斯看到萝拉进来,便示意她坐到会谈区:"上次会谈结束前,我们谈到费加斯。今天何不从那里开始谈起?接下来发生了什么事?"

"为了能跟费加斯在一起,那年暑假我没有像往年一样回南达科他,而是留在波士顿,并且在医院工作。九月份,我受邀到迈阿密参加一个医学研讨会,因为本杰明教授要在研讨会上发表学术演讲。

"费加斯对这件事非常介意。那是我们交往之后,第一次要分隔两地。但他没有办法陪我去,我也不愿意放弃那个机会,所以我还是不顾他的反对,独自前往。

"那次的经历并没有我预期的那样有趣。没有费加斯在身边,让我觉得四周的人和事都显得索然无味。我又没有钱可以到处游玩,只能待在会场听演讲,可是我的心思已经不在那个上面。所以,一等本杰明教授演讲结束,我提早两天回到波士顿,打算给费加斯一个惊喜。

"我大约晚上九点回到家,进门没多久,门铃就响起。'谁?'我好奇地问。因为那是老式的房门,门上没有窥孔。熟悉的声音传来:'我可以进来吗?'费加斯?我非常意外,马上把门打开。他一进门就说:'我带了一份礼物来。'他亮出一瓶葡萄酒,我把酒接过来:'谢谢你。'他靠了过来,吻我一记,我可以闻得到他已经喝了一点酒。'希望你喜欢这种红酒。我对选酒不是很在行,但既然你在南达科他长大,我想你一定常喝红酒。'他大笑着说。

"我当时觉得有些不自在。我是为了他特别提前回家,带来惊喜的人理当是我才对。我没想到才进门没多久,他就出现了,这一点让我有一点不安。此外,我不习惯看到他喝酒,也不习惯和他一起喝。这和他平常给我的印象格格不入。

"'怎么了,你不邀我进去吗?'他一边说一边把酒从我手中拿回去,自己走进来,直接进到厨房,'你把开瓶器放在哪里了?'我跟着他进去,一边找开瓶器,一边问他:'你怎么知道我回来了?'他找出两个酒杯,'萝拉,我怎么会不知道你回来?'

"他率先回到起居室,一屁股坐进椅子里:'天哪,我好想你。'我注视着他。熟悉感减少了他最初给人的那种抢眼印象。我试着以一个陌生人的角度,揣摩不认识他的人会怎么看他。他一口气把杯里的酒喝光,拿起酒瓶再倒一杯:'你走之后,我心情变得很低落。'我们默默地喝了几分钟。酒瓶很快就空了。那瓶酒味道很好,费加斯似乎也有同样的感觉。我那时心想要不要建议再来一瓶？那样随兴和费加斯一起喝酒，我很不习惯。

"'我再去拿一瓶。'我说完站起来，走到外面走廊。因为费加斯的关系，我把认识他之前就买的一些酒都收到贮藏室里。不是什么好酒，而且放太久，可能都变成醋了。我打开贮藏室的门，跪着把装酒的箱子拖出来。因为有厨房散射的灯光，我没有打开走廊的灯。

"费加斯来到我身后，一手放在我肩上，靠过来看那些酒。跟平常一样，只要他一靠近，我就无法集中注意力：'恐怕没有什么好酒，都是便宜货。'他跪在我身后，靠在我左肩上，我以为是在看酒瓶上的标签，但他却将手伸进我的罩杯里开始抚弄。'费加斯，现在不要，我刚坐长途飞机回来，很累。'他开始解开我胸衣的扣子。'费加斯，拜托，我不想做。''不，你想。'他这么回应我。一旦他开始搂住我时，抗议的念头就被抛在一旁。但整个过程费加斯不像平常那样温柔，而是非常激烈，让我不免怀疑那是出于爱而做的吗？似乎它更像是我们之间的一种战争。

"事后，我们躺在地毯上，沉默不语。然后费加斯喃喃自语说：'我们之间一直都是这样。你不记得了吗？'在昏暗的灯光下，我看着他，疑惑地说：'记得什么？''亚特兰提斯啊！那时你是皇后，我是你的情人。你的秘密情人。记得我们晚上幽会吗？我乘着小船沿着石头墙上行？你专心回想，一定记得的。'

"'费加斯，你不必一定要把这些扯进来。我们之间现有的一切已经很好了，不需要跟其他事情牵扯在一起。'

"'不，萝拉，闭上你的眼睛，回想过去，回想那些石头墙。你看不见它们吗？那些巨大的石块，砌成高耸的石墙，从城垛一直垂直到护城河里。还有木板钉成的码头？我们幽会的码头。在深夜里。记得吗？记得你总躲在树林里等着我？月光照在河面上，我划着小船逆水而上。我的皇后，让你的灵魂自由飞翔。你难道看不到吗？你难道看不到我前来会你吗？渴望着见你，在码头上与你相会？'

"事实上，我的确看得到，凭借着我强大的想象力和心像能力，他只需要略加描述，那些景象便一一在我脑海中鲜明地建构起来：波光粼粼的河水、石头墙上的血迹、在月色中晃动的黑影。

"费加斯自信地说：'你看得见，是不是？'

"'是的，我在脑海中建构出一幅景象，但那是想象力的结果，费加斯，我可以在脑海中创造出任何景象，这一点你也清楚。'

"'但它只是景象吗？或者它是事实？你怎么能证明你在脑海中所见到的不是事实？'

"'因为它是我创造出来的。'

"'萝拉，萝拉，萝拉，我们要拿你怎么办？你为什么一直要抗拒？'

"'它不是抗拒。为什么我必须相信它是真实的？'

"'因为要清楚你心中的疑虑，它们会降低你的层次。'

"'为什么你不能接受单纯的现实呢？为什么每一件事情都要有更多的意义呢？为什么连生活中一些简单的琐事都要跟其他事情牵连上关系？'

"'因为每一件事都是相互牵连的。'

"'是吗？一定要这样吗？如果不这样，又如何？我是说，如果有前世,如果我曾经是亚特兰提斯的皇后,而我们曾是爱人,会很开心,但如果我们不是,我还是很高兴。我们现在彼此相爱就够了,为什么对你来说,只有我们过去曾是爱人才重要呢?'

"'因为如果不是那样,一切就没有道理可言。如果事情都不相互牵连,我们所做的有何意义,存在有何意义?'

"对于他的问题,我没有答案。我继续躺在地上,心思回到刚才构筑出的景象。我的左手边是巨石砌成的城墙,右手边是缓缓流动的河水。我爱人的小船停泊在码头上,随着水波轻轻地晃动,单薄的船身似乎随时都可能因撞击到石头墙而粉碎。

"我不仅看到这些景象,而且开始编织其中的故事:我的丈夫,亚特兰提斯的国王发现了我的不忠,令侍卫杀死了我的爱人,接着引发平民抗暴、推翻王朝的行动,我则在黑夜中拼命想逃离被暴民处死的命运。我躺在地上,脑海中闪过一张张脸孔,听到各种声音,我心想:为什么我的脑子如此对待我?"

30

医学与爱情的冲突

> 我记得自己坐在那里听他滔滔不绝地说着,心里却感到难过。我很想取悦他。我深爱他,希望自己能照着他所说的每一件事去做,但我要如何办到呢?

"费加斯在健康俱乐部的工作结束后,通常都会先到我的公寓坐一会儿。那时,他已经有我公寓的钥匙,所以随时可以自己开门进来。他进来的时候,我通常都在卧室里看书。

"有一天晚上,他进来看到我又在看书,喃喃地说:'天哪,这些狗屁东西,你倒真认真去读它们。'他把放在床上的药典推开,好坐下来。

"'我不得不读。'

"'我需要放松一下,我们到杰克那里去坐一坐。'

"'费加斯,我很想去,但我没办法。明天轮到我报告,我必须准备一下。'

"'晚一点儿再做。'

"'如果我出去,晚一点儿就没有时间了。而且我很累,我需要睡觉。'

"'你有没有静坐?'

"'有,我有静坐,但我还是需要睡眠。'

"'你有照我教你的那种方式静坐吗?如果你有照做,应该不会需要那么多睡眠。身体只需要四个小时就能消除疲劳,睡眠超过四小时都是浪费时间。'

"我叹口气:'恐怕我需要不只四个小时的睡眠时间,而且我要把这些功课做完。'

"他停下来看着我,表情显得不悦:'我希望你不要如此抗拒。'

"'对不起,我很抱歉,不是我不想出去,而是没办法,我必须把这些完成。'

"费加斯定定地看着我。当他无法说服我配合时,就会用一种同情的眼光来掩饰不悦。最后他说:'来,我帮我们泡一杯茶喝吧。'

"他拿起我桌上的脏杯子,随便瞄一眼,然后皱起眉头:'咖啡?'他的口气好像发现我刚灌完一大杯威士忌。

"'是的,是咖啡。'

"他突然用力一摔,杯子撞到书架,摔得粉碎。然后他生气地说:'你为什么要这样对我?为什么你要抗拒我对你做的任何努力?'

"'对不起,我只是累了。'

"'你根本没有静坐!'他气呼呼地指责着我。

"'费加斯，我有静坐，但我一天没有那么多时间。我要看你给我的东西，又要看我的功课，我分身乏术。'我一边说一边感到眼眶热起来。

"费加斯不快地说：'难怪托冈拒绝直接跟你沟通，你根本没有准备好。'

"我等他走进厨房后，站起来收拾杯子的碎片。等他再回来，手里多了两杯花茶。不管那些茶包的标签写些什么，喝起来味道似乎都差不多。每次闻到那些花茶的味道，就让我联想到费加斯。

"他把我的书本推开，一屁股坐在床上：'我今天来的目的是要告诉你，我打算让你这次跟我一起去参加旧金山的通灵大会。主事的人和我很熟，他通灵的层级很高。这次大会只开放给达到某种通灵层次的人参加，你应该很适合。有很多像你一样曾和他们的指导灵有某种程度的接触，但还没有完全直接沟通的人参加。盖文是这次大会的主席，他本人是专业的通灵者。他的客户中有很多是电影明星和商界人士，真正的名人，他有钱得不得了。'

"'费加斯，我没有办法去。那个时间刚好是期末，我抽不开身。'

"'只要两个星期。两个星期就能让你一辈子改观。我已经跟盖文谈过你的事情。他有信心，一旦他的指导灵瑞夫和你谈过话之后，一切就会改观了。萝拉，这个人可不是一般的小人物，如果有谁能帮你和托冈直接沟通，那就是盖文了。'

"我记得自己坐在那里听他滔滔不绝地说着，心里却感到难过。我很想取悦他。我深爱他，希望自己能照着他所说的每一件事去做，但我要如何办到呢？我根本没有足够的时间同时兼顾他要我做的事情和我的课业，而当我办不到时，他变得愈来愈没有耐心。至于托冈……那只是我在星期二团体里创造出的另一个我，但费加斯却从中想开发出我根本不具有的潜能。没有什么真正的托冈可以让盖文和费加斯发掘。除非我假装，否则也没有什么灵可以让我沟通。但当我试着去解释时，费加斯根本拒绝去听。他不断坚持说，托冈不直接和我沟通全是因为我的错，因为我不照他的话多静坐，不肯过更纯净的生活，不研读他交给我的功课。如果我那样做，托冈就会成为真正的声音，降临在我身上。

"我试着向他解释我不可能和他去参加大会。我不想让他生气，但我已经意识到，他对我的爱之中隐伏着一股随时可能升起的愤怒，而且可能引发他暴力的行为。我认为那都是我的错，但尽管我想取悦他，我还是无法那么做。所以我对他说：'本杰明教授已经把我叫去训过两次话，因为我的成绩表现不理想。我以前每科成绩都是甲等，所以我得努力向他证明，我已经把注意力再放回课业上了。这学期我修了微生物学，我必须取得这个学分，我得用功才能通过考试。'

"费加斯愤怒地说：'本杰明？为什么老是本杰明？'

"我无奈地叹了一口气。

"费加斯定定地打量我好一会儿，然后突然站起来对我说：'你是不是跟本杰明胡搞？所以才这么执意一定要迎合他的意思？'

"'不！不是这样！你怎么会这样想？他只是我的指导教授。'

"'我不相信。'

"'费加斯，不要无理取闹了。他七老八十了。我从来没有对他产生过那样的念头。我爱的人是你。'

"'如果是那样,证明给我看。'他的声音平静下来。他说,'你做个选择。'

"'你这是什么意思?'

"'他还是我?不管本杰明,跟我去加州;或者选择他,那我就跟你一了百了。'

"我不敢置信地瞪着他:'费加斯,不要这样。'

"他不回应,继续紧盯着我。

"我摇摇头说:'刚刚我什么都没听到。'我边说边翻开课本,打算继续看书。

"'我就知道你会背叛我,就像你以前那样,你一直都是这样。'

"我没有回答,我假装在看书,但心思却在遥远的地方,在百万光年远的地方,在另一个宇宙、另一个空间,在想象的世界里。

"'我再告诉你一件事,你第一次来健康俱乐部,说你是医学院的学生时,我的心就沉下来。'声音'已经告诉我,那不是你此生该走的道路,在我第一次见到你的时候,就知道你走在错误的道路上。'

"我抬起头,手臂放在桌上,正视他说:'你不断告诉我要照着托冈启示我的方向去走,而事实是,我唯一从托冈那里得到的启示就是要朝着医学的道路上去走。在托冈的世界里没有医生,没有书籍,没有科学,医学的知识贫乏,只有一个脸上涂着羊油和彩绘的老太婆,凭借着一条蛇来判断吉凶。正因为这样我才会来学医,想改变落后地区的医疗。托冈启示了我这一点,这是我因为托冈唯一做过的选择,你怎么能说它不是我该走的道路?'

"'因为'声音'传达出不同的讯息。他们告诉我,不管你如何用

功研读,你永远不会成为一个医生。'

"我本以为自己能够摆脱那个令人丧气的预言。但期末考之后,圣诞节假期过去了,接着是新学期的到来,成绩单也寄来了。我一直担心着那一天,因为我知道自己花太多时间跟费加斯在一起,而花在看书上的时间并不够,但在打开成绩单时,我发现结果比我想象的更糟,我的微生物学没有过关。

"我坐在餐桌上,瞪着成绩单,顿时全身发冷。如果父亲和玛丽安发现这件事会怎样?父亲和玛丽安对我学业成绩滑落的事情一无所知。事实上,我已经太久没有回家,他们对我的近况一点儿都不了解。我避免和家里联系,因为我不知道要如何向他们解释有关费加斯的事情。玛丽安一直希望我有一个男朋友,现在我真的有了男朋友,但我要怎么介绍他?说他靠通灵为生?他打算在世界末日之后担任新世界的领导者?

"这一切是如何发生的?在短短八个月的时间里,我从本杰明教授眼中的资优生沦落到今天的状况:攸关毕业的主科竟然没过关!在一月的早晨,我坐在餐桌前,试着回想之前在上课或做实验的时候,我如何尝试以托冈的角度来思考,在那样的过程中,带给我多少领悟和惊喜感。但那样的感受我无法再唤回来,我甚至不记得那种感觉。

"上课变成一种痛苦的事情,它打断星期二团体和费加斯要我做的事情。已经有六个月的时间,我在星期二团体收取咨询费——费用不多,但费加斯认为应该如此做,他说那样才有专业的味道。也没有成员反对。事实上,来参加星期二团体的人反而更为增加。但我就得花更多时间在这上头。

"我瞪着成绩单,突然明白我渐渐变成另一个连我自己都不认识的人。我拿起电话拨号,接电话的人是蒂法尼:'萝拉,是你吗?''对,是我。'

"'你的声音听起来怪怪的。你感冒了吗?'

"'差不多。'我如此回答,把眼泪擦掉。

"'你是要跟爸妈说话吗?如果是这样,他们刚去超市采购东西了。柯弟则去练曲棍球了。'

"'我没关系,我只是想打回来听听家人的声音,跟你聊一聊也可以。'

"'萝拉,你听起来真的好像得了重感冒。你是在医院里被人传染的是不是?'

"'可以这么说。'

"电话那头沉默下来,可以听到蒂法尼嚼口香糖的声音。

"'家里怎样?'

"'老样子。爸星期天都会带我和柯弟去溜冰。你该回来看看,我的技术已经很好了。'

"'是啊,我也想看看。'

"'萝拉,你圣诞节为什么没有回家?我很想你。你好像好久没有回来了。'

"'我很忙。'

"'医院的事吗?'

"'嗯。'

"'妈说要成为医生要花很多时间看书。'

"'是啊，差不多是这样。'

"'我想做个兽医。但我有点改变主意了，因为我不想整天工作，没有时间陪家人。'

"'是啊，但也许兽医不会这么忙。'

"'萝拉，你在哭吗？你听起来好像在哭。'

"'没有，只是流鼻涕流得很严重。蒂法尼，我在想……你要不要哪一天来看看我？也许放春假的时候？'

"蒂法尼在电话那头大叫：'哇！真的吗，萝拉？太棒了！我想去！你今天会跟爸妈提这件事吗？等一会儿再打来？等他们从超市回来再打给他们？我真的很想去！'

"我听到大门处传来钥匙转动的声音，知道是费加斯来了。

"我赶忙说：'我得挂了，有人在大门口，再见。'我迅速地挂断电话。

"费加斯进来，看到我挂电话，就问：'是谁？'

"'我小妹。'

"'你干吗跟她通电话？'他露出一丝怀疑的口气。

"'因为她是我小妹。'

"'她打来的吗？'

"'这很重要吗？'

"'她只是个孩子，不是吗？'

"'没错，她十二岁。'

"'所以，你跟她有什么好谈的？'

"'费加斯，她是我的家人。'

"他仔细地打量我：'你刚哭过。'

"'没有，我没哭。'

"'发生了什么事情？'他更仔细地打量我。

"'好吧，我哭过，但事情已经过去了。'

"'为什么哭呢？'

"我耸耸肩。成绩单就搁在桌上，我悄悄把它收起来，不希望被他看到。

"他问我：'你没有静坐吗？'

"'我静坐了。'

"'瑜伽运动呢，你做了吗？'

"'一部分。'

"他皱起眉头说：'你没有全做？萝拉，这就是问题所在，你不够投入，我不希望你把时间花在跟家人聊天上。现在是关键时刻，跟家人联络只会带给你困扰，他们不了解你的状况，会把你的层次拉低。'

"我感到泪水又要涌上来，所以转身走向窗口。

"'萝拉，放轻松。我在这里都能感受到你的紧张。冷静下来。你也不希望感到紧张，是不是？'

"'没错。'

"'所以，深吸一口气，再慢慢吐出来，照我教你的方式那么做。'

"我照他的话去做。他的语气变得柔和起来：'来，过来这里，和我一起坐在地板上，我来按摩你的肩膀。'他张开他的手臂。

"看到他摆出关怀的姿态，我忍不住再度哭出来：'一切都乱了套，我不知道接下来要往哪里走。'

"他把我拉到怀里：'有什么事跟我说，不要跟你小妹、本杰明或任何一个人说。他们帮不了你，只有我能够帮你，我的皇后，因为没有人像我这样爱你。所以，不要去找他们，只要让我知道，只有我能帮你，只有我爱你。'

"我哭出来。

"'放轻松，甜心，来，感觉你的肌肉。它们像铁一样僵硬是不是？我们来做一些运动。转转你的脖子，像这样，跟着我做，它能释放你的紧张，现在，把你的肩膀提起来。'

"我哭得非常厉害，几乎停不下来。费加斯捧住我的脸说：'来，把你的痛苦给我，让我为你分担。'当他那样捧着我的脸，透过他手部的热度，我真的感到他对我的爱意，并且深深体会到，大概再没有人会像费加斯那样爱着我。

"他把我拥进怀里，亲吻我的额头、我的面颊和发顶。我像在子宫里的胎儿般依偎着他。'你很安全，我找到你了，我再也不会让任何事情分开你我。我向你保证，我以生命保证，我会永远保护你。'"

31

血色创伤经历

詹姆斯安静地注视着男孩。在康纳过去的创伤经历中，血到底扮演什么角色？

突然，康纳显出恐惧的神情。他把滴着红颜料的手拿起来，大声喊叫。

康纳一走进游戏室就说："我要一顶牛仔帽。"他直接走到装戏服的箱子前，挑了一顶牛仔帽戴在头上。"他是我儿子。"他兀自说，没有任何特定对象，"我不希望他离开。"

康纳望着詹姆斯："爸爸很强壮。他能把我举起来。举高，举高，爸爸这样说。我就被举得高高的。爸爸哈哈大笑。他的呼吸吹在我脸上。"

"你爸爸的举动令你很开心。"詹姆斯简述他的话。

"对，"康纳走到桌子边，"我妈妈不强壮。她不戴牛仔帽。她说：'他必须离开。'但爸爸说：'不，我不希望这样做。'"

詹姆斯报以一笑。

"我上一次不在这里。"康纳说。

"对，你没有来。"

"我晚上生病了，我呕吐。吐了三次。吐得一地都是。我妈妈说：'他必须离开。'我妈妈哭了，泪水从她面颊上流下来。"康纳说着在他面颊上比划了一下，"爸爸说：'不，我不希望这样做。'如果我吐得一地都是，他会清理。但他希望我不会再生病了，我之后就好了。"

他转身张望："今天机器猫在哪里？"他走向架子，把盒子拿下来，"在这里，让你站立的那个东西呢？我把它装上去，这样你就可以站起来，看到四周。"他回到桌子旁，把纸板猫放下来，推到詹姆斯的笔记本上，"喏，机器猫可以看到你今天写的东西。"然后他用轻快的步伐开始绕着室内打转。

"你今天似乎很快乐。"詹姆斯说。

"今天是我来这里的日子。今天是我跟机器猫相处的日子。"他跑向桌子，把纸板猫拿起来，显得兴奋异常，"读歌给我听。"

詹姆斯找到他为机器猫作的歌，大声念出来。

康纳仍然显得很兴奋，并且抚摸着纸板猫："你强壮，你勇敢。没有鬼。你知道这里没有鬼。你对我说：'男孩，跟我在一起很安全！我看得到鬼，但这里没有鬼。男孩，你在这里可以做任何事，你可以做你自己。'"

"机器猫让你觉得强壮安全。"詹姆斯替他的话做了批注。

"我不需要我的电线了。你看到了吗？我今天没有绑电线。"康纳把衬衫拉出来，原本绑在腰上的绳子不见踪影。

"你今天打算做个一般男孩。"

"对。我强壮的父亲说：'你不需要这个，把它们留在家里。'我不需要它们。什么事情也不会发生。机器猫说：'你不需要它们，你也很强壮。'"

把纸板猫放下来后，康纳走到黑板那里："今天我要画画。手指画。我画蓝色。我还没有画过蓝色。"

詹姆斯站起来帮他准备材料。等到桌上铺好报纸，画纸也弄湿之后，康纳走到詹姆斯面前，把他的玩具猫交给詹姆斯："这一次不要再发生意外！"他说完哈哈大笑。

康纳热切地玩着颜料。他似乎更热衷于把颜料堆到画纸上，而不是画图。他一圈一圈地涂上颜料，任由沉重的颜料从画纸上滴下来。

"现在涂黄色？"他抬起头看着詹姆斯。

"可以，如果你想要加黄色。"

"没错！男孩要加黄色。在这里，男孩可以做他想做的事情！"一大坨黄颜料和蓝色颜料掺在一起，变成绿色。

"图画纸破了。"康纳说。

"好像是喔！"

"我要把这一张放在水槽边的台子上，然后再拿一张来画。"

"你可以自己把图画纸弄湿吗？"詹姆斯问。

"可以！"

詹姆斯对男孩自信的语气报以微笑。

康纳把那张涂满颜料的图画纸移到台子那里去时，纸张承受不了沉重的颜料，中间的部分破掉，多余的颜料全都溅到地上。他吃惊地往后跳开，但并没有失控。事实上，他反而大笑出来。

"看！吐了！图画纸说：'我的肚子里装了太多东西，所以全都吐在地上了！'"

"对，看起来很像是这样。"

"谁要清理它？"

"要我帮忙吗？"詹姆斯问。

康纳若有所思地看着地板上的颜料："她说：'他必须离开，我受不了他。'她哭了，泪水从她的面颊滑下来。"一阵沉默，"对不起，妈咪。"他用相当微弱的声音喃喃自语，"男孩想这么说，但他的肚子不舒服。他想要说：要强壮，不要哭，不要让泪水从面颊滑下来。鬼人会来，会来喝你的眼泪。"

詹姆斯本来要起身帮康纳的忙，但听到康纳喃喃自语，便停下来，不想打扰他的思绪。康纳望过来，伸手要他的玩具猫。

詹姆斯把猫递给他，然后用面纸清理地板上的颜料。康纳也用纸巾吸地毯上的脏水。他的情绪变得较低落，但没有失控。事实上，他接着把另一张图画纸打湿，继续他的手指画。

康纳把新的图画纸铺在桌子上，然后拿起蓝色的颜料罐，把盖子打开。他迟疑起来，过了一会儿，他把盖子盖回去，又拿起黄色的颜料罐。同样地，在迟疑片刻后，最后他还是把盖子盖好，把它放回去。他最后从架子上拿起红色的颜料罐，打开盖子，挖出一大坨颜料。

他整个手涂满颜料，开始很有节奏地慢慢涂在画纸上。他把手拿起来，看着红色的手掌。然后他把两手都放上去，在纸上缓慢地移动。他再一次把手拿起来，仔细地看着它们。

"是颜料吗？是颜料吗？还是血？"他飞快地看詹姆斯一眼，表情显得担忧。

"不，它不是血。"詹姆斯平静地说，"它只是红色的颜料。"

"只是红色的颜料。男人说只是红色的颜料。机器猫在这里。只是红色的颜料。"

他把手放下来，在图画纸上慢慢地移动。他再度停下来，变得愈发沉默。他皱起眉头，专注地盯着刚才印在手臂上的红手印。

詹姆斯安静地注视着男孩。在康纳过去的创伤经历中，血到底扮演什么角色？

突然，康纳显出恐惧的神情。他把滴着红颜料的手拿起来，大声喊叫。

詹姆斯连忙把思绪收回来，从椅子上跳起来："发生了什么事？怎么了？"

康纳只是一味地大叫。

"要不要我帮你把颜料洗掉？来，到水槽来。"詹姆斯把男孩带到水槽边，康纳将两只手伸得直直地。"那只是红颜料。"詹姆斯不断向他做出保证。

詹姆斯打开水龙头，帮康纳把颜料冲掉，他感觉到男孩逐渐放松下来。

詹姆斯用纸巾帮康纳把手擦干："一次进展得太快，是不是？"

"今天做太多了。"康纳说完，然后转身，"我爸爸在哪里？"

詹姆斯蹲下来搂住男孩："你觉得害怕，希望爸爸跟你在一起。"

康纳点点头。

"他马上就来。等到长针走到十，他就会在另一间房间等你，带你回家。"

"读歌给我听。"

詹姆斯已经记下那首歌词，不必去翻笔记本。

康纳听到那些熟悉的句子，松了一口气。"机器猫强壮。"他喃喃自语，"我们安全。机器猫永远不死。"

艾伦来接康纳时，詹姆斯让朵丝先照料康纳，请艾伦到他的办公室小坐一下。

"事实上，即使你不邀请我，我也想找你谈一下。"艾伦说着，跟着詹姆斯走进办公室，"因为我一定得跟你说一声，最近几个星期，他完全变了一个人。"

詹姆斯露出笑意：" 是的，他在这里也表现出不少进步的地方。"

"他大部分时间还是会自言自语，但是，我们父子之间开始能够交谈。"艾伦说，"如果能让他保持平静，就能表达出他的想法。"

"你的投入，对他的进步有相当的影响。"詹姆斯说，"我看见他和你之间建立了重要的联结关系。以今天为例，当他在会谈时感到焦虑时，他问起你，而不只是想靠他的玩具猫。这是相当大的进步。"

艾伦露出欣喜的笑容："我努力表现出他期望我扮演的角色。"他露出若有所思的表情，"当我回想之前我的表现，就感到惭愧。如果在他一出现状况时，我就能这么做就好了。感觉好像是我们让他失望，才造成今天这样的局面。"

"请不要再如此自责。"詹姆斯说，"通常大家都尽力而为了。尤其是关于孩子的事情。如果做父母的真的犯了什么错，那通常是当时我们确实不知道要怎么做。萝拉和他相处的情况如何？"

艾伦摇摇头："不太好。他们之间的状况完全不同，康纳还是不跟她说话。他常跟我说话，但跟萝拉在一起的时候，还是维持跟以前同样的状况。所以很难说服她相信孩子已经进步了。"

"你认为为什么会这样？"詹姆斯问。

艾伦露出思索的表情："我不知道。他们之间相处的气氛就是很紧张。他紧张，她也紧张，他们彼此互相影响。所以，我同意多花一些时间带康纳，在房间里加一张床，让康纳和我睡在同一个房间，康纳对这个安排感到很兴奋。我还是希望能解决我们之间的问题，不希望逼萝拉搬出这个家。"

"有一件事我想问你，"詹姆斯问，"关于双胞胎之一流产的那个胎儿，康纳有亲眼目睹流产的状况吗？因为他对血似乎特别敏感。"

艾伦想了一会儿："我不清楚。事情发生的时候我也在现场，但我不确定康纳是不是有目睹经过。不过，我记得他是在萝拉怀孕之前就不对劲，就在我养的牛罹患肺结核病时，而那是在摩根娜出生前一年多之前的事。不过……也许康纳真的目睹了那一幕，所以才变得那么依赖萝拉，不让萝拉离开他的视线。"

"你们有没有跟他谈过这件事？"詹姆斯说。

"没有。他那时不过三岁，好像不是可以谈论这种话题的年龄。"

"我在想，如果他真的目睹萝拉流产的一幕，他又是那么聪明的孩子……我记得摩根娜说他两岁就会读书？"

"不算会读书，他只是认得自己的名字，也许还认得几个字。"

"不管怎样,他还是很聪明的孩子,但以一个两岁大的孩子的经验,他对流产这种事大概无法理解。"

艾伦耸了一下肩:"我不知道。我不确定他有没有目睹那一幕。就算有,萝拉也没有提起过。"

"好吧。"詹姆斯说。

一阵沉默。

"还有一件事我想问你,"詹姆斯说,"我想让康纳和摩根娜一起会谈两次,可以吗?"

"可以啊,"艾伦说,"我来安排。"

32

蒂法尼的来访

> 蒂法尼这时出现在房间门口。费加斯看到她,表情变得阴沉,像一只受惊的豹子。'你好。'蒂法尼跟费加斯打声招呼,不解地看着我们两个人,露出微弱的笑容。

"蒂法尼在三月最后一个周末来到波士顿。"萝拉说,"我已经十五个月没有回家,所以我没有想到她长得那么高了。她的体型一直很像玛丽安,但玛丽安比较纤细,蒂法尼则比较结实。她已经十二岁,个子几乎跟我一样高。

"我们见面的第一天尽兴地玩。我带她到附近的百货公司采购,喝饮料,吃甜甜圈和冰淇淋,把费加斯的教条全都抛诸脑后。我们逛宠物店,欣赏小狗和热带鱼。蒂法尼说她想养一只蜥蜴或草蛇。我们还逛玩具店,看各种进口的昂贵洋娃娃。在书店里,我们到处翻看各种书籍。

"我不想回家。我知道费加斯可能会在家里,而他会打断我们的兴致。所以,晚上我又带蒂法尼去吃比萨,之后,我们到汽车电影院看《星球大战》。我们两个都看过那部片子,但我们都乐于再看一遍。电影结束后,回家的一路上,蒂法尼兴奋地说个没完。

"到家之后,我躺在床上看她整理行李。她和玛丽安一样,有一头黑色长发,不同的是,她没有把它们烫起来,而是绑成一束马尾。那天晚上,她换上睡觉要穿的休闲服,并且把头发放下来的时候,看到她那一头黑色直发,我突然想起托冈的世界。我心想,托冈十二岁的时候应该长得就像蒂法尼这个样子。那是数个月来,我第一次再次清晰地进入托冈的世界。

"第二天早上,我们还在睡觉,就听到大门有钥匙转动的声音。我马上跨过睡在睡袋里的蒂法尼,拿起睡袍赶到客厅去。我知道是费加斯来了。

"'这是什么?'他从厨房垃圾桶里找到一袋空的爆米花袋子。'还有肉制品。你还吃了什么?糖?动物性脂肪?不敢相信你竟然这么做。'他气呼呼地把袋子揉成一团扔进垃圾桶里。

"蒂法尼这时出现在房间门口。费加斯看到她,表情变得阴沉,像一只受惊的豹子。'你好。'蒂法尼跟费加斯打声招呼,不解地看着我们两个人,露出微弱的笑容。

"我连忙介绍说:'费加斯,这是我妹妹蒂法尼;蒂法尼,这位是我朋友费加斯。费加斯和我,呃,我们算是住在一起。'

"'噢。'蒂法尼有些意外地说,然后她问:'你要跟我们一起去博物馆吗?'

"'博物馆?'费加斯以尖锐的语气说:'萝拉,你今天哪里也不能

去，我们还有工作要做，星期二晚上你要进行通灵活动。'

"蒂法尼露出迷惑的表情。

"'我答应要带蒂法尼去参观博物馆。她在这里只能待五天。'

"费加斯从口袋里拿出五块钱，对蒂法尼说：'喏，你自己出去打发两个钟头。'

"我不悦地叫：'费加斯！'

"他转头对我说：'两个钟头好吗？我只要求这么多。我们花两个钟头的时间准备星期二的活动，其他时间就随你支配。'

"我不情愿地点点头说：'好吧。'

"蒂法尼还穿着休闲服。她看看手里的五块钱，再看看我，一脸的不解。

"我对她说：'蒂法尼，你介意吗？我还有些事先要去办，然后才能陪你去博物馆。'

"'但我还没吃早餐。'

"费加斯说：'那就拿这五块钱买早餐就行了。'

"我说：'离这两条街的地方有一家卖甜甜圈的店，你喜欢吃甜甜圈，是不是？你可以尽情地吃，喏，我再给你五块钱，你到那里吃个早餐，等早餐吃好了，其他商店也差不多开门了，你可以随便逛一逛。'

"蒂法尼以困惑的口气问：'我一个人？'

"'就两个钟头，你年纪已经够大，可以自己逛街了，不是吗？而且，等你回去告诉妈你自己逛街，她一定会以你为傲。'我露出鼓励的笑容。

"她不解地叹了一口气,转身回房间换衣服。我跟着她进去,把门关上,对她说:'蒂法尼,我真的真的很抱歉,我不知道费加斯会过来,但帮我个忙,自己到街上逛逛,打发掉那两个钟头,然后我们就照计划去参观博物馆。'

"'是啊,照我们原先的计划。但为什么他一出现,你就要照他说的话去做?'

"'因为这样最不麻烦。'

"但事后费加斯不愿意让我和蒂法尼单独相处,结果,他跟着我们一起去博物馆。星期二,是蒂法尼回家的前一天,我很想暂停那一天的团体活动,但费加斯不许我那么做,但我又不放心把蒂法尼一个人留在公寓里,所以,最后我带着她一起去参加团体活动。

"那是个错误的决定。在团体中我一直无法进入状态,因为我担心蒂法尼回家之后不知道会怎么跟我父母谈这件事,所以,最后我干脆坐在一旁,让费加斯主导团体活动的进行。不过,团体活动还是进行得很热烈,因为进行到一半,有一个女人突然用一种奇怪的语言说话,费加斯马上确认是灵界的存在者正透过她在发言。

"在她停止说话后,费加斯告诉她,因为通过练习静坐,净化了她的心灵,所以才出现这种现象。他令那个女人躺下来,按摩她的太阳穴,并且告诉她,他感觉到有许多灵接近她,并非全都是好灵,但大部分是好灵。那个女人得到这样的关注,似乎很兴奋。

"回家后,蒂法尼和我准备上床休息。她话不多,事实上,整个晚上她都没有说什么话,我认为她是因为准备要回家,心情有些疲惫才会这样。

"我坐到床上,对她说:'你明天可以在飞机上补觉,这样也不会觉得坐飞机的时间太长。'

"蒂法尼点点头,把她的休闲服拿出来,然后把扎的马尾放下来,开始解开衣服的扣子。

"每次看到她把直直的黑发放下来时,我就掉进儿时第一次见到托冈时的情景中。换好衣服后,蒂法尼给我一记晚安吻,然后钻进她的睡袋里。我还睡不着,和她道一声晚安后,就到客厅里去。

"费加斯把我在星期二团体中通灵时所说的话记在一本小笔记本上,他把它放在客厅的茶几上。我把它拿起来翻了翻。我看到上面写着:托冈说,肉体的存在干扰更多面向的觉知,而你的存在向更高层次、更加整合的内在发展。

"看到自己说的这些话,我有一种不舒服的感觉。那些句子毫无意义。我已经不记得当时那个人是如何响应的,但现在重读这些话,觉得毫无意义,就像计算机随机组合的算命字眼。

"我想到托冈,真正的托冈,在蒂法尼放下头发时,在我脑海深处突然浮现的那个托冈。我已经有多久没有接触到那样的托冈?好几个月了。我忽然警觉到,在我忙于和费加斯交往的过程中,竟然不知不觉过了这么久。

"我还能再进入那个世界吗?过去那么多年,我从来没有质疑过这一点,我总是自自然然就进到托冈的世界。现在它却不在了。除了在蒂法尼放下头发的那一瞬间,我才能隐隐约约感到托冈的世界。

"我靠着沙发,闭上眼睛,试着要进入托冈的世界。我最后一次写托冈的故事是,她杀了安塞,然后一个人避到森林里的圣地。我只是记得这些事情,但无法产生亲临的感觉。

"也许我需要再放松一点儿。我照着费加斯悉心指导的静坐法,试着让心绪平静下来。在脑海遥远的一角,在意识到我周遭的一切时,我仍能觉察到她的世界。

西泽琳,安塞最小的妹妹被推为新的灵视者。在村子的长老会议中,托冈说服了众长老相信,杀死安塞是出于大能者的命令。但这样的说法无法安抚安塞另外三位同是战士的兄弟。他们认为安塞赤身露体地死于一个低微出身的女人之手,是一件耻辱。洛奇的父亲是近卫队的队长,他站出来支持托冈。因为战士们分裂成两派,一派站在安塞家三兄弟这一边,一派站在洛奇父亲这一边,一场内战显然即将展开。

"我睁开眼睛看着客厅的天花板。我们会怎么样?我和托冈会怎么样?我本来有一个灿烂的未来,为何会变调成这样?直到快半夜我才准备上床睡觉。我尽可能悄悄地爬上床,不打扰躺在睡袋里的蒂法尼。

"黑暗中传来蒂法尼细微的声音:'萝拉?'

"'对不起,吵醒你了?我以为自己已经够小心了。'

"'没有,我还没睡。'

"'还没睡?你已经躺了几个小时。怎么了?你还好吗?'

"'我很好。'

"'是不是明天要坐飞机,兴奋得睡不着?我自己旅行前总是难以入眠。'

"'不,不是这样。'一阵沉默后,蒂法尼说:'萝拉,我可以问你一件事吗?'

"'当然可以,问吧。'

"'先保证你不会生气。'

"'你先说说看。'

"'你真的爱那个家伙?那个叫费加斯的?'

"'是的。'

"'我是说,你真的爱他吗?'

"'我知道你的意思。其实你没有看到他最好的一面。他不善于和小孩相处。但他真的有很温柔的一面。'

"'我的意思不是这个。我不知道要如何表达,但我觉得他是个笨蛋。'

"'他不是。'

"她轻声说:'我不知道这里到底发生了什么事,但我不明白你为什么要跟费加斯,还有今晚在团体活动里的那些人搞在一起。他们全都是笨蛋。'

"我不悦地说:'这不是能由你来做判断的,是不是?你只是乡下来的小丫头,你凭什么这么说?'

"我听到她沮丧地叹了一口气。

"'我不想在今晚跟你争吵。你无权管我这些事。你还不够大,无法了解我这些朋友。'

"但房间的气氛已经变得有些沉重。我拉上被子,背过身准备睡觉。房间里陷入沉默。

"'萝拉?我也不想争吵,但只要告诉我一件事好吗?'

"'任何问题都会引起争吵。'

"'拜托?回答这个问题之后我就不再烦你了。'

"'好吧,就一个问题。'

"'告诉我,你真的相信今晚在那个团体活动里的那些鬼话吗?'"

33

恶 地

"我心想,就像托冈的圣地。白色的垩土,插天的石柱,造就了它浑然天成的神性。

"接下来的星期二,我在大学医院急诊室值班。一个七岁大的小女孩被车子撞到,头部受重伤,送进急诊室。送进来的时候还有气息,但意识不清,因为不知道她的身份,大家急得不得了。还没有找到她的家人,她就断了气,没有身份,除了我抱着头破血流的她。她就孤孤单单一个人这样走了。

"因为这个原因,我迟了一点才参加星期二团体的活动。费加斯已经到了。平常他旁边我坐的那个位子,一个偶尔出席的年轻女孩坐在那里。她名叫菲丽普兹,大家都叫她普兹。她个子娇小,有一头铜红色的头发。

"大家正在讨论潜能逐渐开发的话题。有人说通过静坐,他现在正在跟更高的能量接触，一些负面的旧想法逐渐被扬弃。他还说，因为不符合他的潜能，过去许多工作都不成功，但现在他的能量在提升，而且与光之存在者的智慧接触，所以，他相信他的新事业一定会成功。

"普兹突然说，上个星期她的灵界导师和托冈接触到，让她的生活导向更具财富的一面。

"我听到之后不敢置信，很想当面戳破她的谎言，因为她说的绝对不可能是托冈，但如果我那么做，无异于承认自己之前所说的一切也都是不实的。我看看围成一圈的成员，再看看普兹，然后我低头看到鞋子上沾着两滴鲜血。我马上意识到那是刚才在急诊室断气的那个小女孩的鲜血。

"我好像被人猛打了一记耳光。围在那个圈子里的成员，这些衣着光鲜的高级知识分子，沉迷在这些言论之中……我突然无法再承受下去。我心想，我到底在这干什么？我变成了什么怪物？在我这么想的同时，一股恐慌的情绪升起，我无法再忍受，站起来冲了出去。

"费加斯马上跟着我跑出来，问：'出了什么事？'

"我那时已经泪流满面。我朝他大叫，叫他走开。他想抓住我，说：'嘘，放轻松一点儿，萝拉，现在深呼吸，深吸一口气。'

"我把他推开，朝我停车的地方跑过去。开车回去的一路上，我因为哭得太厉害，几乎看不清道路。一进到公寓里，我把鞋子脱下来，冲到水槽，想把鞋子上的血迹冲掉，但我一到洗手槽，便呕吐出来，秽物全都吐到堆在水槽里的脏碗盘上。大约半个小时，大门处传来熟悉的开门声，我听到费加斯推门进来，并且大喊：'萝拉，你在家吗？'

"他随即出现在我的卧房门口，关切地问：'你还好吗？'他走过来在床边坐下来。普兹跟在他后面进来，把头上的灯打开，也在他旁边坐下来。

"费加斯问：'你觉得好一点儿了吗？你看起来很苍白。你刚才去参加团体活动的时候我就注意到了。'

"普兹说：'我今天在团体里通灵。就像你之前所做的那样。可惜你没有见到。'

"我突然冒起一股怒气。我朝她大叫，叫她滚出去。

"费加斯站起来，做手势叫普兹先离开，他说：'回家去吧。'我记得听到普兹说：'那你来不来？'

"等费加斯回来后，我哭着说：'你带她来干什么？这里不是中央车站，为什么你不能偶尔为我设想一下？'

"他温柔地抚摸我的头发，柔声说：'萝拉，我一直都在为你设想。'我本来担心我这样突然反常的行为会令他生气，但他的反应刚好相反。他的表情充满爱意，眼神深邃、温和。他温柔地说：'没有你，对我而言就没有太阳、没有月亮和世界，宇宙空虚，只有你活着，我才活着。'

"费加斯脱掉他的鞋子，掀开被子，跟我一起躺下来。他温柔异常地拥抱着我，在我脸上落下无数的吻。他将我的泪水拭干，微笑着说：'这个世界对你来说太严酷了，你是个敏感的人。'

"我啜泣地说：'不，我不是，我出卖了我的灵魂，我一无所有了。'

"第二天早上醒来，我好像宿醉未醒一般。我下了床，拖着疲惫的身体去医院值班，但一直无法专心工作。下午，我走出医院，时间约四点半。我本来应该去参加一个研究会,但我抓起外套就离开了。

"那时候是春季,天气还有凉意。我需要跟费加斯好好谈一谈。那个时间他应该还在健康俱乐部里,但还没有开始进行咨询。如果我赶过去,有足够的时间和他谈话,但之后又不至于留下太多时间被他给绊住。

"我从侧门走楼梯进到健康俱乐部。地下室的灯光亮着,照着草绿色的地毯。房间里空无一人,但通往后面小房间的门洞开着,那是费加斯放个人物品的地方。我走过去,听到房间里有声响,是他的声音,所以我就走进去。一踏进门,我就看见他跟普兹躺在地上,两人像动物般在交欢。他意识到有人,抬起头来。

"'萝拉!'他惊呼一声,但我不给他反应的机会,扭头就跑。

"我回到家二十分钟左右,他赶了过来。他甚至没有敲门就闯进来。

"我大叫:'出去!'

"'萝拉,事情不像你想的那样。'

"'的确不像我想的那样,费加斯!'我还没说完话,眼泪已经流下来。

"'萝拉,冷静下来,这样我才能跟你解释。'

"'没有什么好解释的,我亲眼看到了。'

"'普兹不算什么。她还没有进化。她是低层次的人。她并没有得到灵界的引导。她假装有,只是为了引起注意,如此而已。'

"'你是说,因为那个女人是低层次的人,所以你和她交欢就不算一回事?'

"'不是这样,请你理智一点。'

"'我是不理解,费加斯。我受够了这一切,我受够了通灵,我受够了你。走吧,现在就给我出去。'

"费加斯不知所措地站在那里,我第一次看到他出现犹豫不决的表情。为了发泄我的愤怒,我抓起茶几上那本通灵记事本朝他丢去,因为那是唯一有关他、而我可以立即拿到手里的东西。

"'走!'

"他在那里站了一会儿,露出悲伤的表情,然后才打开门走出去。我把那本记事本拿起来,再朝门口扔一次,但那么做只让我得到片刻的纾解。

"我拿起电话,打到航空公司,订了机票,六个小时后,我就坐上了飞往南达科他的班机。

"我父亲和玛丽安对于我突然返家,表现出前所未有的包容和耐心。他们没有多置一词,只是欢迎我回来。

"我被忧郁的情绪击倒。我躲在地下室的房间里,什么事也不管,我的学业、本杰明教授、费加斯,我全都抛诸脑后。我本来以为费加斯会打电话给我,但几个星期过去,他一次也没有打给我。从我离开波士顿之后,就再也没有他的消息。这让我感到悲哀和焦虑。我陷入孤单和迷惘的情绪中,好像没有费加斯来指引,一时之间,我不知该如何思考和行动。

"最后鼓励我走出来的人是蒂法尼。她的学校那时已经放暑假,所以早上她会到地下室来找我,跟我聊天。她开始鼓励我跟她一起看卡通节目,而且跟着我大吃涂蓝莓酱的吐司,这一点让她母亲颇为担忧,因为我们可以在一个早上吃掉半条吐司。

"一天早上,她说:'我知道怎么做蓝莓玛芬蛋糕,如果我明天做,我们就可以带着它在外面露台上野餐。'

"'蒂法尼,我不想早上八点坐在外面露台上。'

"'那我烤煎饼如何?我也会做煎饼。而且早上八点在外面很不错,天气也不会太热。'

"到了六月中,我开始离开地下室,穿着睡衣和拖鞋,像冬眠结束的大熊,就在院子里看蒂法尼除草。蒂法尼就像我的守护天使,她看着我一步一步恢复正常。我从来没有从任何成人那里得到类似的协助。

"有一天她对我说:'萝拉,你该剪剪头发了。'她把我的一丛头发拨开,'把这里剪短会更好看。'

"我没有回应。

"她突然自告奋勇地说:'我来剪!'

"'噢,不不不,我不会让你碰我的头发。'

"'让我试试看嘛。'

"'不行,蒂法尼,我不会让一个十二岁的小丫头替我剪头发。'

"'那让妈来剪如何?妈也会剪。她可以替你修头发,这样会比较好看。'

"'费加斯不会这么想的。'

"'费加斯不在这里。'

"六月底,有一天蒂法尼说:'我们找个地方走一走吧。'

"'去哪里?'自从我回到南达科他,六个星期了,没有踏出家门一步,甚至没有到超市去买过东西。

"蒂法尼耸耸肩。我本来以为她会提议去看一部恐怖片,因为她年纪太小,还不能单独去看辅导级的片子。但她却说:'去恶地如何?'

"'恶地?'我颇为意外,'到那里要开一个小时的车,而时间已经过了七点,如果现在过去,到那里天都黑了。'

"蒂法尼笑着说:'我知道,但我喜欢晚上的恶地,早上那里太热了。'她说着站起来,说:'来吧,我们去征求妈的同意。'

"那真是出乎意料的目的地。小时候我很怕去恶地。我只曾跟我的养父母麦克斯家人去过一次。那一次在回程中我还晕车了,我之前从来不曾晕过车。我记得当时我趴在我养母的大腿上,听到她和我养父在谈迅捷市附近一块土地正逐渐风化,日后可能会变成像恶地一样的景观。我听了就哭出来,觉得恶地是一大威胁,将把周围的地貌都变得像它一样了无生机。一直到中学之后,我从地理课上得知,地貌的改变速度没有我想象的那么快。但即使如此,恶地从来不曾让我感到自在过。所以,选择这样一个地点来重振我的生气似乎是很怪异的决定。

"我和蒂法尼开了五十多英里的路程,到达国家公园附近时,太阳几乎已经下山。我一进到公园里,便在第一处观景台停下车,因为天几乎已经快要黑了,没有必要再驱车深入,除非我们打算在黑夜浏览恶地。

"蒂法尼开心地大叫:'嘿,太棒了!'小径上几乎没有什么游客,所以蒂法尼一路跑跳着往下方走。

"那是几星期来我第一次走出家门。我慢慢地打开车门,站出来伸伸腰。我好奇地看看四周。一声鸟叫声传来，东方挂着一弯弦月。

"蒂法尼活力充沛，一路跑到观景台最下方，然后又沿着台阶跑回来，再顺着蜿蜒于草原的小径走下去，而我还靠着车子站着。我在停车场踌躇了一会儿，才慢慢移到最接近的观景点。

"我很少去恶地，几乎忘了它奇特的景观。风蚀的土地光秃苍白，插天的石柱像某个废城的地标。最后一道阳光留恋在黑山的坡地上，天边的月光变得益发明亮，刚才那不知名的鸟叫声再度响起，长而尖锐的叫声。

"蒂法尼又回到下方的观景点。我走下去找她。栏杆外面斜坡陡峭，一路向下延伸数百公尺，到达下方的盆地。

"游客都走了，只剩下我和蒂法尼置身于无边的静寂之中。我靠着栏杆望着远方。我不像小时候那样惧怕恶地，但仍怀着一份戒心。它依然给人诡异的感觉，尤其在月光下更是如此。

"蒂法尼钻过栏杆，说：'来。'

"我紧张地大叫：'蒂法尼！不要到栏杆外面去，你会摔死。'

"'不会的，我以前和柯弟下去过，下面有一条小路，来嘛！'

"'我看不到小路，只看见一条通到下面陌生地域的陡坡。'

"'萝拉，快来，我有东西要给你看。'

"我抛掉理智，也钻过栏杆，沿着那苍白的垩土向下移动。我根本不敢想等一会儿要如何爬上去。我一边小心地往下走，一边喊：'蒂法尼，快停下来，你妈要是知道我让你这么做，肯定会杀了我。'

"蒂法尼干脆用坐的方式往下移动，说：'别担心，我和柯弟到这里来不下百万次了。在公路下面不远的地方，有一处可以野餐的空地，

因为那附近有绿荫,爸妈经常把车停在那里。我和柯弟就在周围探险。我知道自己在干什么。'

"她说的没有错,因为我们突然来到一处空地,四周被三棵老松包围着,空地中央长着绿草。那里大概离刚才那个观景台有两百英尺之遥,但距离盆地底部仍然还有一段距离。在我们四周,伸向天际的裸岩环抱着,就像五指托天一般。

"我喃喃自语:'待会儿我们要怎么上去?'

"'萝拉,别再唠叨好不好?要是知道你这么不成熟,我就不带你来这里了。你再这样,会破坏我等会儿要给你看的景象。'

"我安静下来。

"我们来到空地的边缘,望着四周的景色。天色已经转暗,但在星光下,白色的垩土仍清晰可见。弦月低垂,散发着淡淡光影,在黑夜中显得模糊难辨。蒂法尼碰碰我的手臂,指着我们左边对面的坡地:跟我们差不多一样的高度上,一只母鹿在陡坡上正要找路下去,在她后面跟着两只小鹿;一只白色的猫头鹰叫着飞过松树顶,朝下方深渊处飞去。

"'对苏族的印第安人来说,这里是圣地。'蒂法尼柔声地说,'他们的想法是对的,虽然这里不是教堂,但你还是可以感觉得到它的神圣,是不是?'

"她说对了,我是可以感觉到在大部分地方都感觉不到的那种东西。

"我心想,就像托冈的圣地。白色的垩土,插天的石柱,造就了它浑然天成的神性。我看着蒂法尼,再次沉浸在她的思绪中。她穿着T

恤和长裤，膝盖上沾着泥土，布鞋前头也磨穿了，看上去完全不像什么精神导师，但在那一刻我认识到她的本质。

"在我脑海中，托冈的世界再次渐渐浮现。不是在波士顿时的那个托冈，而是真的托冈，以旧有的、令我熟悉的方式。我并没有马上见到她，但我感觉得到她，感觉到她开始回到我身上，就像鲑鱼溯流回到它原始的出生地一般。"

怀　孕

安塞那晚说他会给我一个孩子。看来，他的承诺兑现了。在春天来临之前，乔华就要有一个表弟或表妹。

"噢，让我看看她，给我抱一抱。"托冈伸出双手。

摩葛丽小心地把宝宝交给托冈。

"她很强壮。摩葛丽，你把她照顾得很好。"

"等到命名那一天，我打算给她取名叫乔华。"

托冈温柔地抚摸宝宝："噢，看看你，小甜心，你长得真美丽。"

"她现在还无法分辨日夜，把我搞得累惨了。"

"你坐下来休息，我来抱着她，你顺便告诉我家里的近况。"托冈说。

"我现在不干田里的活，跟着妈妈学织布。"

"你？织布？摩葛丽，你一向最讨厌织布。"

"哎，带着一个宝宝，我能做什么？至少这份工作可以在温暖的室内，不需要我整天背着她。"

"噢。"

摩葛丽走过来一边揉着孩子的额头，一边说："但愿泰坦还活着。看着她的时候我常想，今后我们母女要如何生活下去？她来到这个世界上，没有父亲，没有兄弟姐妹。"她看着托冈，说："她刚出生的时候，我本来打算要结束她的生命。我想这是最好的办法……但当我看到她，我就下不了手……但我担心让她活着，其实更残忍。"

"她不会孤单地活下来的。"

"怎么说？"

"会有人陪着她一起长大。我本来还不打算这么早说，但如果能让你稍微安心一点……"

摩葛丽皱起眉头。

"安塞那晚说他会给我一个孩子。看来，他的承诺兑现了。在春天来临之前，乔华就要有一个表弟或表妹。"

摩葛丽睁大眼睛："托冈，这是真的吗？"

"最近我胃口一直不好，我就有点怀疑，而且我已经三个月没有来月事。"

"噢，托冈，这是个好消息，是吗？"摩葛丽注视着托冈。

"我也不知道……到底是好是坏，到底将来会发生什么，我也不敢去想。"托冈摇头说。

"你从哪里来？"当托冈穿过森林时，安塞的兄弟盖伦突然从树后面走出来。

"你怎么能来这里?"托冈问,"这是圣地,不是什么人都可以随便进入的。"

"我先提问,所以你理应先回答我的问题。"

"继续走你的路,盖伦。"托冈从他身边擦身而过。

盖伦突然拔出剑,挡住她的去路:"不要用这种口气对我说话,别忘了我也是贵族。停下来,回答我的问题。"

托冈瞪着他。

"也许让我先提醒你,这把剑砍一名工人有多轻而易举?是一把利剑。如果你怀疑我的话,摸摸看。工人阶级的人口实在太多了,我们还在烦恼要怎样喂饱他们,尤其是他们的宝宝。那些工人不停地生,但我使剑的速度比他们生产的速度来得更快,或许你希望我在这里示范给你看?"

"在我族人的观念里,只有懦夫才会去伤害弱者。那不是高贵者该有的行为。"

盖伦用剑迫使托冈抬起头来:"安塞说的没错,你有一张漂亮的脸。但我不喜欢你的眼睛,太苍白,给人一种空灵的感觉。"

托冈没有说什么。

"他还说你的胸脯很美。"他把剑往下移到她的腰部,迅速一挑,把衣服的下摆挑起来,"让我看一看,我自己做个判断。"

托冈一动也不动。

盖伦再次用剑抵着托冈:"脱掉上衣。"

"走吧,回到狗群当中,那才是你的族群。"

盖伦加重剑上的力道,迫使托冈不得不往后退:"你不过是个工人,只是我父亲弄来安抚安塞欲望的女人。"

"不管你父亲当初为什么做了这样的选择,大能者的意志也在其中。"

"你高看了自己。"

"不,我只是低看你。把你的剑拿开,别挡着我的去路。"

"不,博那,我们的话还没谈完。"

托冈注视着他。

"首先,我要谈谈我兄弟的死。"

"死都已经死了。长老会议已经做了决议。当时你也在场,所以没有什么好说的。"

"我兄弟死得不光彩。你自己心里有数,所以你才会逃跑。"

"我是去寻求大能者的启示,抚平你兄弟挑起的恶果。"

"原来是去跟神谈话去了,你得到了什么启示?更多偷袭的伎俩?"

"你们全都出卖了自己的灵魂。所以,大能者说该是终结他生命的时候了。"

盖伦涨红了脸:"女人!你有什么毛病?你天生没有常识吗?剑架在你脖子上,在这渺无人烟的森林里,还敢这样对我说话?客气一点,不然我一剑劈了你。"

"我知道你会这么做的,因为大能者已经启示我这一点。"

他露出惊讶的表情。

她微微一笑:"但不是今天,今天不是杀我的时机。因为如果你这么做,你也会杀死你兄弟未出生的孩子。"

兄妹相处

"我看见过。我知道,你不在那里,你没有去过月球。"康纳说。

"你也没有去过月球。"摩根娜反驳。

"跟毯子下的男人去过,坐火箭船。三棵树在月球上。"康纳说。

"这不是月球。"康纳喃喃自语,并且在面前弹动他的手指,"我们不是去月球。"

"请进,康纳。"詹姆斯说,同时把游戏室的大门打开。

"我不知道他为什么要说这些。"摩根娜从詹姆斯身边走过去,直接走到桌子旁边。

"不亲爸爸一下?"艾伦叫。

摩根娜跑回来,踮起脚跟给她父亲一个吻。康纳视而不见,只是抓着他的玩具猫站在门口。艾伦在儿子头顶轻轻吻一下:"孩子们,待会儿见。"

"待会儿见,爸爸。"

游戏室的大门随即关上。

"干什么要我们两个一起来?"摩根娜问,"为什么不能照往常一样,分别在我们的会谈时间过来?"

"因为有时候我想看看兄弟姐妹一起游戏的情形。"詹姆斯回答。

"他不和我一起游戏,"摩根娜说,"他不知道怎样玩游戏。"

"我们没有去月球。"康纳喃喃自语。

摩根娜逛到房间另一头:"我们今天要在这里做什么?我得和他一起做什么吗?"

"由你决定。"詹姆斯回答。

"康纳?你要不要和我一起做什么?"摩根娜问。

没有回应。

"他不会和我玩,"她对詹姆斯说,语气相当无奈,"我已经跟你说过了。他从来不跟我玩。"

"没有关系。"

"我想我来堆乐高积木,"她说着把一盒乐高积木拿到桌上,"我来盖一幢房子。"

康纳继续待在门边,没有任何动静。

"我要盖一座城堡。你看过吗?乐高城堡?你必须买特殊配件。不过,很难组合。我爸不买给我,因为他说我年纪还太小,组合不起来,我会把配件弄丢。但我真的想盖一座城堡来玩。"

"盖一座城堡出来后你要做什么?"詹姆斯问。

"不知道，玩啊。我想，用它来演童话故事。灰姑娘之类的故事。"她拿起一些塑料片。

詹姆斯抬头往康纳那里望过去。他还站在门口。男孩一度望了他一眼，但很快把视线转开。

"你要不要加入我们？"詹姆斯站起来，朝康纳走过去。

康纳僵硬地站在那里，紧紧把玩具猫压在胸口，空洞的眼神直视着前方。

詹姆斯跪在男孩面前："看你的表情和姿态，我觉得你在说：'走开，不要烦我。'"

詹姆斯正确的诠释，使男孩脸上掠过一丝讶异的表情，他快速地看了他一眼说："没错。"

"今天状况不同，看得出来你并不乐意。"

"这是男孩的游戏室。"

坐在椅子上的摩根娜转过身来，露出惊讶的表情："他能正常跟你说话！"

"你想在这里做什么？或许你可以示范给摩根娜看。"詹姆斯提出建议。

"不要。"

"你要不要过来桌子这边加入我们？"

"不要。"

"康纳，你要不要跟我说话？"摩根娜站起来，跑到康纳身边，"你可以说些什么？"

康纳看着妹妹，带着敌意。

"你真的可以像一般人一样说话吗？别这样，康纳，跟我说说看。"

康纳没有回应。

"你要跟我一起玩乐高吗？"

詹姆斯走回桌子那里坐下来："我希望康纳能感受到我们欢迎他加入。康纳，我希望你能过来跟我们一起玩，但如果你不想要，不必非得这样做。在这里，一切由你决定。"

康纳走过去："我决定不要她在这里。这里是男孩的游戏室。"

"你忘了今天摩根娜要一起来？"詹姆斯问。

"今天我要做我的书。"

"康纳，是什么书？"摩根娜问，"他指的是故事？"她开心地站起来，"我也喜欢听故事。"

康纳转头看着她："那不是你的故事。不是给你听的故事。"

摩根娜泄气地坐回椅子上。

"你不能玩这个。"康纳一边说一边走到娃娃屋前面。

"我又没说要玩那个。"摩根娜自言自语。

"你不想和别人一起玩娃娃屋。"詹姆斯回应说。

"在这里由我做决定，而我决定要这么做。"

"如果我决定要玩呢？"摩根娜反问，好奇的成分多于挑衅。她看着詹姆斯说："如果我决定要玩，但他决定我不能玩，那要怎么办？"

"你想知道要如何解决这种困局？"詹姆斯微微一笑，"如果发生那种状况，我们就得尝试讨论出一个解决的办法。"

摩根娜耸耸肩："没关系，他可以保有那个玩具。"

康纳突然出现惊觉的表情，马上移到摩根娜后方的架子前面，"她不能有这个。"他说着把装机器猫的盒子拿下来。

"为什么?那是什么?"摩根娜问。

康纳把盒子紧紧按在胸前:"它是我的,不给你。"

"康纳,我没说我要它。那是什么?"

"它是机器猫。"康纳的口气略缓和下来。

"机器猫?真的?它能做什么?"

"它是机器猫。"康纳重述一遍。

"让我看一看。拜托啦,我真的对这种东西很感兴趣。拜托,康纳。"

他把盒子用力按在胸前。

摩根娜转头看着詹姆斯,向他求援:"我不能看一看吗?"

詹姆斯笑而不答。

"我喜欢这种玩具,我曾见过一只机器狗,它嘴里含着一只球,上紧发条后,会一边摇尾巴,一边晃着球。"她问康纳,"你的猫会做什么?"

"它看得到鬼。"

"噢,老天,"摩根娜叹一口气,"你又要开始说这些怪话了。"

室内安静下来。

"我们班上有个女生叫布列妮,她哥哥和康纳一样都是九岁,"摩根娜对詹姆斯说,"他很会堆乐高积木。他在圣诞节得到一盒乐高玩具,组合了一艘宇宙飞船带到学校来。如果康纳像他一样,也许能替我组合一幢城堡,因为他们都是九岁。"

康纳在桌子另一头坐下来,仍然抱着那只盒子,但显得较轻松了一点。

摩根娜回头玩她的乐高积木。

康纳先是紧盯着摩根娜看,但见到摩根娜低头专心玩她的积木,就把盒子放在桌上。再次确定摩根娜没有在注意他,康纳把手伸进盒子里,把纸板猫拿出来,搁在大腿上把玩。最后他悄悄把它立起来,放在桌子上。

"喏。"他说。

摩根娜抬起头。

"这就是机器猫。"

摩根娜皱起眉头:"怎么叫机器猫?它能做什么?"

这个问题似乎使康纳感到困惑。"这是机器猫。"他重复一遍,一副不证自明的口气。

"但它会做什么?"摩根娜问道,"机器零件在哪里?如果是机器的,它应该有某部分可以自动,在我看来,它只是一个用纸板做出来的猫。"

"它有电力。滋——"康纳指着绕在纸板猫脖子上的绳子,"它看得到男人。"

"什么男人?伊尼斯医生?"

"毯子下面的男人。"

摩根娜翻了个白眼。"又来了。"她看着詹姆斯说,"他明明可以像一般人一样说话,为什么要说这些怪话呢?"

"你知道我的想法是什么吗?"詹姆斯说,"我们假装当事人不在场那样谈论对方,其实不太好。你认为呢?"

"我妈和我爸经常这样做。"

"那你有什么感觉？"詹姆斯问。

摩根娜耸耸肩："不知道。有一次我听到他们在说我调皮的事。我父母就是因为那件事才想要离婚。"

詹姆斯看着摩根娜："你认为爸爸、妈妈是因为你调皮才要离婚？"

摩根娜点点头："是啊，他们这么说的。我爸对我妈说，我骗他们说要参加凯蒂娜的生日派对，所以他要跟她离婚。"

"你过来，"詹姆斯说，朝她伸出手，"站过来，我有话跟你说。"

摩根娜放下乐高积木，绕到桌子这一头。

"那不是真的，"詹姆斯温和地说，"摩根娜，你父母不是因为你才要离婚。他们有大人的问题无法解决，所以才想要离婚。我知道他们很爱你，你没有做任何事促成他们想要离婚。"

"不，因为我撒谎。我假装是为凯蒂娜买笔做生日礼物，其实我是想送给狮子王。我爸很生气，打了我一顿，还对我妈说，我撒谎，所以他要离婚。"她流下泪来。

"这对小女孩来说真是一件大烦恼，我很高兴你告诉我。"詹姆斯说，"因为这样我才能让你了解，即使当时你听起来好像是这样，但其实事实不是如此。凯蒂娜生日派对的事，你父母都跟我谈过，而且我知道他们都很爱你，所以，如果他们知道你认为是自己让他们想离婚，他们一定会非常难过。你父亲当时之所以会那么说，只是因为太生气，所以才脱口而出。大人有时候也会做这种事情。"

一阵短暂的沉默。摩根娜把头埋在詹姆斯的大衣里，寻求片刻的安慰。

整个过程中，康纳都在一旁默默地看着。然后他起身，绕着室内打转，最后走到架子那里，把那块塑料道路板拉出来，铺在地上。板子附近有一箱动物模型玩具，他便把那些动物放在板子上。但是，板子没有铺平，模型站不起来，最后他把动物模型都堆在上面。

还躺在詹姆斯怀里的摩根娜注意着康纳的举动，几分钟后，她走过去，看康纳到底在做什么。

"你在干吗？"她问。

康纳没有回答。

"你怎么不把板子翻到正面？它看起来像是一条高速公路？"

没有回应。

"你可以弄一座牧场，这里有好多动物模型。"

还是没有回应。

摩根娜把一个马的模型拿起来，让它躺在板子上："喏，把这个立起来。"

"不要。"康纳把她的手挥开。

摩根娜沮丧地把手缩回来，但没有离开。

"我也可以玩吗？"她最后说。

他没有回答。

"我可以拿一些动物模型吗？"

没有回答。

"不公平，你霸占了那么多。"她望向詹姆斯，向他求援。

詹姆斯笑着说："看你们两个能不能自己解决。"

康纳似乎不是在玩，只是仪式性地把塑料模型堆在板子上。但他忽然把一块女生模型递给摩根娜。

"能不能再给我一些？我要动物的模型。"

康纳从箱子里抓了一把，放在板子的另一头。"机器猫在哪里？"康纳突然抬起头看着詹姆斯。他站起来，走到桌子那里，把纸板猫拿过来，立在板子上。

"噢，又是你的猫，"摩根娜说，"你叫它什么？它有名字吗？"

"猫说，这一半是男孩的，不要越界，不要过来这边。"

两人安静地各自进行了一会儿。摩根娜把她这一边的板子翻一部分到正面，又从架子上拿了一些汽车模型放在塑料道路板上，再把康纳分给她的一些动物模型立在上面，排成一排。

康纳不时注意摩根娜的动静。他把模型堆在一起，然后先把纸板猫堆在最上头，但他看了看摩根娜那边，便尝试将纸板猫立在那些塑料玩具上。他试了几次，终于让它立起来。

"我要替我的动物盖一座牧场，但我希望能有一些树，这样看起来比较漂亮，像河边的风景。"摩根娜说。

"树和花朵。"康纳出其不意地抓着摩根娜的手臂说，"乐高积木那里。"他拉着摩根娜站起来，"树和花，在那里，看到吗？"他开始在乐高积木堆里翻找，最后拿出一根乐高树："看！"

"耶，太棒了！对，康纳，这个行得通。"

不一会儿，他们找到乐高花。不过，摩根娜拿了一些树和花就回板子那里继续盖牧场。康纳则不断翻找，把所有的乐高树和乐高花都找出来，排在架子上，开始点数："二十五棵树，三十二朵花。十三朵红花。八朵蓝花，十一朵黄花。"他走到摩根娜那里，"二十五棵树再加六棵。三十一棵树。六棵在你那里，二十五棵在架子上。"

"好了，康纳，我有一个主意，现在我们一起来玩。"

"二十五棵树。男孩有二十五棵树在架子上。"

詹姆斯专注地看着康纳的反应。他似乎想跟摩根娜交谈，但执着于她刚才赞美他的话题上。

他回到架子那里，尽可能把那些树都拿到他这边的板子上："这里有十一棵树。男孩有十一棵树。"他把那些树都堆在动物模型上。

其中一棵树把纸板猫碰倒了，康纳马上把它拿起来。"它没有受伤。"康纳对詹姆斯说，并且把它拿到詹姆斯面前，"机器猫没有受伤。一棵树把它碰倒，但它没有受伤。机器猫不会死。"

詹姆斯报以微笑。

"在这里它很安全。机器猫很安全。"康纳说这句话时，几乎带着疑问的口吻。

"没错，在这里你很安全。"詹姆斯说。

"在月球上不安全。"康纳说。

他回到板子那里，把纸板猫放在板子的中央，划分出他和摩根娜的界线。"在界线上。"他喃喃自语。

康纳小心地拿起三棵乐高树，立在板子上。"三棵树在月球上，就像这样。"他低声自语。

摩根娜抬起头："我听说月球上好像没有树。"

"三棵树在月球上。"

"伊尼斯医生，月球上没有树，对不对？康纳弄错了。"

"我看见过。我知道，你不在那里，你没有去过月球。"康纳说。

"你也没有去过月球。"摩根娜反驳。

"跟毯子下的男人去过,坐火箭船。三棵树在月球上。"康纳说。

詹姆斯看到他放在身旁的手指开始在舞动。

"康纳,航天员才能上月球,小孩不能上去。"

"鬼人在月球上。"

摩根娜无奈地望着詹姆斯:"我不喜欢他谈鬼的事。"

康纳拿起机器猫,把它按在脸上,然后按在他的嘴巴和眼睛上。"机器猫在这里。"他喃喃自语,"它说:男孩,你很安全,女孩,你很安全。我永远不会死。我永远守护你们的安全。"

破镜重圆

他靠过来拥抱我。好一会儿,我们只是那样相互拥抱着。两年来的摩擦在我们的拥吻中烟消云散。在我们的关系中,我一向不是坚持的那一方,但当我承接他的哀伤,对他产生一股怜悯的心情时,我发现自己喜欢那种感觉。

"我回到波士顿,准备重新出发。"萝拉在下一次的会谈时说,"在那个夏天,我认识到自己不可能成为丛林医生的事实,那只是青少年阶段天真的梦想。那时候,我只想完成医学院的学业,开始我住院医生的工作。

"在南达科他的那段时间,我没有和费加斯联络,在我心里,那段感情已经结束。但是,在我回到波士顿的头一天,公寓的门铃就响起来,我直觉知道是他。

"我打开大门,我们站在那里,注视彼此好一会儿。然后,他张开手臂把我揽到怀里。

"'噢，天哪，噢，天哪！'他喃喃自语，'我好想念你。'

"我请他进来。

"费加斯进到客厅里，跌坐在靠窗口的扶手椅子里：'整个夏天我心情低落得不得了，我没有想到你对我的影响这么大，我几乎无法面对任何人。'费加斯靠着椅背，闭上眼睛。灯光照着他的脸，他看上去就像落难的基督，'好几个星期，我无法入睡。'

"一阵沉默。

"'我错了，我应该以更公平的态度对待你。你离开我是正确的。我现在明白你那时别无选择，我真的很抱歉，真的真的很抱歉。'

"我点点头说：'谢谢你这么说。'

"'萝拉，没有你我真的太痛苦了，痛不欲生。'

"我却说：'托冈回来了。'

"他听到后皱起眉头。

"'我又开始写作了，这一次我不会停止，我必须写作。'

"'托冈从来没有离开过你。'

"'费加斯，那个托冈从来没有存在过，我在通灵时——我假装通灵时出现的那个托冈根本是我自己，我已经结束那一段了，而且我不要再重新开始。'

"费加斯听到我这么说，露出高深莫测的表情。

"'我当初是太想成为你期望的样子才那么做的。当我们太想要某样东西的时候，有时候我们会假装自己真的得到了它，但假装和真实毕竟是两件事情。'

"费加斯以充满惊喜的表情对我说：'你实在是太棒了。'

"我摇摇头说:'不,我把自己都搞迷糊了,这个暑假我才明白自己迷失得有多深,我远离了生活的正轨,所以,很多事情必须喊停。我不会再回到星期二团体,我也不会再去通灵。'

"'是的,我明白这一点。'费加斯疲惫地靠回椅背,陷入沉默之中。他看起来真的很累。我突然为他感到非常难过。我伸出手握住他的手。

"他淡淡地一笑,也握住我,然后喃喃地说:'萝拉,我对这个世界厌恶透了,深恶痛绝。'

"我靠过去在他手背上印上一吻:'看你心情这么低落,我很难过。'

"'这个世界有这么多乌烟瘴气的事情。'

"我再次亲吻他的手,微笑着说:'但也有好事,是不是?'

"他靠过来拥抱我。好一会儿,我们只是那样相互拥抱着。两年来的摩擦在我们的拥吻中烟消云散。在我们的关系中,我一向不是坚持的那一方,但当我承接他的哀伤,对他产生一股怜悯的心情时,我发现自己喜欢那种感觉。

"他的脸在我发间厮磨了一会儿,突然他停下来,低头看着我说:'你为什么把头发剪短?'

"'我只是想改变一下。'

"'但你明知道我喜欢你原先的样子。为什么你要违背我的喜好?'

"'违背你的喜好?别傻了,我这么做是因为我喜欢这个发型,它看起来比较舒服。'

"他认真地端详我,随即加深笑意,并且非常温柔地抚摸着我的脸

说:'你是我的女王,我美丽的女王,从现在起,我们要永远在一起,对不对?'

"我报以一笑。

"'你不会再离开我,对不对?'

"'我尽量这么做。'

"'你不会离开我对不对?我们要永远在一起。'

"我露出微笑。

"他静静地说:'我会为你而死,就像以前一样,我的女王,我一直都为你而死,在前世的每一生皆是如此。如果你离开我,我想这一次我依然会如此。'他的眼神显得深邃,嘴角上只带着一抹淡淡的笑意。'你会为我而死吗?我为你做了那么多次牺牲,你也会为我而牺牲吗?'

"十一月起,我开始在医院的婴儿室实习。有一个天生肾功能不全的婴儿从国外被送进我们的医院,打算进行移植手术。那时候,这种手术还不是那么普及,这么小的婴儿进行这种手术,成功率并不高。但是,孩子的父母不容易受孕,他们认为这可能是他们唯一的孩子,所以希望能让孩子存活下来。医生答应他们,在找到适合执刀的医生前,会尽量延续孩子的生命。

"孩子的状况很不好,必须二十四小时严密观察、照顾,这便成了我和另一位实习生的工作。我们八小时轮班一次,负责喂他营养品,以撑过手术前后的阶段。

"我很高兴能成为那个医疗团队的一员,可以参与整个移植研究的过程，而且也可以借机恢复本杰明教授对我的信心。因为夏季那段时间我突然中断学业，他费了很大的工夫才让我进到这个团队。

"我并没有把自己在医院实习的状况告诉费加斯。在我们复合之后，我们的关系有些微妙的转变：一方面，他变得更无法离开我；一方面，则对我更没有耐心。他开始有一些奇怪的想法，认为我对他不忠实。所以，我开始对他隐瞒我的状况，我觉得有些事情不跟他说，比较没压力。不过，那时候我认为一切还是在掌控中。

"当孩子终于被送进来时，整个医院处在一种紧张的状态。我拖到十一点才离开医院，那时我还处在兴奋的情绪中。

"我感到很意外，因为费加斯并没有像往常一样在停车场等我。我有点不高兴，因为那样一来我得换好几班车才能回到家。等我进到家门，已经很晚了。

"屋子里黑漆漆的，但我一打开门，就听到费加斯用低沉、迷离的声音说：'我的"声音"跟我说到你，他们说你不是光之存在者的成员，萝拉，他们很担心这一点，而我也担心。'

"'费加斯，你吓了我一跳。你在干吗？你不是该去医院接我吗？'

"'你被黑暗引诱了，背离了光，投向了黑暗。'

"'费加斯？'我走到他的面前，仔细地看着他，他看起来不像喝过酒，身上也没有酒味。他偶尔会使用镇定剂，但只是用来助眠，而且我很少看到他服用。

"接着他用比较紧张的口吻说：'萝拉，我真的已经尽力了，我知道我以前把你逼得太紧，在你还没有准备好之前，一直希望你接受"声音"的启示，我真的试着要体谅你的状况，试着符合你的程度。但是，如果你不再与更高层次的灵界沟通，这样继续下去真的没有什么意义。你要明白，这并不是我的层次，我是为了协助提升你才这么做的，但你一直往下沉沦，让我愈来愈无法接近你。你选择了沉沦，而我为了你，把我这么多年的努力都毁了。想到要再一世，再一次寻找……'他无助地抱着头说：'我看不到希望，事情好像没有尽头。'

"我听到他这么说，觉得很困惑。我问他：'你是想跟我提分手吗？'

"'你自我中较低层次的部分，我知道必须接纳，但那是在你有向上提升意愿的前提下，我不能一直跟着你沉沦。我刚才在这里一直思考这个问题，我不能再这样下去。'

"我开始觉得很不自在。我问：'你在这里多久了？你没去工作吗？'

"'你这种响应方式令我厌恶，你知道我们之间是不同层次的，你现在还不及我的层次。'

"我不确定到底发生了什么事情，但知道费加斯的行为并不寻常，所以我说：'我不知道发生了什么事，但我觉得不舒服，你最好先回去，现在就回去，我是说真的。'

"他继续坐在那里，一动也不动。

"我不知道该怎么办，最后只好说：'好吧，如果你要坐在那里就坐在那里，我要去洗澡、睡觉了。'我走进浴室，把门关上、锁好。

"'萝拉？'我听到他往浴室这边走来。

"'很晚了，你该回家了。'我隔着浴室的门对他说，并且把水龙头打开，往浴缸里放水。

"'让我进去。'

"'不,太晚了,我得睡觉,晚安,费加斯。'

"'让我进去,萝拉。'他的口气变得急切。

"'不,费加斯,回家去吧。'

"'让我进去!'他用生气的口吻命令我。见我没有回应,他用力踢了门一下。

"我吓到了,四处张望寻找可以用来抵门的家具,但没有东西可以派上用场。

"费加斯在门外用力摇动门把:'让我进去。'这一次他的口气比较和缓。

"我没有回答,仍心有余悸。

"'萝拉?萝拉?'他的语气开始带着一丝恐慌,'请不要离开我。'

"'我没有离开你,我就在这里,但现在请你先回去好不好?回去,好好睡一觉,明天再打电话给我。'

"'我对刚才说的话感到很抱歉,我不知道自己为什么会那么说,我不是有意的,请你原谅我。'

"我没有回应。

"'萝拉?'他用令人心痛的声音呼喊。

"听起来他像是在哭泣。出于不安和关切,我把浴室的门稍稍拉开一道缝,看到费加斯跪在地上。

"'噢,我的女王,请不要离开我。'他哀求着说,并且上前来抱住我的腿。

"我弯身拥抱他:'费加斯,你今晚到底是怎么了?来,站起来。'

"他站起来,抱住我,紧到我可以感觉他的心跳。他低声说:'噢,天哪,我多么需要你,我需要你,我不能没有你,你怎么可以让我如此害怕?'

"'我让你害怕?我怎么让你害怕?是你把我搞得迷迷糊糊。到底是什么事情让你今天这么反常?'

"'我很抱歉,请原谅我。'他显出非常卑微的态度。

"'我当然原谅你。'

"他乞求说:'说你爱我。'

"'我爱你,费加斯,我当然爱你。'

"'我不会再失去你。不会再失去你。我不会让事情重演,我会奋战下来,把你带入光之存在者的行列,不让你再沉沦下去。'

"'嘘,我们现在暂时不要再谈这些好吗?我爱你,这一点最重要,不是吗?'

"'就像在亚特兰提斯时一样吗?'他反问。

"我点点头说:'当然,就像那时候一样。'

"他温柔地吻我:'我的女王,就像在亚特兰提斯时,你为我牺牲一切一样吗?'"

摩根娜的梦

本来爸妈是不许我骑到公路上的,因为离家太远,也太危险,但在梦中我却这么做。而有一辆车子跟在我们后面。我不知道驾驶人的长相,但应该是个男人。他开得非常慢,我开始害怕起来。

摩根娜一进到游戏室,一句话不说,也不打招呼,直接走到景观窗前面,爬到窗台上,整个人紧贴玻璃站着。

詹姆斯并不担心她有危险,因为窗户是密闭式的,而且是强化玻璃。所以,他只是静观其变,看她想要借此表达什么。

"今天外面风很大。"她低声说。

"是啊,"詹姆斯回应说,"从草原那里吹来的风,所以有点冷。"

"我这样站在这里,觉得自己像一只鸟。"摩根娜把两只手臂张开,"下面是草原,我乘风飞翔。"

"你觉得今天自己像一只小鸟。"詹姆斯回应。

"不，"她背对着他说，脸贴在玻璃窗上，"是这一大片玻璃让我有这种想法。从我第一次来这里，就一直想要这么做。"

"我明白了。"

"而风让我今天想要这么做。"

"为什么？"詹姆斯问。

"因为风会把梦吹起来。这是我妈对我说的。我妈说这是苏族印第安人的观念：风会把你的梦吹起来。"

经摩根娜这么一说，詹姆斯马上想到萝拉第一本小说《风之梦者》，那个受困于真实世界和他的"声音"世界的年轻人。

"有时候我在梦中飞翔，"摩根娜说，"不是坐飞机，是真正的飞，就像这样，把我的手臂张开，然后飞起来。"

"这是很棒的梦，不是吗？"詹姆斯回应说。

"你也做过这样的梦吗？"摩根娜反问，第一次回过头来，但继续站在窗台上。

詹姆斯笑了笑："是的，有时候。"

"我想飞，"她若有所思地说，"我总希望哪一个大风的日子里，这样的事情真的会发生，"她从窗台上跳下来，"但那是不太可能的。"

摩根娜走到架子那里，慢慢地在架子前面走动，一只手摸着架子边缘。"我昨天做了一个梦。"她说，同时拿起一个婴儿娃娃。

"你想告诉我是什么样的梦吗？"詹姆斯问。

摩根娜把娃娃放回架子上，"不，太可怕了。"她说。

"是个噩梦？"

"对，我经常做这个梦，经常吓到哭醒过来。有时候我妈听到，会跑过来抱着安慰我。"

"你真的不想谈谈它吗?"

"不想。我从来没有对任何人说过这个梦,连我妈都没说。"

"我明白了。"

"因为她可能会不高兴。我是说,在我白天的时候,我都好好的,那只是梦,又不是真的。但是,当我被吓醒时,我真的不确定它是真是假。"

"我明白,"詹姆斯说,"但是,将让你害怕的事藏在心里,一定很难过。"

"大部分的时候,我尽量不去想它。"摩根娜说,"因为光是想它,也会让我害怕。"

"听起来真的很吓人。"詹姆斯说,"如果你告诉我,也许我们可以一起来想想办法。"

摩根娜靠近那个娃娃。詹姆斯感觉到她变得更沉默。"但愿我刚才没有提起这个梦,我现在开始害怕起来了。我妈说,不要理会它就好了,但它在我脑子里,根本没办法不理会它。"

"不管你说什么,我都不会生气。"詹姆斯说,"我从来没有在游戏室对小孩发过脾气。我知道有时候某些强烈的情绪会让我们做出不想做的事情。但要解决问题,首先得让我们的情绪表达出来。"

摩根娜抬眼看他。室内陷入一阵沉默中。她回头看着娃娃,然后轻轻地摇动它:"那个梦是关于我和我的马。去年爸爸送我一匹叫粗毛的马。它有一身棕毛,所以我们才给它取这个名字。在梦中,我带它出去运动,我骑着它在公路上走。"

"嗯。"詹姆斯回应。

"本来爸妈是不许我骑到公路上的，因为离家太远，也太危险，但在梦中我却这么做。而有一辆车跟在我们后面。我不知道驾驶人的长相，但应该是个男人。他开得非常慢，我开始害怕起来。"

"你认为会发生什么事？"詹姆斯问。

"我不知道，所以很难去谈它，因为我不知道接下来会发生什么事，但我真的很害怕。我想回头看清楚他的长相，可是不知道为什么，我没办法那么做。我只知道他在后面，开得很慢，我很怕他会停下来。我想他随时可能做些什么。"

摩根娜停下来，盯着娃娃看，然后把它紧紧抱在怀里："在梦中还有一件事。它以前在现实里好歹发生过。之前我从来没有梦到过它，但我知道它一定会出现。就是我和康纳跑进我妈的书房，妈妈规定我们不能自己进去她的书房，怕我们把她的东西弄乱。"

摩根娜停下来抚弄娃娃的头发："她的书房里有一个石头做的猫塑像，我想只有这么大，"她用两根手指比出两英寸大小，"它是灰色的，坐姿，就放在我妈的计算机上。她曾经让我把玩过，但她说如果她不在房间，我绝对不能碰它。"

"听起来那个猫的石头雕像对你妈很重要。"詹姆斯回应。

"她怕被我搞丢或打坏。它很值钱，因为来自埃及，是圣经中曾提过的一个地方，而且那只小猫跟圣经的历史一样久远。这是我妈说的。她说刻那尊猫的人活在圣经时代，刻好之后就把它跟一位国王合葬在一起。"

詹姆斯挑起眉："哇，真想不到。"

"后来那个石猫被盗墓人挖出来,我妈的一位朋友得到它,才把它送给我妈,被我妈放在计算机上。我妈说它很珍贵,所以绝对不能在她不知情的情况下拿走它。"

"现在我能了解为什么你妈这么重视它了。"詹姆斯说。

摩根娜停下来抚弄娃娃。

"那个小石猫雕像怎样进到你的噩梦中的?"詹姆斯问。

"在梦中我骑着粗毛走在公路上,后面那个男人车开得很慢吓到我时,我想去找我妈,但我往口袋里一摸,摸到那个石猫雕像。"她迅速看詹姆斯一眼,露出一丝罪恶感,"我不知道它怎么会在我的口袋里,但我想一定是我跑到我妈的书房里,私自把它带出来的。在梦里,我不知道自己怎么把它带出来的,但我知道我妈一定会非常非常生气。我第一个念头是把石猫丢掉,不让我妈知道石猫在我这里,但我一想到它很珍贵,就无法那么做。所以,我一方面很怕后面那个开车跟着我的男人,一方面我又不能求救。因为那样一来,大家就知道是我拿了石猫。"

"听起来的确让你很害怕。"詹姆斯说。

"每一次这个梦境都会有一些不同。昨天梦中那个男人开的是白色的汽车,有时候是红色的,还有一次是白色货车。但每一次我都很害怕,不敢回头看清驾驶人的长相。而且,每次我一摸,那个石猫雕像都在我的口袋里。"

"你觉得那个男人打算做什么?"詹姆斯问。

"绑架我。把我带到我父母找不到我的地方。"

"那发现那个石猫雕像在你身上,最让你感到害怕的是什么?"

"因为觉得很意外,不知道它为什么会在我身上,但别人一定会认为是我故意拿的。"

"这让你感到害怕?"

"我之所以会害怕是因为……"她专心地回答这个问题,整个额头皱起来,"因为……我离家出走,所以我才会骑着粗毛走在公路上。但一直到我摸到那个石猫雕像,我才记起是怎么一回事。我想回家,免得那个男人抓到我,但那时候我才想起来我是因为偷了石猫,所以才离家出走。"

"听起来是一个很复杂的梦,所有事情好像一下子全都凑到一起。你认为是你引起的,但事实上并非如此。它们只是碰巧发生?"

"对,是这样。"

"所以,接下来事情是怎样演变的?"詹姆斯问。

"我醒过来。"

"没有继续发展下去?车就只是跟在你后面?石猫雕像继续在你口袋里?"

"对,没有继续再发展下去,但我经常做这个梦,每次都哭着醒过来。昨天我醒来之后跑到康纳的房间里。"

"康纳醒着吗?"

摩根娜点点头:"他可能是被我的哭声吵醒了。但我进到房里时,发现他没有在'调整'他的电线。他只是把被子拉到脖子那里,定定地看着我。我说:'我很害怕,我做了一个噩梦,我可不可以跟你一起睡?'"

摩根娜停顿了一下,接着往下说:"最近康纳好多了,床上没有一些怪东西，所以，有时我害怕的时候会去找他。我不想找我妈，我怕如果那不是梦，石猫雕像真的在我身上怎么办。"

"我明白了。那康纳怎么做？"

"他要我不要怕，他有机器猫。我问他机器猫在哪里？他说在他身体里，我问他怎么办到的，是把伊尼斯医生游戏室那只猫吞进肚子里了吗？因为他那么说实在很怪异。"摩根娜笑出来，"如果康纳真的把你的纸板猫吞进肚子里，实在很好笑，是不是？"

詹姆斯微微一笑。

"但他告诉我，不是这样，他能听见它在唱歌。等我爬上床，他告诉我那首歌。其实不算是歌，因为没有旋律，但听到他念它的词，我觉得安心多了。"

"所以，昨天晚上你让康纳照顾你？"詹姆斯问。

摩根娜点点头："他跟我说：'我不怕你的梦，我有强壮的猫。'我回答他：'强壮的是你，康纳。'他也看着我说：'你也一样强壮。'"

决 裂

  那是十一月的清晨,天还灰蒙蒙的,必须打开车灯。我把车子开上高速公路,朝西边驶去。我就这样把波士顿、费加斯和我的医学学业抛在身后,再也没有回去过。

  "照顾那个等待肾脏移植的婴儿,情况和我想象的不同。"萝拉说,"他长得很可爱,有一双蓝色的大眼睛。体重八磅,和一般婴儿差不多,但他并不健康。他从来不哭,这是让我印象最深刻的一点。他只是躺在那里看着我。

  "我要负责喂他吃药,注意他使用肾脏透析器的状况,以及观察点滴瓶有没有正常运作。我还得喂他吃东西,替他换洗,清理所有仪器和装备。这些事情都忙完之后,我会坐在保温箱旁边一直看着他,然后再重复同样的照顾程序。

  "我开始产生疑问。每天待在那里八个钟头,反复地留意这些细节,很难让我忽视我们对他所做的一切。我们努力维持他的生命,只是要等待移植手术,而基本上又是成功率不高的手术。当我坐在保温箱旁边,我感觉得到他的痛苦。药物是要麻痹他的肌肉,防止他乱动。

"我不断想,我到底在这里干什么?为什么我要参与其中?我们是在伤害这个孩子,而且是在知情的状况下这么做。表面上我们在帮助他,但事实上,我们是在为自己。让他活着,好多学一些移植的技术。有一位专业人员甚至直言不讳地把它说出来。他说:'这是为了更多人的福祉。'我们用这个理由说服自己相信,让这个孩子受苦是对的。

"守在保温箱旁边,我不断想起托冈和她的社会。如果这个孩子出生在他们的社会,他可能出生三天后就会被带到圣地,结束生命。

"在我第一次知道托冈的社会如何对待生理残缺的新生儿时,我震惊莫名。那种做法和我浸淫的文化完全不同。但是,看到那个等待移植手术的婴儿靠那么多昂贵的维生器材存活着,我不免怀疑,我们的做法真的比托冈的社会好吗?

"这件事盘踞在我心头。和它相比,生活中其他的琐事显得无足轻重。

"我尝试让费加斯了解这个深深影响我的事件。它攸关一个人的生死,如果我无法在内心中取得平静,就无法继续善尽我的职责。但是,费加斯似乎就是无法理解我在讲什么。

"一天下午,我们待在公寓里,悠闲地躺在床上。我的心思又回到那个婴儿身上。我随口说:'托冈不会赞成我参与这件事情。'

"费加斯马上专注起来:'托冈告诉你,它是不对的?'

"'不是,我的意思是,因为对医学科学的发展有利,所以我们就认为这么做是对的。但这只是一种观点,对错并不是绝对的。托冈一定不会赞成我们让那个孩子受苦,因为在她的文化里,我们这么做是对孩子灵魂的不尊重。对他们来说,正当的做法应该是马上结束孩子的生命。"

"费加斯瞪着我:'你是说,托冈叫你杀死那个婴儿?'

"我气恼地说:'当然不是,托冈没有告诉过我任何一件事,这只是我自己反省后的感悟,我领悟到我们很难去决断别人的行为是对是错,也许我们从科学的角度所做的考虑,未必比从宗教的角度考虑要来得高明。'

"费加斯紧盯着我看:'托冈要你怎么做?她叫你杀死那个婴儿吗?'

"'你到底有没有在听我说话?她没有告诉我任何事情,费加斯,从来没有过。这些都是我自省后的感悟。'

"他用温柔甜蜜的语气说:'放轻松一点儿。'他把我揽过去,'我的女王,闭上眼睛,让心绪飘起来,离开这个尘世。'

"我闭上眼睛,深吸一口气,屏气,然后慢慢吐出来,觉得自己逐渐放松。我的脑中一片漆黑,像没有星光的夜晚。

"费加斯柔声问:'她叫你杀死婴儿吗?'

"我马上睁开眼睛,我本以为他只是单纯地想帮我放松,我们之间互动的模式一直都是如此,我忙于每日的琐事和医学院的课业与实习,他则协助我回归内心世界,放松我的心情。但听到他这么说,我马上明白过来,他所想的完全不是那么一回事。于是我说:'托冈没有告诉我任何一件事,我并没有跟她通灵,我告诉过你,我不再做这种事。'

"他露出不悦的眼神:'你不要这样玩弄我,你先说托冈叫你杀死

那个婴儿,然后又否认这件事。你总是这样,我知道你们之间有交流,所以请你跟我分享你们之间交流的经验。'

"'托冈绝对没有叫我杀死那个婴儿,明白吗?怎么可能有这种事情。'

"费加斯点点头:'好吧,但她有对你说些什么,是不是?萝拉,你不要隐瞒我,"声音"告诉我你有与灵界交流,"声音"不会说错。'

"'如果他们这样告诉你,恐怕他们这次是弄错了。'

"他露出迷惘的表情,就好像要不到糖果的小男孩。我心软地靠向他,'费加斯,我没有隐瞒你任何事情。来,让我们忘了这件事,给我一个吻。'

"费加斯猛然后退:'你不能放弃,你是被挑选的,你不能说自己不再与灵界交流就算了,"声音"命令你要与我分享托冈的智能。'

"我看着他,叹了一口气:'费加斯……'

"他突然捧住头,好像头痛欲裂的模样。

"我开始感到不安:'你还好吗?'

"'他们对我愈来愈没有耐心。'他以一种陌生而绝望的表情瞪着我,'你必须让我跟托冈谈话。'

"'我办不到。'

"'试一试!'

"'费加斯,我办不到,因为她不是真实的。'

"他继续捧着头,倒在床上:'拜托,拜托不要让那件事成真。'

"我张开手臂,想把他拉进怀里:'来,到我这里来。'

"但他不接受我的安慰,反而暴怒大叫:'把你的手拿开!'

"我吓了一跳,往后退了退。

"'婊子,你只想交媾。'

"'费加斯,我的意思不是……'

"'你不是我的女王,你是黑暗女王。'

"'费加斯!'

"'托冈是邪恶的,她不是光之存在者,她是黑暗女王的"声音"。'他的脸涨得通红。

"'你怎么了?平静下来,费加斯,你吓坏我了。'

"'那请她和你交流,把她带到这里来,证明她像你先前所说的那样,把她带到我面前。'

"'我办不到。我已经对你说过不下一百万次,根本没有托冈,那是骗人的,她只是我童年时想象出来的玩伴,拜托,请你理解这一点。'我说到这里,已经泪流不止。

"他抓住我:'你只想交媾,从我这里,你只想得到这种兽欲。'

"'费加斯,不!不是这样!'

"但他开始粗暴地拉扯我的衣服,我哀求他:'拜托,快住手,你弄痛我了,求求你,快住手。'

"但他已经完全失控,不再受理智约束了。

"我坐在浴盆里,一手拿着莲蓬头不断地冲水。半夜三点半,他一个钟头前离开。我身上没有任何外伤,但我觉得好像有虫子不断从身体里钻出来。

"大门外传来骚动声,我马上紧张起来。

"开锁的声音,门把手转动的声音,接着是大门推开来,却被链条卡住的声音。

"'萝拉?'我听到费加斯在门外大喊,语气不再粗暴,而是带着一丝不解,似乎他不明白为什么我会突然挂上链条。

"我悄悄打开浴室的门,但仍待在暗处,害怕得屏住气息。

"'萝拉?你在哪里?让我进去。'

"'走开。'我轻声地说。

"'萝拉,我很抱歉,我真的真的很抱歉,我回来就是要跟你说这个。我不知道自己怎么了,我不是故意要那么做。'

"'我不想再谈它了,我也不想再见你。你走吧。'

"'噢,萝拉,不要这样。'他露出痛苦的语气,'请原谅我,我不是有意的。请原谅我,这种事情再也不会发生,拜托,请让我进去。'

"我仍然待在阴暗的走廊上,身上裹着一条毛巾:'不,你走吧。'

"'萝拉,求求你,说你原谅我。'我听到他带着哭泣的声音。

"他把手伸进门缝里,试图要打开链条,从他手的高度,我推测他是跪在门外。他哀求我,'求求你,原谅我。'他开始啜泣。

"我也开始哭出来。

"'我的女王,请不要这样对待我。'

"但当我不回应,也不让他进来,他开始转而发怒。他用力踢门,大叫:'让我进去!'

"我吓得躲回浴室,把门锁上。

"'婊子!'他大叫,'让我进去!'

"可以想见,他这样大闹,把邻居都吵醒了。我听到左邻右舍打开大门的声音,并且有人叫他安静一点,不然就要叫警察。我暗暗祈祷他们真的那么做。

"他大概闹了一个钟头,最后,大门外安静下来。"

"我继续把自己反锁在浴室里,竖起耳朵听外面的一举一动。他走了吗?他会不会在停车场等我?我没有把表带进去,不知道自己到底在里面待了多久。等到我终于鼓起勇气从浴室里出来时,已经是早上七点半。整栋公寓开始有动静。我进到房间里,不理会地上凌乱的衣物,找了一件牛仔裤和运动衫穿上,然后到厨房窗口向下张望。从那里可以看到停车场的情况。我没有发现什么异常。然后,我鼓起勇气到大门口。我没有把链条先拿下来,而是拉开一道缝,向外张望。住在走廊那头的女孩凡妮斯正好从屋里出来。"

"'你没事吧?'她关切地问,'你的男朋友昨天好像有点失控?他喝醉了吗?'"

"我点点头。她关上大门出去。我回到屋里拿起钥匙和皮包,锁上公寓的大门,从侧门的楼梯下去,到停车场去。我先张望后座,确定没人,我才打开车门。一坐进车里,我马上锁上车门,然后发动引擎,把车开出停车场。那是十一月的清晨,天还灰蒙蒙的,必须打开车灯。我把车开上高速公路,朝西边驶去。我就这样把波士顿、费加斯和我的医学学业抛在身后,再也没有回去过。"

分　娩

孩子在半夜里出生，分娩的过程很顺利。洛奇把孩子抱给托冈看："一个男孩子，强壮又结实的男孩子，博那。看他的头发！像小牛一样杂乱。"

萝拉离开之后，詹姆斯把最后一章的手稿拿出来，开始阅读。

"我希望现在就能到圣地，和全能的大能者交流。这些东西必须给你背，因为我背负的已经够沉重了。"托冈把装食物的袋子交给洛奇。

那时是冬季，当她们到达小屋时，已近傍晚。

"看那些干草！"洛奇进到屋里时讶异地大叫，"一堆一堆的干草！这个小屋没人使用的时候，动物会跑进来吗？"

"不会。"

"我没有想到这个地方看起来还蛮舒适的。我本来以为这里又阴又冷，可是这里有干柴，壁炉也很干净。我要开始生火煮饭吗？或者你想今晚就到圣地去？"

托冈把厚重的长袍外套脱掉时，开始第一波的阵痛。她咬着牙，弯着腰，强忍着疼痛。

洛奇紧张起来。她马上把东西放下来，跑到托冈身边："我妈说不要硬忍着痛，那样会痛得更厉害。"她帮托冈把外套脱下来。

托冈等阵痛过去后，无力地坐在干草堆上。

女孩平常漫不经心的态度一扫而空。"噢，博那，我们该怎么办？"她焦虑地说，"但愿我们没有做这趟旅行，不然也不会有这个宝宝。"

"不对，在我们出发前我就已经怀孕了。这些干草就是我妹妹事先准备好的。我请你来，就是协助我生产，我相信你，因为你下面有几个兄弟，所以你应该多少有经验。"

"我？"洛奇叫出来，两手不知所措地捧着脸，"噢，天哪，我吗？我来接生？只有你和我两个人？在这个森林里？"

"生产，在工人阶级是一件简单的事情。你妈妈一定曾告诉过你，工人阶级的女人到生产的前一天都还要下田工作，生产后第二天照常回去工作。对他们而言，分娩就跟动物生产没两样。"

"博那，这个时候你就不要拿阶级的事来取笑我了。"

一阵沉默后，托冈说："我应该把我来这里的打算告诉你，让你自己做决定。如果你现在不想留下来，我也不勉强你。"

"我的意思不是要把你一个人留下来。"洛奇说，"我当然不会把你一个人留下来。我只是怕我帮不上忙。你应该找更能干的人来协助你。"

"有你就够了。如果我或宝宝在今晚离开这个世界，也不过是将迟早要发生的事情提前完成而已。"

孩子在半夜里出生,分娩的过程很顺利。洛奇把孩子抱给托冈看:"一个男孩子,强壮又结实的男孩子,博那。看他的头发!像小牛一样杂乱。"

割断脐带后,托冈把孩子抱在怀里。她轻轻用指头摸摸孩子的面颊、小手和生殖器。孩子嘤嘤出声,依偎着她,寻求奶头。

"来,神圣的博那,把大衣披上。天凉,你刚生产完,别着凉了。"

托冈根本没有听到洛奇在说什么,在那一刻,她全副的心思都在孩子身上。

洛奇跪在她身边:"你现在要我做什么?悄悄跟灵视者通报这件事吗?"

"不。"

女孩皱起眉头。

"不,我要待在这里,等到天亮之后再说。现在,这件事只有你我知道。"

"博那!博那!博那!"洛奇大叫。

托冈悠悠地醒转过来。

婴儿被洛奇的叫声吵醒,哭了出来。托冈抬起头张望四下,发现天已经亮了,阳光照在雪地上,显得更加刺眼。

"我看到一群战士,离这里还很远,但正朝这个方向过来。"洛奇说。

托冈把宝宝抱过来："你认得对方吗？是不是你父亲的部队？或是外族的战士？分辨得出来吗？"

"是我们的战士，但不是我父亲的队伍。距离太远，分辨不出他们外套的颜色。"

托冈深吸一口气："如果他们发现我们没有保护的卫队，会杀了我，把孩子带走。"她四下张望，"必须把我藏起来。"

"把你藏起来？难道我们不能赶到圣地去吗？"

"我生产时失血过多，他们的猎犬会跟着味道很快追上来。不成，你必须把我藏起来。快一点，不要让他们和猎犬进到小屋里。"

托冈站起来，走到屋子的角落："我会躺在这里，宝宝我会让他吃奶，这样他就不会哭闹。你把干草堆在我们身上。先把沾了血迹的干草堆上来，然后再堆干净的干草，这样就看不出这里原先有血。快一点，洛奇，照我的话做。"

来的大约有七八个战士，其中两个是安塞的兄弟，盖伦和麦葛伦。洛奇打开小屋的门，走到屋外去。

"啊，是马瑞克的女儿。"麦葛伦说。其他的战士也围了过来，他们的猎犬不安分地在四周打转。

"你为什么在这里？"盖伦问。

"我是博那的侍者。她想到圣地去，为将出生的婴儿向大能者祈福，但灵视者担心她一个人在深冬里跋涉这么远的路途，所以先派我来小屋生火，准备食物，以备不时之需。"

"听起来你好像有些不满，这个工作没趣吗？"盖伦说。

洛奇马上回答："是的，一点儿意思也没有，因为我是学徒中年纪最大的，才被派了这个苦差事。老实说，这里又冷又孤单，而且博那很少过来，即使来了，多半也是静默不语。她所想的都是大能者和将出生的婴儿。"

"我明白了。"盖伦说。

"她的产期快到了吗？"麦葛伦问。

"嗯，再过两星期，灵视者是这么说的。"

猎狗不断在四周绕来绕去。洛奇努力不去理会它们。她回过头来，发现盖伦紧盯着她瞧。

"我觉得你很紧张，你的表情泄露了你的情绪。"

"是天冷的关系。"洛奇回答。

"我认为不是这样。你刚才没有马上出来迎接我们，这不像一个战士女儿该有的行为。你父亲没教你吗？"盖伦说。

"我只是因为害怕。老实说，我是害怕。从远处看，我不知道你们的身份。我又是一个人在这里。"

"盖伦，收起你的剑，她不过是一个小女孩，会害怕是自然的。"

"你父亲也是战士，我们当然不会伤害你，你根本不必害怕。"盖伦说。

洛奇深吸一口气，点点头："我为自己的愚蠢道歉，但起初我不知道你们的身份，而我又到了不得不谨慎的年龄。"

盖伦终于露出笑容："没错，看得出来你快成年了。"他把剑收起来。

洛奇勉强挤出一丝笑意。

盖伦上下打量她一番："有六个兄弟，又是你父亲唯一的掌上明珠，可惜脸蛋生得不够漂亮，不然，我可能会亲自向你父亲提亲。"

"脸不好看，我的心好。"洛奇回答。

"是啊，我相信是如此。"然后他转头对其他人说："把狗叫回来，我们走吧。"

洛奇一直等到他们完全消失踪影才进到小屋里。她把木栓拉上，马上走到屋子的角落。

"博那？"她一边轻唤，一边把干草拨开，"你没事吧？"

托冈从干草堆里挣扎着坐起来，小婴儿在她怀里安详地睡着。

看到他们安然无恙，洛奇突然哭出来："对不起，但我忍不住要哭出来。我被他们吓死了。"

"你做得很好，你很勇敢。"托冈说，把女孩拉到怀中。

"我一点儿也不觉得自己勇敢，只觉得很害怕。"

托冈笑着说："但真正的勇敢就是这样。"

故事的终结

詹姆斯将手稿的最后一页合上。托冈的结局是赴死,她的高贵并没能拯救她的性命。她的死亡代表萝拉失去了长久以来内心支持的力量。

第三天清晨,托冈来到小屋外面。灰蒙蒙的天际隐约有一丝曙光。然后她返回屋内,把门关上,就着屋内昏暗的光线,走到角落去把孩子抱起来。

"今天早上我打算去圣地,为孩子向大能者祈福。"她对洛奇说,"孩子需要起一个名字,不能再一直拖下去。"

"你要给他取什么名字?"

"我要以大猫的名字路瑟为他命名,希望他具有大猫一般的力量。"

"灵视者会怎么想?这不是圣者的名字。"

"是没错,但这是以力量为名,他更需要的是力量。"然后她望着洛奇说："等我走之后,你能不能去找我妹妹?不要惊动到我父母。见到她之后,告诉她我儿子今天出生,目前还没有任何人知道这件事。跟她说,我希望见她一面,要她把女儿也带来,让我儿子跟有血缘关系的亲人见面。同时告诉她带一些食物过来,就说我们这里食物不够了,而我不敢派你回圣城,所以需要至少三天的粮食。"

洛奇露出迷惑的表情:"但你说的这些,很多都不是实情。"

"我知道,但要照我说的去做,不要自己增加任何内容。"

托冈还没有到山顶,就开始飘起雪来。她曾在冬季来过圣地许多次,但从来没有带过一个打算让他活着下山的宝宝。她把孩子紧紧绑在怀里,手脚并用地在雪地里往上爬。

她把举行命名仪式所需要的工具都带在身上,那是她唯一能带出圣城,不会引起灵视者怀疑的东西。到了圣地,她把鹿皮袋放在地上,然后把它打开来,把里面的用具,包括油膏、刀子和圣土一一摆放出来。

在她这么做的同时,雪愈下愈大。她暂停下来,抬头看着飘落的雪花,雪景的美丽令她赞叹。

在她解开孩子的衣物时,孩子因为寒冷哇哇大哭。她开始把圣土涂在孩子的脸上和身上。不能在亲友和朋友的见证下进行命名仪式,令她感到一丝悲哀。她再打开油膏,涂在孩子的额头、胸膛、生殖器和唇上,然后她把孩子高举在空中,献给大能者说:"我将这个孩子,大猫路瑟献给你。"

托冈带着孩子返回木屋时,洛奇已经回来,正在准备晚餐。洛奇把孩子接过去，将一碗汤递给托冈。

敲门声突然响起，两人互换惊恐的眼神，洛奇赶快把孩子藏在角落。

"是我，让我进来。"摩葛丽在门外喊。

洛奇把门栓拉开，让摩葛丽进来。

一阵雪花随着洞开的大门吹进来。"这么晚不会有人跟来。"摩葛丽边说边把大衣上的雪花抖掉。她怀里揣着孩子，背上背着食物。她把食篮放在地上："没有太多东西，只有面包和奶酪。"她抬头看一眼托冈，露出疑问的表情，"你看起来不像刚生产的样子，过程非常顺利是吗？"

"我三天前生产的。"

"噢，托冈。"摩葛丽露出失望的语气，"有必要骗我吗？"随即又关切地问："这是怎么一回事？只有你们两个？你孩子呢？他安然无恙吗？"

"他很好。"托冈把孩子抱过来。

摩葛丽把孩子接过去，"看看他，长得多壮！"她大叫，坐下来，把孩子放在大腿上仔细打量，"头发很浓密，但会转为红色吗？现在看起来很黑。眼睛的颜色跟你一样吗？小东西，睁开眼睛，让我好好看看你。"

"我想他不会照做。"托冈说。

"反正年纪这么小，也很难判断，小婴儿的眼睛多半是黑色的。"摩葛丽把孩子的衣物重新裹好，"你生了一个男孩，灵视者一定很高兴，还有她那些兄弟。也许你们之间终于可以取得和平。"

托冈把孩子抱回去:"有一件事安塞说的没错,他的族人早已堕落,无法与大能者交流。如果我是因为和安塞起口角,一时气愤之下杀了他,现在他们可能因为我怀了安塞的孩子而原谅我。盛怒下失去理智,这是人类会犯的错误,这他们能够理解。但令他们不安的是我神性的部分。当初他们让我接受大能者的召唤,我真的办到了,他们知道我神性的部分确实存在,这让他们容不下我。因为我证明大能者真的存在,可以通过召唤与大能者接触,更重要的是,大能者不在乎阶级和血统,只要能敞开心灵,有力量遵从大能者召唤的人,都会彰显出他的神性。就凭这一点,他们就不能让我活着。"

摩葛丽说:"安塞的兄弟是会想要报复,但还不至于想杀死你。而且长老会议已经做下决定,他们不能违反。如果他们杀了你,势必引起内战,他们不敢这么做。"

"他们敢,他们也会这么做,他们已经在心里这么做了。"

摩葛丽坐下来。

"而且他们会成功,因为我已经失去我的神性。"

"这是什么意思?"

托冈低下头看着怀里的孩子:"自从安塞死后,我的力量愈来愈微弱,我担心我的神性已经消失。"

"噢,托冈,不会的。"

"确实是如此,摩葛丽。我不知道原因。有时候我感觉神力仍然在我体内。但现在,他很少和我说话,我不希望像安塞和他的族人那样,在大能者的声音消失后,以自己的意思伪装为神旨……"

屋内陷入沉默。

托冈看着怀里的婴儿:"我担心的是这个孩子。没错,如果我一死,也许会引发内战。这个孩子父亲是贵族,母亲是工人,两方都会有人不希望这个孩子活下来。要让一个婴儿死掉是多么容易的事情……"

托冈抬起头:"洛奇,帮我把装圣物的袋子拿过来。"

托冈接过袋子后,把举行仪式要用的用具全都拿出来,最后才掏出一只小袋子:"来,摩葛丽,你帮我把它打开,我一只手不方便。"

摩葛丽打开袋子,把里面的东西倒出来。她惊讶地说:"是金子,这是从哪里来的?我从来没有见过这么多金子。"

"我把我的首饰熔掉,因为我应该用不到它们了。"

摩葛丽以忧虑的神情望着她:"看起来你都计划好了……这让我感到不安。"

"我要把我儿子的生命托付给你……"

"噢,托冈,不行——"

"明天一早就带着我的儿子出发,到大猫族的领地。他最后一次来造访的时候,看得出来他是个有智慧且有仁心的国王。虽然他们不祭拜大能者,但他对大能者存有推崇之心。而且他是有实力的国王。告诉他我生了重病,把金子交给他,请他代为抚养这个孩子。"

"不,我不能这么做!"

"请他把路瑟教导成一个真正的男子汉,直到他长大成人,能取回他的权力为止。他应该不会拒绝,因为他和他的太太一直没有孩子,上一次他来访,就是希望我能协助他们得子。如果他们已经有了孩子,为了报恩,他们会收容路瑟,如果没有,他们会把路瑟当成自己的孩子来抚养,再不济,看到这一大笔金子的份上,他们也不会拒绝。"

"噢，托冈——"

"拜托，摩葛丽，请为我做这件事。我已经失去灵视的能力，但我在梦中得到预兆，我看到他长大成人，成为一名国王。但如果留在这里，很快就性命不保。"

"如果是这样，你何不自己带着他赶紧逃走，亲手抚养他长大。"

"我当然希望能这么做，我也考虑了很久，但知道这是行不通的。如果我也去，大猫族的国王势必得拒绝我。我眼睛的颜色一下子就会泄露我的身份。他们不会为了我，和另外一族大动干戈。但孩子就不同了，看起来都差不多，而你可以乔装成到处卖东西的小贩。"

"更重要的是，没有人知道孩子出生的事。我可以回圣城谎称还要再等几个星期孩子才能出生。头一胎延迟分娩本也是常有的事。这样可以给你争取一些时间。之后，我可以跟他们说生的是个女孩，或者一出生就让我结束了生命，因为我不希望孩子被他们带走。"

"那他们会杀了你。"

"摩葛丽，他们反正都会这么做。"

摩葛丽眼眶蓄满泪水，低下头来。

"恐怕我还有一件事要拜托你。"

"说吧。"

"等你到了那里，请留下来照顾他。我不是以博那，而是以姐姐的身份请求你。一旦他们猜到是你协助的，一定不会放过你。而且，我希望孩子身边能有一个教母，像我爱护他那样细心照顾他。所以，求求你，请你到时候留下来照顾他。"

摩葛丽低下头,最后点点头说:"好吧。"

"博那。"

小屋里一片漆黑,托冈翻个身,将被褥拉紧。

"博那?"

"哎,洛奇,我醒了。"托冈低声说。

"我睡不着。"女孩说。

"我也睡不着。"

"整夜我一直在想事情。"

"来,洛奇,钻进我被子里,我不想吵醒我妹妹。你太冷了,暖和一点你就能睡着了。"

"不是这样。"女孩说,但还是钻进托冈的被子里。

"我决定了,我要跟她一起出发。"

"不成,洛奇。"

"博那,这件事我已经反复思考过了。你妹妹一个人带两个孩子太辛苦,雪这么大,那样会拖慢他们行进的速度。如果有我同行,我可以照顾路瑟,她只要照顾她自己的孩子。"

"不行,洛奇。"

"她带着两个孩子会引起旁人怀疑。他们两个看起来不像双胞胎,年龄又太近,不太可能是一母所生。如果我同行,我可以说路瑟是我的孩子,我是未婚生子,才被族人赶出来的。"

"这样你牺牲太大。"

"我想这么做。"洛奇说。

"谢谢你这么勇敢，但我们还是要想得实际一点。你是贵族，你失踪的话，族人一定会寻找你，但摩葛丽就不同。所以，她单独一个人走比较安全。"

"这一点我也想过了。"洛奇说，"我希望你告诉我的族人我已经死了。告诉他们我在森林里等你回来时，被大猫吃了，不见尸首，只留下衣物。"

"你待在我身边太久，学会说谎了。"

黑暗里传来洛奇的笑声："不，这是我自己想出来的。而且，也不完全算谎言，路瑟的名字原意就是大猫，我是被爱他的心所吞噬。"

"不，洛奇，你还太年轻，大好的前程等在前面，不应该做这么大的牺牲。"

"博那，我对这里已经毫不留恋。知道工人阶级的孩子们过着什么样的生活后，我根本不想嫁给一个贵族，自己过着优越的日子。我更不想眼睁睁在这里，看着你被他们杀死。如果你走了，我的生活也变得毫无意义。我宁可随着路瑟，等他将来长大成人，再回来领导我们的族人。"

托冈在黑暗中摸索，最后轻轻抚摸女孩的脸："好吧，如果你想这样做，就照着你的心意去做吧。"

第二天一大早，一行人在沉默中准备出发。托冈抱着孩子久久不忍放手，最后还是把他绑在洛奇身上。

"托冈，代我向父亲、母亲辞行。"

"我会的。"

"你要亲自跟他们说。别忘了，你失去一个孩子，他们失去的是两个孩子，再加上他们的外孙。"

"我知道，我会亲自跟他们说明一切。"

最后，托冈在和妹妹及洛奇道珍重声中，依依不舍地目送她们离去。

詹姆斯将手稿的最后一页合上。托冈的结局是赴死，她的高贵并没能拯救她的性命。她的死亡代表萝拉失去了长久以来内心支持的力量。他看着手稿，反观自己的心境：托冈只存在于这手稿中，所有起伏的情节都只是故事，而他和萝拉同时体验到现实中不同的经验。但是，他仍然有一种失落感。仔细想一想，这真是一件怪异的事情：为什么他会为一个不真实的角色死亡而感到失落？

图画故事

> 他在第三个格子里画了另一个男人。这一张画则让人觉得毛骨悚然。他在那个男人嘴角和身体的伤口上画上血。那个男人还是站着,但身侧插了一把刀,脖子上也插了一把刀。

"我和费加斯的关系就此画上了句点。"萝拉说,"我没有完成医学院的学业。正如同费加斯所说,我没有当成医生,而是离开波士顿,回到这里,在那个十一月的清晨。松岭急救站那时刚好需要一名助理,我就接下那份工作,逐渐让生活步上轨道。

"最初几星期的情况很糟。我没有陷入之前的忧郁,取而代之的是焦虑。我很怕费加斯找到我。如果他真有什么特殊的能力,大概就是他随时能掌握我行踪的能力吧。我变得疑神疑鬼,每个暗处似乎都能看到他的影子。我因此开始失眠,整夜不安地躺在床上。到了早上,我也一直处在紧绷状态下,无法专注在任何事情上。

"唯一能帮助我抒发情绪的是大量的运动。保留区位于恶地南方，所以我一有时间就健行。恶地非常适合健行。它的宽广让我觉得安全，它的荒凉感，尤其在冬季，特别适合我的心境。我总是独自一个人去健行。我父亲和玛丽安非常担心，深怕我落到山谷里，或陷入什么险境。老实说，我倒欢迎真发生什么不测，这样就可以结束我的焦虑。在长时间的健行中，我的大脑彻底放空，那种感觉非常好，非常具有治疗效果。

"大约是我回到家数个星期后的周末，我花了一整天的时间健行。天气非常恶劣，回到家时，我衣服都湿透了，面颊被风吹得红通通，手指、脚趾都冻僵了。我自己煮了一顿饭，并且倒了一杯红酒。我想放点音乐来听，就走进客厅里，放了一张圣桑的《羔羊颂》。

"我拿着酒坐下来，全身放松地聆听音乐。那卷带子我听过无数回，突然……我置身在托冈的森林里，就像我小时候第一次经历时那样清晰。在我完全放弃希望时，我又再度经历到它。

"托冈独自在那座小屋里。洛奇和摩葛丽已经带着她的儿子离开。她目送到完全看不到她们的身影，才转身进屋，把门关上。"

萝拉无意识地抬起一只手，好像在指挥似的舞动：《羔羊颂》缓慢的旋律奏起……我听见音乐声。我是说，在我看见托冈的同时，我仍然听得见那旋律。音乐好像和我脑海中的画面融为一体。也许我没有如我所想的那样进入托冈的世界，因为我清楚地意识到音乐。

"在那座孤单的小屋里，《羔羊颂》和屋里的冷寂同时并存着。托冈正在收拾她少量的行李，准备回圣城。她知道自己要回去面对死亡，而且是在完全没有支持的情况下。没有洛奇，没有她妹妹，没有她的孩子……而且……在那一刻我突然明白，她也没有我的支援。"

萝拉看着詹姆斯："因为，我就是那个大能者，不是吗？"

詹姆斯看着她。

"我是说，到现在你应该明白了吧？托冈启发了我的能力，反之，我也启发了她。她因为从想象中汲取了我的世界，所以得到更大的视野。"萝拉眼眶开始溢出泪水，"之后，她失去了她的视野，因为我遗弃了她。"

"这是很有趣的解释。"詹姆斯说，"但用遗弃这个字眼似乎太强烈。"

"不，一点也不会。我选择遗弃她，因为我想要……"萝拉停顿片刻，擦擦泪水，"因为我想过一般人的生活，拥有一般人所拥有的东西。"

"你是说你要为托冈的命运负责？"詹姆斯问，这复杂的心理令他感到好奇。

萝拉皱起眉头："你能明白我在说什么吗？能看出这两者的不同吗？一个是在我童年时出现在我生活中的托冈，一个是被转为我自我延伸的那个托冈？"

詹姆斯点点头。

"费加斯总是说每个人有注定的天命。我老是听这些论调，但从来没有真正放在心上，没有体会到我已经找到自己的天命。我不需要费加斯的灵视来帮助我认识它。"萝拉大大吐了一口气。

"我本来可以遵循天命，做一个了不起的医生，到世界某个角落为人服务。人们也许会说我受到了天启或是听到了上帝的声音。因为在这个世上的确有上帝的声音，或者你要用别的名字称呼它都好，但如果你听到了，你必定是有特殊的天赋。"

萝拉停了下来，詹姆斯从她的沉默中感受到一种防卫的态度。"但实际上，我们很少有人能成为特蕾莎修女或马丁·路德神父。也就是说，不是得到天启，就能成就大事。七岁那年，从在那个仲夏之夜和托冈相遇的那一刻起，她便要求我付出全部，我的时间、我的专注、我的社交生活、我的教育、我的事业。为了满足她，我不能有朋友、家人。除了她，我没有任何东西。这对我来说，是太沉重的负担，我没有那么高贵的情操去追随着她。

"所以……我抛弃了她，让她独自回到她的世界，而我去追求自己的生活。我把我的天赋用在书写上，我的故事带给许多人乐趣，或许也带给他们某种洞识和启发，我常这样自我安慰。我是一个个性正直的人，总想事事都做对。但我已经厌倦那种好像有什么事情没做的感觉。我现在的想法是，圣杯虽然曾经递到我面前，但它不属于我，所以，我只是将它一饮而尽，然后将杯子递给别人。"

"这里有一个故事。"康纳把一大张图画纸拿出来，放在桌子上，"看起来好像没有东西，但其实有一个故事在里面，你看见了吗？"他问詹姆斯。

"我看到一张白纸。"

康纳把纸拿过去，向詹姆斯借了一支笔，然后坐下来。

"你很快就会看到故事，因为我要在上面画图，等到明天你再看到这张纸，就会看到那个故事了。"他低下头，开始在纸上画一条长长的线。

"今天早上，我躺在床上的时候想到这个。"他一边说一边继续画，"我想，明天故事就会出现在图画上。是不是它一直都在纸上？是不是因为我们的眼睛是在今天而不是在明天看这张纸，所以我们才看不到它？"

"这是一个很深奥的想法。"詹姆斯说。

"我想到很多深奥的想法。"

"我注意到了。"

"明天被藏起来了。我的故事在我画下来之前也被藏起来了。这个世界上很多东西都被藏起来了。"他画下许多笔直的线条，把图画纸分隔成许多小方块，"我的机器猫也被藏起来了。没有人看得到它，因为它在这里。"他敲敲胸膛。

"你知道你身体里面有某种强壮的力量。"詹姆斯说。

康纳点点头："没错，我听到它在唱歌。我母亲听不到。她说：'康纳，穿上袜子，我们要出发了。'我说：'机器猫在唱歌。'她说：'别说傻话了，我们快来不及了。'"他抬起头看着詹姆斯，"但是机器猫什么都知道，什么都隐瞒不了它。"

詹姆斯注视着他。

"机器猫可以看到所有东西。它可以看到藏在纸里面的故事。它可以看到明天。它可以看到我们家里的鬼。"

"那个在地毯下的男人？"

康纳没有回答。他把纸张画上一格一格的方块后，移到画纸的左上角:"我要画一个关于藏在地毯下的男人的故事,然后你就知道要找什么了。"

康纳开始专心地画。他画了一个躺着的人,人形的轮廓周围有许多细小的线条。他接着在隔壁的方格子里画了一个站着的人,有一双睁开的大眼睛,面无表情,穿着长裤和朴素的衬衫。不是很特殊的画作,只是孩子们典型的画法。

他在第三个格子里画了另一个男人。这一张画则让人觉得毛骨悚然。他在那个男人嘴角和身体的伤口上画上血。那个男人还是站着,但身侧插了一把刀,脖子上也插了一把刀。

"故事的顺序不是这样。"康纳一边若有所思地说,一边打量自己的画,"这就像是医生会给你的测试,你必须自己找出故事的顺序。"

他接着画另一张。在下一个格子里画了一张床,床上一个小孩躺在那里,盖着被子,分辨不出性别。他没有睡觉,而是睁大着眼睛。康纳停下来打量这张画,然后比之前更为专注地补充许多细节,例如:画上踏垫、玩具货车和玩具小马。他替床上的孩子加上头发,替被子加上花纹,然后他开始画身体。"这一部分你看不到,因为藏在被子下面。但是机器猫看得到,什么都躲不过机器猫的眼睛。"康纳一边画一边说,还画上裤子和生殖器。原来是个男孩,侧躺着,而且正在尿床。

"现在是这个……"康纳接着画下一张。他开始画一个男人,有一点像第一个格子里躺在地上的那个男人。他在男人身上画了一道线:"这是地毯。我不知道要怎么画才像从旁边看到的样子。然后是男孩到楼下去,悄悄地,像一只小老鼠,因为他尿床了。你看到上一张图了吗?"他指着上一格。

康纳停下来，浏览先前每一格里的画，然后放下笔，看着詹姆斯说："这是我的梦。"

"这些都是你梦到的？"

"对，梦到很多次。每次我睡着，我就梦到它。当我醒来，我也梦到它。甚至我不做梦时，它还是在。但没有人知道这件事，它是被藏起来的东西。"

再一次的停顿，深沉而温和的沉默。

康纳终于抬头看詹姆斯："我现在在听机器猫唱歌。它的声音唱得比这个梦大声。它这样唱：'滋滋，金属毛，永不哭，永不死。'"

詹姆斯微笑："它的歌声把梦赶跑了。"

"对。"

另一次停顿。

"在这里，男孩很安全。"

"对。"詹姆斯说。

康纳低下头，在另一个方格里画了一个小孩，站在桌子旁边。"这是这个房间，这是男人的桌子，明白吗？就在这里，就是这张桌子。"康纳拍拍桌子，"男孩站在它旁边。他对自己说，这里没有鬼。"

康纳接着画下去，全神贯注地画："在男孩的身体里有机器猫，你看到了吗？我把它画下来，这样它就不会被藏起来。你看到了吗？"

康纳在那个站在桌旁的男孩身体里画了一只猫，它采取坐姿，竖起耳朵，眼睛看着前方，带着笑容。

康纳接着在男孩的头、手和脚上都画上许多细线，连接到机器猫身上。

"我需要着色。"康纳站起来,把马克笔和蜡笔拿过去,把机器猫的身体涂黑,脸孔画上白色,再涂上粉红色的鼻子。眼睛是绿色的,白色的脚掌上画上细细的爪子。至于男孩,他完全不上色。

"我要把这个剪下来。硬纸板在哪里?我要把它贴在纸板上,好好保存。我要硬纸板。"他再次从座位上站起来,不等詹姆斯回应,径自到架子那里翻找,最后找到一张硬纸板。他回到座位上,把那张画剪下来,贴上去,然后再剪下来。

康纳对自己的成果很满意:"看!我的机器猫。"他又跑向架子,把装在盒子里那只纸板猫找出来,"看!我的和你的机器猫。我要去找一块黏土,这样我的猫也能站起来。我的和你的机器猫!我要把这个带回家!这一只属于我的。"

"没错,你做了自己的机器猫,对不对?真是好点子。"

"对,我自己做的,所以我可以把它带走。"康纳露出开心的笑容。

他靠在桌子上,欣赏自己的作品,但随即注意力转移到刚才未完成的画上:"我还没有把它画完。"他拿起缺了一块的图画纸,"我应该再画一张。我没有把整个梦画完。"但他并没有尝试再动笔。

"可以告诉我,你还没有画的部分是什么吗?"詹姆斯问。

"我没有画她站在楼梯上,要画一个楼梯。"他摸一摸图画纸上被裁掉的部分,"她说,不要下来。"康纳看着其他格的画,"她说,你是个坏男孩,你不应该下床。她要玩我的手指画。她没有先征求我的同意。但我要尿尿。我心想,我必须下床去尿尿,我自己没有办法把裤子脱掉。但是她在哭。她没有问我,就用我的手指画颜料。她大声说,你是坏男孩!你是坏男孩!你是坏男孩!因为你跑下楼。所以,男孩又回楼上去。像狐狸一样很快跑上楼去，钻进被子里。她大叫，男孩也大叫，大叫并且大哭。强壮的爸爸到哪里去了？他要他爸爸，但爸爸不在那里，机器猫也不在那里，没有人在那里，所以男孩尿到床上。"

康纳指着画里躺在床上的男孩："事情就是这样。一个很坏的梦。一个我不断做的梦。"

"听起来确实很吓人，"詹姆斯说，"我现在可以了解为什么你这么害怕。"

康纳把两只手盖在眼睛上："我不谈它。我把嘴巴封起来。"他做了一个封口的手势，"她说，不要说这件事，它不是真的，只是一个梦。如果你不理会它，它就会过去。你以为是真的，其实不是。她这么说。"

他紧紧捂着眼睛，身体前后晃动。

"谁对你这么说的？"詹姆斯问。

"妈咪。她说那不是真的，你只是在梦里听到它。"

"其他这些图画？"詹姆斯问，指着最后一幅男人躺在地毯下的图，"跟我说说这一张好吗？"

康纳放下剪下来的纸板："它也是梦。它们都是梦里的一部分。但这一张是安静的部分。没有人，只有鬼人。妈咪不在这里。爸比也不在这里。没有人跑下走廊。男孩心想，这个房间看起来不一样。他心想，那一大捆东西是什么？所以他走过去把地毯揭开来，然后他看到鬼人！男孩非常害怕。他跑走，就像这样。"康纳两根手指头在桌面上快速移动，"他跑得非常快，因为他知道鬼人快抓到他了，就像以前一样。"

"鬼人以前抓到过你？"詹姆斯问，把"他"换成"你"，协助康纳做更清楚的表达，"那是什么时候的事？"

"在走廊。"康纳说，好像这样说很合理。

"什么时候发生的？"

"妈咪说，我们今晚要到月球去，鬼人要跟我们一起去，我们要坐火箭。"

詹姆斯听得一头雾水，但没有试图去澄清。

"火箭降落的地方有三棵树，"康纳说，"一棵，两棵，三棵。他会算数。没有人教过他，但他会算数。他算出有三棵树。"

康纳拿起图画纸看了半天，突然把纸撕掉，撕成碎片。

"你不想保留这张有关梦的画。"詹姆斯轻声地问。

"不想，现在它又要被藏起来了。"他用力把纸片都扫到地上，"你要把嘴巴闭起来，永远不要说这件事。"

康纳低下头靠着桌子："我很累，我觉得不舒服，不想再说话。"

詹姆斯点点头："没关系，在这里，由你决定。"

"在这里，由你决定，你永远都这么说。"康纳对詹姆斯露出虚弱的笑容，"我决定了，梦已经离开了，我决定它已经离开了。"

何为真实？

艾伦离开后，詹姆斯站在窗户前面，内心感到无比震惊。他将手插在口袋里，望着窗外的平原。因为过度震惊，好一会儿，他的脑中一片空白。

萝拉不是欺骗他，就是欺骗了艾伦。一种被出卖的感觉自他心中升起。

詹姆斯最初接受的是弗洛伊德精神分析学派的训练，后来他在曼哈顿执业，也几乎完全使用精神分析学派的观点和方法。在精神分析学派的领域里，所有的精神症状都是压抑在潜意识里的欲望的外在表现，而在精神分析师的引导下，个案的自觉逐渐加深，那些焦虑和转化的表现便逐渐被揭发出来。

詹姆斯发现自己很难抛弃多年来的训练，在会谈时自然而然就采取被动聆听的姿态，让个案主导谈话的方向，他并不积极做阐释的工作。个案多半会意识到他这种风格，而有良好的反应。别的精神科医生办不到的事情，常因为他这种作风，而产生意料不到的结果。

詹姆斯也非常清楚，有情绪困扰的孩子，心理状态通常都非常不稳定。孩子有想象力、会做梦，也会误解事情。对令人困扰的梦境和想象，或对孩子捏造的故事进行积极的诠释，对他而言，仍然具有很大的吸引力。但是，他绝对不能让另一个亚当事件重演。

所以，他要如何诠释康纳的对话？詹姆斯确定在康纳两三岁时，发生了一件事情，它深深冲击着男孩。它是一个真实的事件吗？它是不是真的牵涉到命案？红色的手指画颜料代表鲜血吗？鬼人和地毯下的男人是同一个人吗？他是真人吗？康纳是一个很聪明的孩子，他的理解力可能远超过大人认为他可能具有的程度。但他年纪很小，又很敏感。这些因素加起来，会影响他诠释的正确性。他是透过一个焦虑而经验有限的幼童眼睛在看这件事情。

它也可能只是一个具象征性的故事。若依照精神分析学派的观点，"男人"可能代表艾伦，基于弗洛伊德的伊底帕斯情结，康纳想杀死他的父亲，独占母亲的关爱。"地毯下的鬼"则代表康纳的罪恶感。也许艾伦在康纳被迫要送去日托的同时，无意间让萝拉怀孕，使康纳产生过多的情绪。也或许他曾撞见艾伦和萝拉行房，这在弗洛伊德学派中是孩子典型的创伤体验。也许他觉得摩根娜使他和母亲的关系更为疏远。

当然，康纳的问题可能同时结合了两者，一个是他无法清楚记忆的"梦境"，一个是象征性的心理事件。至于像火箭和月球旅行，在得到更多的讯息之前，詹姆斯不想妄作臆测。

最后，詹姆斯决定再次询问艾伦，看能不能从成人的角度搜集到更多资料。

"真的很感谢你能抽空来一趟。"詹姆斯等艾伦坐定后说。

"我很乐意帮忙。"艾伦把帽子摘掉,用手梳理了一下头发,"你让康纳改变之大,我实在无法描述。他现在自己能去家教班上课。在九月时,如果谁告诉我说康纳能自己去什么地方,我绝对不会相信。"

詹姆斯微笑:"康纳能进步,我也很高兴。不过,这次我请你来,是想再次了解康纳开始不对劲的时候,在那段时间到底发生了哪些事情?康纳现在的表达力愈来愈好,我却愈来愈困惑,因为他说了许多事情,我却无法把它们拼凑起来。"

"是的,我可以想象得到。"艾伦说。

"有些对孩子冲击很大的事情,对大人来说也许微不足道,但因为孩子的思考方式相当以自我为中心,也许和他无关的事情,他会误以为是自己造成的。有时候有些事情根本没有发生过,孩子常会产生错误的记忆,周遭的人说的话,或者梦境或电视节目的情节,都可能编入到他们的记忆中。"

詹姆斯停顿片刻后,说:"这就是我现在面临的问题。为了能帮助康纳,我必须了解当时到底是什么事情影响到他,但他又无法清楚地告诉我这一点。"

艾伦想了一会儿:"我觉得能告诉你的,我都说了。那段时间很混乱,农场的财务危机,萝拉意外怀孕,康纳被诊断有自闭症……"

"这应该是更后面的事情。"詹姆斯说,"而且,康纳绝对不是自闭症,我相信其他专家也会同意我的看法。他是在创伤经历之后产生了退缩反应，所以那个事件应该是发生在他被诊断为自闭症之前的事。你说，在他两岁前，发育都很正常，四岁，他被诊断得了自闭症，所以，事情应该是发生在他两岁到四岁这段时间里。"

艾伦再次思索，最后慢慢地摇摇头。

"你记得什么事情跟血有关系？大量的血？跟萝拉也有关系？"詹姆斯问。

艾伦挑起眉尖："这个问题听起来有些吓人。"他停了一下，"我唯一能想到的就是流产。"

詹姆斯点点头："你还记得别的吗？和萝拉有关的？"

"坦白说，经常留她一个人在家，我觉得很对不起她。现在我终于体会到这对家庭造成的影响。我不常在家，不但因此不清楚家里的状况，而且，萝拉得一个人扛起所有责任，对她来说这是相当大的重担。她当时确实抱怨过，但我忙着要拯救农场，根本无暇顾她。"

"是的，我能体会。"詹姆斯说。

"在那段时间发生的不寻常事件，我现在唯一能想到的就是那个疯狂的书迷，那个不断来纠缠萝拉的人。我不曾真正见过他，但如果康纳有见过的话——对他来说，应该会是相当可怕的经历……"

"你记得那个人的名字吗？"詹姆斯问。

艾伦靠向椅背，陷入思索中。风拍打着百叶窗，发出啪啪的声响。

艾伦最后摇摇头："没办法，我想不起来。"

"是不是叫费加斯这一类的名字？听起来耳熟吗？"

艾伦摇头："没听过。为什么这么问？难道我应该认识某个叫费加斯的人吗？"

詹姆斯耸耸肩："这只是我的一个猜测。因为萝拉以前在波士顿的时候，认识一个叫费加斯的人。"

"波士顿？"

"是啊，她在那里读医学院。"詹姆斯说。

艾伦露出迷惑的表情："波士顿？她不是在波士顿读医学院，她是在明尼亚波利斯的明尼苏达大学读的。"

"什么？"

"就我所知，萝拉从来没有去过波士顿。"艾伦说。

艾伦离开后，詹姆斯站在窗户前面，内心感到无比震惊。他将手插在口袋里，望着窗外的平原。因为过度震惊，好一会儿，他的脑中一片空白。

怎么可能不是波士顿？

也许艾伦弄错了。不过，萝拉不是欺骗他，就是欺骗了艾伦。一种被出卖的感觉自他心中升起。

萝拉运用她善于说故事的才能，轻易地蛊惑了他。在聆听的过程中，他渐渐不再质疑、不再发问，因为他不希望打断她的故事。

不过，真正蛊惑住他的不是萝拉，而是托冈。在会谈区里，萝拉陈述的内容除了她个人的经历，即使又掺杂非现实的故事，但还是在一般治疗性会谈的领域中。真正使他的治疗情境发生转变的是托冈的故事。

由于加入了托冈的故事，萝拉的想象力不再局限于每星期两小时的会谈时间里。即使詹姆斯下了班，它也如影随形地跟着他，啃蚀着他，并且伴他入眠。在他阅读手稿的同时，他的心绪与萝拉同步，他们一起创造了一个新的现实世界。詹姆斯最初只是想通过托冈的故事更加了解萝拉，但当他愈来愈被故事的情节吸引时，他不再是客观的旁观者，反而成为萝拉想象世界的参与者，他创造了一个他自己的托冈，同时，也创造了一个他自己想象中的萝拉。

噩梦重返

"我叫他不要碰宝宝,但他把康纳抱起来。不是像一般人那样抱婴儿,而是像这样——"萝拉示范两只手伸出来托着某样东西的姿态,"费加斯说:'这本来可以是我们的儿子。你要逃避就尽管逃避吧,我的女王。'他把两手一松,转身就走。"

"我知道之前的会谈,我都由你自己决定会谈的方向。"詹姆斯等萝拉在会谈区坐定后说,"不过,身为一名专业者,为了维持平衡,有时候我也要引导方向。这是我的工作,也是治疗关系和一般关系不同的地方。"

萝拉露出一丝警戒的神情。

"所以,有几件事情必须要澄清一下。"

"别吓唬我,好不好?"萝拉说,带着一丝忧虑的口吻。

"我吓到你了?"詹姆斯问。

"是的。"她迟疑了一会儿，盯着放在大腿上的两手，"因为我开始信任你了。我在这里坦承一切，这些都是我很难对其他人说的事。"

"你信任吗？"詹姆斯带着一丝讽刺的语气，"你坦承一切？"

"是的。"

"有关波士顿的事也是事实？"詹姆斯反问。

萝拉迅速抬眼看他。她并没有露出詹姆斯期待会见到的惊讶表情，而只是一丝意外，接着是更多担忧的神情。

"萝拉，波士顿不是事实，你从来没有在波士顿读过书。"

"波士顿不是真的，只是地理位置上的不实。不，不是波士顿，但我说的内容是真实的。每一个我告诉你的经历都是真的。"

"但不是发生在波士顿？"他说。

"不是，不是发生在波士顿。"她无力地说。

詹姆斯看着她。

"城市的名字并不重要，我们不是讨论度假地点，也不是在讨论餐厅。"

"问题是，你并没有用某种比较笼统的说法，例如说东部之类，却精确地说是波士顿。"詹姆斯说。

"那不重要，我只是想找一个地名，又不想说出真正的地点。詹姆斯，我不是默默无名的人，我享有相当的知名度。而且我告诉你的是相当私密——而且令人尴尬的过去。事发的地点，很多人可能都还记得我曾做过灵媒，或更糟的是，视我为费加斯的新世纪女王。"

"好吧，我可以理解你想保留你的隐私，但难道你不明白这么做的后果？我怎么能不再质疑你所说的每一件事？"詹姆斯反问。

"但我对你说的都是事实。地点只是故事中无关紧要的细节。"

"没错,故事。我觉得这个字眼就是关键,萝拉。"詹姆斯轻声说,"我们必须澄清'故事'这个概念,我想这是导致目前这一切状况的原因。当我们说事件时,它是真的发生的事情,而不是故事,它是由许多不可置换的因素所组合起来的。波士顿就是波士顿,巴黎就是巴黎,东京就是东京。不会有人把它们混为一谈。"

"我对世界的了解并不是如此刻板。"萝拉平静地说,"我从托冈的经验中学到一件事,围绕着我们四周,被我们视为真实的东西,就跟托冈一样不真实。因为我们能看到、听到或在地图上确定某个地点,那样事物就显得比较真实。我们没有办法脱离自身去证实某样东西的存在。因为我能看到并且感觉到这张桌子,所以它对我来说是存在的,它便是'真实的'。但是对从来没有见过桌子的澳洲土著,根本没有桌子这种东西的存在。如果他知道这种东西,也只是存在于他的想象中。所以,我们怎么知道桌子是真实的?我知道托冈的世界,在我的心里,我看到它,感知到它,所以对我来说,它是存在的。你不曾感知到托冈的世界,所以那个地方对你来说就不是真的。但如果我把故事写下来,你读了它们,很快你也能看到它,感知到它。我们怎么知道它是真的?因为我们两个都感知到它。你依照我的描述感知波士顿,但这个波士顿和你亲自去造访后,所经历的波士顿一定不相同。"

"你的想法非常有趣,但和一般的观点相去甚远。而且你忘了一件事情,当我们告诉别人某件事情时,它涉及的不单只是你自己的感知,还有对方的感知。不过,对我来说,当我发现你所说的地点不正确时,我开始怀疑故事里还有多少属于'有弹性的事实'。例如，我会怀疑你是不是真的和艾利斯交往过？真的有星期二团体吗？费加斯呢？你真的像自己描述的那样吗？或者，就像你创造了托冈，你也创造了费加斯这样的一个人？"

"不！天哪，不是那样！"她睁大眼睛，"我绝对没有捏造他。我怎么可能捏造出像他这样的人！"

"但你刚才也说了，我因为感知到托冈的世界，所以它就存在，难道你不是因为感知到费加斯，所以他也就因此存在了吗？"

"我怎么可能创造这样的人？我怎么可能在自己身上加诸这样恐怖的事情？费加斯是魔鬼，詹姆斯，他想毁掉对我来说一切美好的事物。"

"有时候，发生某些难以处理的重大事件，我们只好把它放置在心灵的某个角落里，好继续平静地生活。当我们这么做时，这些事情有时候反而发展出它们自己的性格。它们是我们的一部分，但是是我们难以应付的那部分。萝拉，我并非在责备你，这没有对错，我不是想让你感到自责。那只是一种处理事情的方法。因为从小被送给别人抚养，后来又遭到性虐待，托冈很可能是你发展出来的替代人格。所以，如果费加斯是另一个替代人格，这也是可以理解的。我认为多重人格或许可以解释你所遭遇的许多困境。而且你说的没错——这不是撒谎。要在各种不同的人格之间转换，本来就会制造出许多不一致性，这一点你也无能为力。"

萝拉的泪水夺眶而出："你错了。"

"我知道这种解释难以理解，但——"

"我没有疯,我没有捏造费加斯的存在。你要我证明这不是凭空想出来的吗?"她愤怒地叫。

詹姆斯注视着她。

"事实一直摆在你眼前。你好好看一看摩根娜。"

"这是什么意思?"

萝拉大哭出来:"你瞎了吗?她怎么可能是艾伦的孩子?"

詹姆斯猛然顿悟。

"她是费加斯的女儿。"萝拉一边愤怒地啜泣一边说,"但愿他真的是我捏造出来的!我真的希望当初是去波士顿,那样我也许永远都不会认识他。"

她用面纸擦拭泪水。

詹姆斯震惊得说不出话。

"我躲了费加斯十年,以为已经摆脱掉他。后来我又认识了艾伦,才安定下来。"萝拉说。

"有生以来,我第一次有幸福的感觉,有爱我的丈夫、美丽的家园、喜欢的工作。而且那时我又怀了第一胎——请容我强调一句,第一胎对我而言意义特别重大。从小我一直没有归属感,能有自己的家,对我来说不啻是梦想实现。所以,费加斯在这个时候重新闯入我的生活,简直是一个大灾难。"

詹姆斯皱着眉头聆听:"所以,费加斯就是那个疯狂的书迷?"

萝拉点点头:"是的,我不想全盘告诉艾伦我的过去,所以就这样跟他说。"

詹姆斯停下来想了想:"我真的很想相信你。但许多细节还是无法解释。你说你在怀康纳的时候,费加斯出现,但艾伦说那个疯狂书迷出现在康纳两岁的时候。而摩根娜是在康纳三岁的时候才出生。"

"我自己应付了费加斯很长一段时间。"萝拉说,"我拼命瞒着艾伦,不让他知道这件事情。因为我终于有了正常的生活,我想把过去抛在脑后。如果艾伦知道我曾做过假灵媒,会怎么想我?如果他知道那个不正常的男人曾是我的情人,我曾经长时间待在受虐的关系中,他又会怎么想?要隐瞒他并不是那么困难,因为艾伦经常不在家,不是去买牛,就是去卖牛。即使在家,白天他通常也都在牧场上工作,见不到人影。我和艾伦之所以能配合得那么好,就是因为我们都是很独立的人,我们都习惯于独自工作。这种生活方式对作家而言非常理想,不过,也给了费加斯可乘之机。

"费加斯经常冷不防地出现。过去,我以为这是他有什么异能之处,但那时我完全明白了,那只是因为他时时跟踪我的缘故。不管我在哪里,他随时都可能出现。他总是说只是想找机会跟我谈一谈,但事实并非如此,他希望我抛弃一切跟他一起走——走去哪里?做他的女王?费加斯表现得好像我们从来没分开过。当我告诉他,我绝对不会离开艾伦,我要他彻底从我生活中消失时,他非常愤怒。

"生康纳时,过程并不顺利,所以我在医院多住了几天。我单独住一间病房,康纳跟我在一起。有一天晚上,探病时间结束,艾伦也离开好一阵子了,费加斯突然出现在病房门口。我吊着点滴躺在床上,无法轻易动弹。他一进来就把呼叫护士的紧急按钮移到我拿不到的地方,然后走到婴儿床边,看着躺在床里的康纳。我叫他不要碰宝宝,但他把康纳抱起来。不是像一般人那样抱婴儿,而是像这样——"萝拉示范两只手伸出来托着某样东西的姿态,"费加斯说:'这本来可以是我们的儿子。你要逃避就尽管逃避吧,我的女王。'他把两手一松,转身就走。"

萝拉陷入痛苦的回忆中,脸色显得苍白:"我惊叫一声,连忙冲过去要抱住康纳,插在手上的针都被我扯掉。我大哭,医护人员纷纷跑来——但你知道她们怎么想吗?她们认为是我把康纳丢到地上,因为没有人看到费加斯进到病房来,我不知道他是怎么避开护士们的视线的,但她们没有看到他,所以,她们不相信我的说辞。"

詹姆斯注视着她,心想,我能相信她吗?

萝拉擦干泪水,靠向椅背:"我那时觉得自己好像又回到小时候被史蒂文威胁的情境中,只是这一次有生命危险的,不是我的宠物猫,而是我的儿子。我知道费加斯认为我是他的人,所以我不能有别的男人的孩子。我确信他迟早会杀死康纳,康纳的生命安全永远没有保障。"

"我不是故意要质疑你,但既然有这么一个人攻击你的儿子,而且你确信如果有机会,他一定会杀了你的孩子,你为什么不报警?"詹姆斯问。

"我要说什么?根本没有人相信有这样的人存在。他们认为我是分娩后产生精神症状,所以开精神科药物给我,以减少我的幻觉。

"费加斯在那次事件后消失了一阵子。这是他典型的作风。他可能出现几星期,然后消失数个月。我猜他是去住院了。我那时候已经很确定他有严重的精神症状,因为他的社会功能退化,无法自如地应付现实生活。每次见到他,我都发现他的思考变得愈来愈不清晰,所以,他一定会碰到不少麻烦。因此，每次他离开，我都祈祷他能就此永远消失。

"费加斯在康纳九个月大时再次出现。那次我刚好从超级市场买东西出来，他的车子就停在我车子旁边。我起初忙着让康纳坐在车上，没有注意到，但一回头就看到他，我几乎惊叫出来。老实说，费加斯出现的方式，真像惊悚片里的情节。

"不管怎样，他摇下车窗，以尽可能冷静的口吻说：'当狮子遇到它的伴侣时，会杀死不是它所生的小狮子。'我心想，来了，他要动手了。我马上转身绕到驾驶座，但在我关上车门前，他已经坐到前座上。我们那样并肩坐着，不知情的人看到，一定会以为我们是一对夫妻。

"那时我脑中只有一个念头，他就要动手杀我们了。我拼命地想着要如何脱困。

"'萝拉，我们注定在一起，别再反抗了。除了我们，别的爱都不存在。'然后他回头看着后座。康纳开始放声大哭。

"我知道我得赶快采取行动。而我唯一想到的就是动手打他。我用拳头使劲打他太阳穴的位置。他没有想到我会那么做，露出惊讶的表情，然后他回头看着我，眼中充满恨意。我心想，完了。

"要不是那时，停在我对面的车的驾驶人刚好回来，他就真的动手了。那辆车的驾驶人坐进车里，但没有把车开走，而是打开一包丽滋饼干，开始吃了起来。"萝拉摇摇头，"很难想象，我竟然因为一个陌生人不经意的小动作而保住一条命。费加斯坐在那里，继续瞪着我，最后才说：'我的女王，你不可能永远逃避自己的命运。'他的语气非常缓慢，好像在爱抚一般。然后他下了车，回到他自己的车子里，开车离开。"

"但你还是没有把这件事告诉艾伦？"詹姆斯问。

"没有。"

"一直瞒着他实在很不寻常。费加斯威胁要取他儿子的性命，你却没有把这件事告诉他？"

"我那时不知道该怎么办才好，我觉得费加斯可以不费吹灰之力就毁掉我的生活。"

"好吧，就算是如此，但不告诉艾伦这么重要的事情，会让人觉得你试图想掌控每个人的生活。或者，你只是把不利于你的事情隐瞒起来。你给我一种感觉，你不想被常规中所谓的真实或不真实的观念限制住，你希望能享受某种自由。依照你的想法，如果不让艾伦知道他儿子的生命正受到威胁，那这件事对他来说就是不存在了，是不是？你可以把它当作从来没有发生过。"

萝拉低头看着自己的手，没有回答。

"你也许可以隐瞒着艾伦，但康纳呢？"詹姆斯问。

"康纳？"

"如果你说的事情真的发生过，康纳跟着你一起经历那些事。"

"他不过是个小婴儿，根本不知道发生了什么事情。"

"你最后一次见到费加斯是什么时候？"詹姆斯问。

在长长的沉默后，萝拉回答："我怀摩根娜的那一晚。"

"你可以告诉我那天晚上发生了什么事情吗？"詹姆斯问。

她犹豫了一会儿，重重地叹了一口气。

詹姆斯安静地等待着。

"那一晚,那一晚,我要怎么说呢?"她喃喃自语地说。

室内陷入沉默中。

"我知道事态严重,所以申请保护令,这样,如果必要的时候,随时可以请警方支持。因为这样,艾伦才发现这件事,我们为此讨论过。但我不敢告诉他真正的状况,便推说对方是我的书迷。艾伦知道我和康纳的生命可能受到威胁,他积极地要保护我们。想到因为我才危及家人的生命,我简直无法原谅自己。

"费加斯后来消失了三四个月。艾伦认为对方被吓跑了,我也如此期望。有一天晚上,我回到牧场,看到一辆车子停在我们的私家路和高速公路交接的地方。车上没有人,但后车窗被人用灰尘写着'我的女王'。看起来只是一件微不足道的事……利用灰尘写的几个字……却像一枝箭刺穿了我的心。

"艾伦到丹佛参加牛的拍卖会,所以我一个人待在牧场三天,我觉得费加斯必定知道这件事。他总是对我的生活状况了如指掌,这是最令人觉得可怕的地方。他拿着一瓶酒出现在门口,表现得好像我正在等他,而且乐于看到他。就像我们交往期间,我到迈阿密参加医学研讨会,提早回到公寓时,他也做过同样的事情。

"这时,康纳已经上床睡觉,所以只有我一个人,方圆十五英里没有半个人家。我第一反应是想要当着他的面甩上门,把门锁上,但我知道那么做只会激怒他。所以,我决定保持冷静,让他进来,让他打开那瓶酒,并且听他谈论有关'新世界'的'影像'。他已经不光只是能听到'声音',还能看到'影像',而他想跟我分享。换成过去,我会觉得那些内容充满神秘感和重要性,但那时我很明白他已经濒临与现实脱离的阶段。我让他继续往下说,也陪着他喝酒,但脑子里却不断想着要如何在不引起他注意的情况下报警。

"在他起身到楼上使用洗手间的时候,我知道机会来了。我马上拿起电话拨给警察局,却发现电话线已经被剪断。我当时很害怕。既然他剪断了电话线,表示他已经进过屋子里,而且很显然他都已经计划好了。我当时很想马上拔腿就跑,但康纳还在楼上睡觉。

"他再回到客厅时,从他的表情,我知道他打算做什么。他把我推倒在地上。剩下的部分就是……他就是想要强暴我,用这种方式掌控我,羞辱我,所以我没有挣扎。我心想,如果我被他杀了,就没有办法救康纳。

"事情结束后……他站起来,但他没有就那样走掉,而是掏出生殖器,朝我身上撒尿。然后,他狠狠用脚踢我,像踢狗一样地踢我。之后,他甩上门走了。"

室内陷入漫长的沉默。詹姆斯看着她,没有说话。

"事情真正的结局就是这样,他把我留在那一滩尿水中,我没有再见过他。我觉得我不会再见到他。我们的关系真正画下句点。"萝拉说。

"那次让你怀上摩根娜?"

萝拉点点头。

"艾伦知道她不是他亲生的吗?"

萝拉低下头:"我不知道。我很想相信他看不出来。不过话说回来,我一向比别人敏感。"

"有没有可能康纳目睹了那一晚的事？"詹姆斯问。

"不，他在楼上睡觉。"

"知道费加斯现在在哪里吗？"

"我希望他在地狱里。"

恶地野餐

斜坡后面有条小径通到一处约五英尺见方的石台,石台的一面是万丈悬崖,另一面则和通往上方的岩壁相接,而在交接处生长了三棵松树,绿色的针叶和四周荒凉的景象形成强烈对比。

月球上有三棵树。

"野餐?"贝茜露出狐疑的口吻。她把脸贴在客厅的窗户上,望着外面,"爸,大家通常不会在冬天到外面野餐。"

"现在不是冬天。理论上来说,应该是春天。"

"应该不是春天,春天不是万物生长的季节吗?但我看外面的植物都病恹恹的。"麦克说。

"你为什么想去野餐?"贝茜问,"我们去百货公司就好。"

"之后我们去看蜘蛛人!"麦克说着从椅子上跳下来,模仿他心目中的英雄。

"因为生活中除了逛百货公司和看电影,还有其他的事情可以做。这两件事情你们在纽约就可以做,所以,让我们做一些只有在南达科他才能做的事。"

"譬如什么?"贝茜带着怀疑的语气问。

"譬如去恶地如何?你们从来没有去过那里。"

"恶地?那是什么?是海边吗?"贝茜问。

"恶地!恶地!就是有很多坏人的地方!"麦克尖叫,用力推贝茜一把。

"爸,叫他住手!他很讨厌耶。罚他不准乱动。妈都会这样罚他。"

"麦克,安静一点。"

"笨蛋,自以为聪明,其实笨得要命。"贝茜嘀咕。

"年轻人,你需要运动一下,是不是?"詹姆斯把麦克举到头上,"这就是你的问题。所以我们要让你的精力发泄一下。来吧,把你们的鞋子穿上。我们去野餐吧。"

坦白说,今天真的不是适合野餐的日子。天空乌云密布,寒风呼呼地吹着。詹姆斯也不知道自己为什么想到这个主意。来到南达科他之后,他只去过恶地一次,而且是在炽热的七月天,所以,那次他没有下车,只是开车穿过恶地公园。

詹姆斯知道自己想去恶地,有一部分原因和萝拉有关。对于她目前的说辞,他在相信和怀疑之间摇摆。既然萝拉在返回南达科他后,曾花很长的时间在恶地寻求心灵的平静,对于这个滋润过她心灵的地点,他很想亲自造访。

出发前，以掷硬币的方式，麦克赢得了坐前座的资格。不过，他似乎并没有好好享受这个权利，而是忙着拿两个玩具飞机在眼前飞来飞去。而贝茜则气呼呼地坐在后座。

"我年纪比较大，我应该坐前座。"贝茜不高兴地嘀咕。

詹姆斯不理会她的抱怨和麦克的吵闹。

"在家的时候，妈都是让我坐前座。"

"我相信不是每一次都如此。"詹姆斯说。

"他只是在玩他那些蠢飞机，这样坐在后座就可以了。"

话是没错，但詹姆斯没有回应。

"不公平。每次我要什么都不能如我所愿，老是麦克得到好处。"

"麦克是用公平的方式赢得的，并没有享受特权。"

"我不想要野餐。我们为什么不能干脆待在家里？"

"因为如果要待在家里，'待在家里'就好了，不必大老远飞到南达科他。"

"那应该让我们选择想去的地方。我想去海边野餐。"贝茜说。

"贝茜，我们现在是在内陆，这里没有海边。你会喜欢恶地的，它们跟海边很像，只是没有海水。"

贝茜嘟着嘴，不再说话。

麦克的飞机撞上挡风玻璃，发出很大的声响。

"麦克，别把拉斯叔叔的车给弄坏了，他可不希望车窗上有刮痕。"

"等我长大之后要做飞行员。"麦克说。

"如果你像这样开飞机，就当不成飞行员。你为什么不好好坐着看看窗外的风景。"詹姆斯建议说。

"看什么？"麦克看着窗外一望无际的草原。

"看看有没有叉角鹿。我第一次从纽约来这里的时候，最兴奋的事情就是看到叉角鹿。那时候，一路从纽约开长途车经过这里，我已经非常疲倦，我心想大概永远到不了迅捷市，然后我往窗外一看，公路附近有一大群叉角鹿，大约有二十多只。我看到了，心想：我到了！我真的到西部了！"

"你为什么要到西部来？"麦克问。

"当大家提到'西部'，指的是广阔的空间，有真正的牛仔。而且这里是印第安人以前猎水牛的地方。"

"你为什么要到有牛仔的地方来？"

"因为他不想再待在纽约。"贝茜说，"爸爸不想跟我们住在一起。"

"不对，贝茜，不是这样。这是我和你们的母亲商量后所做的决定，是为了各自的成长，绝对不是要抛弃你和麦克。"

"爸，你现在是牛仔吗？"麦克问。

"妈说你是逃避。她跟乔伊叔叔谈话的时候总是说：'詹姆斯在逃避责任。'"

"爸，你是逃来做牛仔吗？"麦克问。

"不，麦克，我不是逃来做牛仔，我没有逃避任何事。"

"乔伊叔叔说——"

"贝茜，我们暂时不要管乔伊叔叔说什么好不好？还有你妈说了什么。因为我们现在在这里，你们和我要开开心心共度一个假期。"

麦克看着詹姆斯："爸，你是逃来这里猎水牛吗？"

最让詹姆斯感到惊叹的是，在一大片草原景观之后，突然出现了完全迥异的恶地地形。

"哇！"他们来到第一个观景区时，贝茜看到那些相邻的雨蚀沟谷，不禁发出惊叹："从上面到下面大概有好几百万英尺的高度。"

"是很远。"詹姆斯说。

"我绝对不会想从上面掉下去。"

"我也不想。"詹姆斯说。

麦克对通往较低的观景台的台阶比较感兴趣，很快地在上面跑来跑去。

"我们要在这里野餐吗？"贝茜问。

"对，标识上说这附近有野餐区，你们可以在那里好好跑一跑。"

"这里真的有点像长岛的海边，但只有沙，没有海水。"贝茜说。

"别开玩笑了！长岛怎么能跟这里相比！"詹姆斯回答。

没有别的车驶过，没有半个人出现在观景区，除了几声鸟叫，四周一片寂静。看起来，他们似乎是公园里唯一的游客。

天空仍然阴沉沉的，但风已经停止，对于三月而言，给人一种悦人的暖意。孩子们脱掉外套，在野餐区附近光秃秃的岩石上跑来跑去，詹姆斯则把食物拿出来。孩子们狼吞虎咽地吃光凉鸡腿和马铃薯沙拉，便又跑到附近游玩起来。

麦克突然跑回野餐桌前说："爸，我想上厕所。"

"那里就有公厕。去找贝茜，让她陪你一起去，也许她也想上厕所。贝茜？"

詹姆斯趁着孩子们去上厕所的空当,把野餐剩下来的食物收拾起来,顺便把拉斯车上的糖果纸清理出来。大概不到五分钟的时间,他便听到贝茜大喊,并且一路奔回来。

"爸!爸!快一点!"

詹姆斯迎上去:"发生了什么事?"

"快去帮麦克,他被困住了。"

"困住了?在哪里?到底发生了什么事?"

"我也不知道,我刚才在上厕所。"她拉着詹姆斯往前跑,"我出来的时候,就看到他在厕所另一边的小路上,现在他爬不上来。"

詹姆斯来到公厕前,但没有看到什么小路。

"不,在另一边。下面。"

在公厕的另一面围着栏杆,再出去就是陡峭的沟谷,大约往下方三十英尺处,只见麦克趴在地上,两手紧紧抓着地面的小草丛。

"老天,贝茜,他怎么会跑到那里去?你怎么没看好他?我要你陪着他,就是要你看好他。"

"爸,我也要上厕所。我不可能一边看着他,一边上厕所啊。"

"麦克?麦克,你还好吗?"詹姆斯听得到儿子在哭,"待在那里,不要乱动,爸爸下来救你。"

但要怎么做?他四下张望,没有半个游客或车子经过,没办法请人联络公园管理处。他拿出手机,发现也发不出讯号。

詹姆斯往下望,从他们所在的位置到崖底大约有数百英尺的距离。

他战战兢兢地翻过栏杆。往下的路很陡,土质松脆。他一向不擅爬高，也从来不想成为户外活动的高手。此刻，他可以听到自己的心跳声像擂鼓一般。他一寸一寸朝儿子所在的位置移动。

"儿子，你不会有事的，只要不乱动就好。"

麦克嘤嘤啜泣。

詹姆斯伸出一只手，拉住麦克的衣角，把他往上扯："拉到你了，好了，我们都很安全。爸爸拉到你了。"

"我没有捡到我的鞋子。"麦克哭着说。

"什么？"

"我们在玩，贝茜把我的鞋子扔下去。看到了吗？我拿不到它。"麦克指着下方。

詹姆斯设法保持身体平衡："麦克，你不应该自己跑下来捡鞋子。"

麦克又开始抽抽搭搭地哭起来。

詹姆斯往下望了一眼，看到麦克的一只鞋子在更下方的斜坡上，但只看了这么一眼，他两条腿就开始不听使唤地打颤："麦克，鞋子就不要管了，我们现在还有别的事要伤脑筋。我担心这里的土质太松，如果我们循原路上去，可能会滑下来。"

麦克听了之后，哭得更大声。

"来，儿子，我们是来这里探险的，不是吗？想想看，等你回去之后跟朋友说这次的探险经历，他们会有什么表情？很刺激是不是？我告诉你该怎么做。你先待在这里不要动，我绕到斜坡的另一面，看那里有没有更容易上去的路。好吗？"

麦克用力点头。

詹姆斯一点一点向旁边移动，当他绕到斜坡背面时，他霎时瞪大眼睛。斜坡后面有条小径通到一处约五英尺见方的石台，石台的一面是万丈悬崖，另一面则和通往上方的岩壁相接，而在交接处生长了三棵松树，绿色的针叶和四周荒凉的景象形成强烈对比。

  月球上有三棵树。

真相大白

我要让康纳看一样东西,这是我们来这里的原因。之前康纳一直跟我提到 个地方,我想没有人相信有那个地方。我们一直以为那是他梦境里出现的地方,但今天我带麦克想从悬崖爬上来时,我似乎看到了康纳描述的那个地方。所以我想让他看一看。

"又要野餐?"贝茜坐上车,发出强烈的疑问。

"带摩根娜同行如何?"詹姆斯发动引擎,"你们昨天不是才通过电子邮件?今天就能见到她,不是很棒吗?"

"你今天晚上还要来野餐?"贝茜不解地说。

"我会先打电话给摩根娜的母亲,看她同不同意。"詹姆斯说。

"为什么你要在晚上野餐?"贝茜问。

"不是晚上,是傍晚。我们可以生一堆营火来烤蘑菇,一定很棒。"

"我什么时候才能买一双新鞋?"麦克问,"我不能穿着一只鞋到处走。"

"爸，我不是很想去。野餐一天一次就够了，我不想晚上也野餐。"贝茜说。

"我们也要邀请摩根娜的哥哥一块去。你们还没见过他。他已经很大了，就快十岁了。我们邀请他们两个人一起同行。"

贝茜碰碰父亲的手臂："爸，你到底有没有在听我说话？我说我不想去。"

詹姆斯看着女儿说："我很抱歉。我知道我今天一直要你们顺着我的意思，但再忍耐一下，再做这么一件事就好了。"

"为什么？"贝茜问。

"我就是想做这件事。明天你们要做什么，我都依你们的好不好？"詹斯姆对女儿露齿一笑。

"可以再看一次蜘蛛人吗？"坐在后座的麦克大叫，"因为我想要看。"

"没问题，牛仔先生，你们要做什么都可以。"詹姆斯说。

从萝拉在电话中的语气听来，她跟贝茜一样对这个傍晚的野餐主意感到困惑。"也邀请康纳？"她不解地问，"你要康纳一起去？"

对于詹姆斯的工作而言，和个案建立互信的关系是最基本的要素，所以他一向坚持绝对的坦诚。他也一直认为自己是个不善于撒谎的人。但是，他很讶异自己竟然能自然地编造出一个说辞来。他向萝拉解释，就是到户外烤个热狗、马铃薯和蘑菇，并以略显快活的语气邀请康纳一道同行。詹姆斯希望他不同于会谈时中立的口吻，不会引起萝拉的怀疑。

詹姆斯从来没有到过艾伦的牧场。经历过早上恶地国家公园的荒凉，黑山区森林密布的景观显得格外突出。牧场的房舍建在开敞的牧地和森林间一处半封闭的山谷中。通往房舍的私家道路四周，则围着木头栅栏。

詹姆斯驾驶的吉普车一停下来，摩根娜便从大门口跑出来。"嘿！嘿！"她叫。萝拉出现在门口，并且温和地推着康纳走出来。

"你一定想不到！"贝茜一跳下车便对摩根娜说，"这是我们今天第二次野餐。我们中午也是野餐。"

"看，我买了新鞋子。"麦克插进来。

康纳将他的玩具猫紧紧按在胸前。

"你为何不先上车？"詹姆斯对康纳友善地伸出手，"你可以跟我一道坐在前座。"他替康纳把前座的车门打开。

"你很勇敢，竟敢带这一群小孩子去野餐。"萝拉调侃说。

"我们要去恶地。"贝茜抢着说。

"走吧，贝茜，我们时间不多了，大家快上车。"詹姆斯说。

萝拉皱起眉头："恶地？很远耶。这附近就有适合野餐的地点。我可以给你一份地图。"

"我爸喜欢恶地。"贝茜说，"是不是，爸爸？你知道吗，我们今天已经去过那里一趟了，但我爸太喜欢那里了，所以要再去一次。"

萝拉的眉头皱得更深。

詹姆斯心虚地笑了笑："爸爸很傻气是不是？但傍晚那里的景色很

美。所以,来吧,贝茜,大家都上车吧。"

"耶,看我的新鞋!"麦克开心地亮出一只脚,"贝茜把我一只鞋丢到山沟下,我爸拿不到,所以就给我买了一双新的。鞋底还有铁片。"

"贝茜,麦克,上车了,快一点。"

萝拉意味深长地看着詹姆斯。詹姆斯把视线移开,假装忙着替孩子们绑安全带。然后,他以开心的口吻跟萝拉道别,坐上驾驶座,发动引擎,驱车离开。

在车子快驶上通往恶地国家公园的交流道前,詹姆斯突然跟孩子们宣布:"计划临时要调整一下。如果我们现在去超市买野餐的材料,再赶去恶地,等升好营火,天就要黑了。"

"但你说……"麦克抗议。

"我知道,我很抱歉。我错估了时间,没想到去摩根娜家的牧场要花那么长的时间。所以,等一会儿我们就在汉堡店先吃完,再去恶地。"

车里一阵沉默。隔了一会儿,贝茜凑到詹姆斯耳边小声地问:"爸?"

"什么事,甜心?"

"你能不能告诉我,你在打什么主意?"

康纳在汉堡店的表现异于他在詹姆斯游戏室里的状况。他完全不肯开口说话,也不跟任何人目光接触,只是不断把汉堡剥成一小块一小块,默默地吃着。他先吃汉堡肉,然后吃腌黄瓜,最后吃面包。当他停下来时,右手便轻轻敲着他的食物。整个过程,玩具猫都紧紧按在他胸口。

他们很快又回到车上,朝恶地出发。远处黑山的侧影笼罩在暮色中。月亮从东方升起,几天前才满月过,所以现在只是一道弦月。

"我们现在到底要去哪里?"麦克问。

"到我们中午野餐的那个地方。"詹姆斯回答。

"为什么要回到那里去?"贝茜问。

"我要让康纳看一样东西,这是我们来这里的原因。之前康纳一直跟我提到一个地方,我想没有人相信有那个地方。我们一直以为那是他梦境里出现的地方,但今天我带麦克想从悬崖爬上来时,我似乎看到了康纳描述的那个地方。所以我想让他看一看。"

"为什么?"贝茜问。

"因为,如果你体验到的事物,别人都告诉你它不存在,会让你觉得很没有安全感。"

"你带他去看那个地方的时候,我、麦克和摩根娜要做什么?"贝茜问。

"你们可以在观景台附近玩耍。我们不会去太久。"

"让我们在夜里玩耍?"麦克不敢置信地说。

"我和你们杰克叔叔小时候经常这样做。"詹姆斯回答,"我们常在晚上玩躲猫猫、踢罐子和其他各种游戏。"

"现在的小孩应该不会玩这种游戏了。"贝茜质疑地说。

他们驶进公园的入口,并且朝着第一个观景台继续前进。恶地的景观还没有完全呈现在他们的眼前,但在月光下,已经隐约可见那种荒凉的地貌。

康纳突然坐直。他凑到车窗前往外张望。"这是哪里？"他喃喃地说，还转头看着詹姆斯。

詹姆斯把吉普车停在第一个观景台区的停车场，让孩子们下车。康纳随着大家走到观景台，惊讶地看着四周。他紧紧抓着玩具猫，先看看詹姆斯，再看看四周。

"我想让你看看这个地方。"詹姆斯温和地说，"先前我来这里时，我看到一个地方，我心想：这是康纳跟我描述过的地方。我认为你应该来看一看。"

康纳脸上充满了惊异的表情。"月球在那里。"他轻声地说，指着天上淡淡的弦月。他回头望着险峻的山沟，"但那里也有月球。台地那里。"

"康纳认为这里是月球吗？"摩根娜说。

"也许月球上就是这个样子。"贝茜说。

"树在哪里？"康纳问。

"康纳，下面有很多树。"贝茜指着他们下方的山谷，"你把身体探出到栏杆外面，就会看到山谷底下有很多树。"

康纳靠着栏杆，望着陡峭的山沟底部。

"爸，你为什么要带康纳看这个呢？"贝茜问。

"我知道。"摩根娜回答，"因为这就是地毯下的男人住的地方，对不对？这里就是康纳一直提到的那个地方。"

在詹姆斯回答前，康纳用力点头，说："对。"

詹姆斯听到远处有车声传来。在这么广阔的地方，起初那车声几不可闻。

但贝茜察觉到了:"有别人晚上也来这里看风景。"

"嘿,是我们家的小货车。"摩根娜大叫。

詹姆斯整个人凉了半截。

摩根娜和贝茜两个人不等对方把车停妥,便从观景台拾级而上,往停车场的方向跑去,而麦克在后面苦苦追赶她们。

"贝茜!孩子们!停下来!快回来这里。"詹姆斯抓着康纳的手臂,一次蹬两个台阶,想追上孩子们。詹姆斯看到萝拉坐在驾驶座上,方向盘前面的车窗里放着两把来复枪,"孩子们,快进到我的车里去,马上!全都上去。"他推着贝茜往吉普车的方向走,"我是认真的。快进去,把车门锁上,没有我的命令不准开门。"

"不,那只是我妈妈。"摩根娜说。

"我知道,但照我的话做,好吗?就这一次。康纳,你也一样。上车上去,把车门锁上,待在里面,我说下车才能下车。"

"为什么?"贝茜大声地问。

"照我的话做。"

萝拉关掉引擎,但让车头灯亮着。她在车里待了几分钟,没有马上出来。詹姆斯站在灯光中,一直盯着车窗里那两把来复枪。

终于,货车门打开,萝拉走下来,"你在搞什么把戏?"她声音中带着一丝紧绷,"干吗把这些孩子带到这里?"

詹姆斯没有看到她手中有拿任何东西,但她并没有离开货车,所以,他继续站在原处,挡在她和孩子们中间。

"萝拉,我知道了。"他尽可能保持冷静的口吻。

"知道什么?"

"关于费加斯。是费加斯,对不对?"

"我根本不知道你在说什么。"

"地毯下面的那个男人。鬼人。"

"詹姆斯,别对我胡说八道。"

"我没有胡说八道。"

"摩根娜?"她大叫,"你听得到吗,甜心?下车,带着康纳到这里来。我们要回家了。"

詹姆斯听到身后车门打开的声音,接着又是一声。

"摩根娜,不要动。孩子们?大家都在原处再待一会儿。"詹姆斯说,"回到车上。"

他陷入一种极端镇定的状态,这使得他的五官感觉变得更加敏锐。他听到鸟叫声……也许是猫头鹰?叫声从远处划破黑暗传来。他闻到在冷冽的空气中飘着某种香草植物的香味,混合着汽车的汽油味。他感到两脚冰冷。每一种感觉都有一种疏远、不真实的感觉。

一种令人不安的沉默笼罩着四周。因为他背对着吉普车,所以他看不到后面孩子们的反应,但直觉告诉他,他们都已经下了车,只是站在原处不知该怎么办。

这时,孩子们中突然有人大叫:"康纳!"

詹姆斯转身,正好看到康纳翻过栏杆,很快消失踪影。

贝茜大叫。

萝拉马上跑过来,绕到吉普车后面,跑到栏杆那里。

摩根娜紧张地挥动两只手臂。"是康纳的纸板猫。"她大叫,"它本来放在他的口袋里,他把它拿出来,它突然飞跑——"

康纳一翻出栏杆,几乎马上往斜坡下滑落了五十英尺,最后被困在一处。他待在那里,害怕得哭出来。

萝拉利落地翻到栏杆外面,然后在脆弱的斜坡上往下移动。

"萝拉!等一下!我们必须去求援。"

"这里我很熟悉。"她大叫,"我在这里爬上爬下不下数百次。"

但在萝拉到达之前,康纳撑不住,突然松开手,继续往下滑落,一下子就消失了踪影。接着,萝拉也快速地往下滑,很快也消失了踪影。

"妈咪!"摩根娜大叫。

詹姆斯记得拉斯的吉普车里有一捆尼龙绳,是准备打猎时可以把猎物绑在车子后面用的。虽然只是普通的绳子,但至少还是绳子。

詹姆斯把绳子捆在栏杆上时,两只手不断发抖。他用力扯两下,确定绑牢后,翻到栏杆外面:"贝茜,你们待在这里,不要乱跑。贝茜,你年纪最大,要好好照顾其他人,知道吗?"

詹姆斯战战兢兢往下移动,在昏暗的光线下,他依稀可以看到萝拉的身影,大约她又往下滑动了一百英尺,但离谷底仍然有很长的距离。

"萝拉?"他大叫。

她动了一下。虽然有月光,但詹姆斯看不出她到底有没有受伤。

"你们没事吧?"

"康纳受伤了,"萝拉的声音传上来,"你能下到这里吗?"

詹姆斯手里的绳子已经放到尽头,但离他们两人还有一段距离。大约还有七十英尺。他感到左右为难,但最后还是放开了绳子。

詹姆斯没有了绳子可以掌握，被困在斜坡上，突然感到一种怪异的孤独感。他听不到孩子们的声音，四周只有荒凉的景观，被暗淡的月色照耀着。詹姆斯抓着白色的垩土。他发现放掉绳子之后，他并没有向下滑动，仍然待在原处。

这个发现让他更为难，因为这表示他必须自己往下移动。他深吸一口气，这才领悟到之前自己一直屏着气息。他再吸一口，然后慢慢地吐出来。

出乎他意料，他突然想到托冈，想到她站在圣地高高的白色悬崖边，向下望着她的世界。在这一刻，他暂时脱离了现实，这使他变得冷静了一点儿。他轻轻地推动松脆的地面，让自己往下方移动。

萝拉被斜坡一处凸出物挡住。詹姆斯设法移到她所在的位置，过程中只有膝盖轻微的刮伤。萝拉就没有这么幸运了。她已经脱掉一只袜子，用它绑住她另一只脚上的伤口。

"我的脚踝受伤了。"她说，带着一丝懊恼的语气。

"康纳呢？"

"在那里。"

詹姆斯往下望，看到康纳就在他们正下方："他受伤了吗？康纳？你听得到吗？"

男孩抬头往上看，但没有回应。

"你有没有腰带什么的？"萝拉问，"这样我就可以抓着它，再往下移动一点。"

"不行，萝拉，你已经受伤了。"

"我如果能移到下面，就可以把他往上推，让你把他拉上来。"

"如果你办不到呢？那你们不就都困在下面了？不行，我们必须把你先送上去，然后去寻求支援。"

"把他一个人留在这里？不，他是我的儿子。"她看着詹姆斯说，"而且，都是因为我，他才会翻过栏杆，滑落到这里来。没错，在地毯下面的男人就是费加斯。"

在短暂的瞬间，詹姆斯模糊地意识到一点：她是个杀人犯。她杀了一个男人。他本以为这会改变他对她的观点，但事实不然。他并没有因此恨她、怕她，或视她为恶魔。他唯一有的感觉是悲哀。

在她从斜坡上滑落的过程中，一根草屑沾在她头发上。詹姆斯伸出手，将它挑起，轻轻一挥，草屑便慢慢地往谷底飘落。

"事发的那一晚，艾伦不在家，我一个人，他强暴了我。当时我就知道，他不会就此罢休。迟早，他会杀了我的孩子，也许还会杀了我。

"我知道艾伦把猎刀放在什么地方。我心想，费加斯，我承担的使命比你更大。我不会任由事情发展下去……所以，我做了托冈所做的事。

"然后，康纳出现在楼梯口，我才突然意识到自己到底做了什么。我陷入恐慌之中。我朝他大叫，要他快点回床上。我当时唯一想到的办法就是用壁炉前的地毯把费加斯的尸体裹起来。然后，我把它搬到货车上。但我必须带康纳同行。我不能把他一个人留在家里。我唯一能想到的地方就是这里，恶地。因为在松岭急救站工作过，我对这里非常了解。我知道从上面没有人看得清谷底的状况。"

"你没有想过这么做，对康纳会造成什么影响吗？"

"他那时候还不到两岁。我期望这一切对他来说，只是一场噩梦。"

詹姆斯沉默下来。当他想到她一个人在牧场上面对费加斯，事发后，又想要保护自己的小儿子免于创伤经历带来的伤害，他陷入矛盾的情绪中。

"把你的腰带给我。"萝拉柔声地说，"我要下去。"

詹姆斯犹豫不决。

"我是说真的。不管你帮不帮忙，我都要下去救他。"

詹姆斯把腰带抽出来："好吧。"

萝拉探头往下看："康纳，你准备好了吗？妈咪下来救你了。"

下一代的友谊

摩根娜转头微笑着说:"很可笑,是不是?狮子王说,当他跟他姑姑说在小溪边跟我玩的时候,她说:'路瑟,你敢再跟我说你的幻觉!你就跟你妈一样。'"

直升机叶片的旋转声打破四周的沉寂。探照灯大亮,没几分钟,救援人员便从直升机上垂降下来,将康纳和萝拉送上去,然后又移到詹姆斯所在的位置。

因为没有什么大碍,救援小组在第一观景台附近把詹姆斯放下来。至于萝拉和康纳,则直接由直升机送到迅捷市的医院。詹姆斯一下直升机,便赶到三个孩子面前。

"是我和摩根娜把救援队召来的!"贝茜得意地说,"摩根娜他们家的货车上有无线电对讲机。是我一个人发动货车引擎,所以我们才能使用对讲机!"

"等回到家里,我要打电话给妈妈。"麦克说,"我要告诉她我们的冒险经历，还有你坐了直升机的事情！爸，你是英雄，对不对？因为你救了那个小男孩和他妈妈。就像蜘蛛人一样！我要告诉所有人，说你是个英雄！"

"儿子，我一点都不觉得自己像英雄。"

"但我们真的有了一次冒险经历。"贝茜说，"而且我们可以告诉妈妈，是我和摩根娜把直升机叫来的。"

"是啊，我非常以你们为荣。你们三个都非常尽责。"

"麦克才没有。"贝茜说，"知道他做了什么吗？他朝栏杆外面小便。我叫他不要那么做，要他去厕所上，但他还是那么做。"

"爸，你猜我们班上谁小便射得最远。"麦克说。

"来吧，你们两个。"詹姆斯拉开吉普车车门，"上去吧。我们回城里了。还有你，摩根娜，你跟我们一起走。你爸爸会在医院跟我们碰面。"

车子驶出停车场后，从吉普车的后视镜看过去，停车场的灯光变得愈来愈远，最后，四周便笼罩在三月淡淡的月光中。

还没有到公园出口，麦克便已经睡着了。等到车子上了高速公路，贝茜也趴在麦克身上睡了。只有摩根娜坐在前座，仍然保持清醒。

她趴在车窗上，看着外面漆黑的夜景。詹姆斯看她一眼，试图从她身上勾勒出费加斯可能的相貌。

"发生了这么多事情，你一定很累了。"许久后，他说。

她点点头。

"如果你想睡，就小睡一下。到城里还有一段距离。"

"我不想睡。"

詹姆斯再次看她一眼。坐在椅子里的摩根娜显得很娇小。

"今晚发生的事情很吓人,是不是?"他说,"你脑子里还在想它吗?"

"是的。"

"你想谈一谈吗?"

"我本来担心我妈会死掉。"

"是啊,刚才真的好险。幸好,大家都没有事。康纳撞到了头,可能要在医院待一晚,至于你母亲,她伤势不重,等我们到医院后,她大概就可以离开了。"

前座陷入短暂的沉默,伴随着后座发出的平稳呼吸声。

摩根娜再次转头看着窗外:"最让我害怕的是想到狮子王,他母亲死了。事情发生的时候,他还是个小婴儿,所以他连她长什么样子都不知道。每次他谈起这件事,我都会很害怕,因为我不希望那种事情发生在我身上。但今晚我以为事情就要发生了。"

"所以,你还在跟狮子王一起玩?"

她点点头:"对。"

詹姆斯沉默以对。

"摩根娜,我真的非常非常抱歉,跟你父母讲了狮子王的事情。我辜负了你对我的信任,我做错了。"詹姆斯说,"当你说你不会再跟我说有关狮子王的事情时,我觉得很难过。"

"没关系了。"她轻声地说。

"不,有关系。因为你曾明确地说过,要我守住这个秘密,我却没有征求你的同意就告诉别人。"

她耸耸肩:"没关系了。我告诉狮子王你的事情时,他说没有关系。同样的事情也曾发生在他身上。他姑姑也不许他跟我玩。她说,如果发现他还来找我,就要狠狠打他一顿。"

"为什么他姑姑不许他跟你玩?"詹姆斯问。

"因为她不相信他所说的话。她认为我不是真的。"

詹姆斯疑惑地看着她。

摩根娜转头微笑着说:"很可笑,是不是?狮子王说,当他跟他姑姑在小溪边跟我玩的时候,她说:'路瑟,你敢再跟我说你的幻觉!你就跟你妈一样。'"

桃莉老师疗愈成长之旅·系列
（精选八本精彩呈现）

桃莉·海顿——美国教育界盛誉为"爱的奇迹天使"

她凭借爱、好奇和永不放弃，以心的能量打开封闭受伤的童心

每段改变和成长源自真实案例

30多种文字，1200万册风行全球，撼动世界亿万父母老师的心灵！

妙妈悦读会　木朵爸爸　儿童技能教养法中国推广第一人李红燕
父亲参与促进中心总干事温志刚　知心妈妈彭霞　　**联合推荐**

荣获台湾"好书大家读奖"和中小学生推荐读物　美国图书协会强力推荐

《围墙上的薇纳斯》

一本让你眼角有泪嘴角上扬的书，消除亲子压力，舒缓家庭情绪。

桃莉老师的新班开课了，一个个在传统班级不能适应的孩子来到这里……

孩子们形形色色的各类问题及老师间不同教育理念的冲撞，让桃莉老师焦头烂额。从一开始的互骂斗殴，到学会互相理解甚至保护同伴；从憎恶这个特殊班级，到哭着写下爱的留言"不想离开"。

《午后阳光里的孩子》

一个不会讲话的空洞男孩——布，
一个分不出O和L的活泼女孩——萝莉，
一个被逐出校园的暴力男孩——汤玛索，
一个怀孕的十二岁乖巧少女——克劳蒂亚，
在午后的阳光里，
拖着疲惫的心灵陆续来到桃莉老师的教室……
一种无形的信任和暖流在不大的教室里荡漾开来……缓慢的蜕变，悄然的重生……

《重新来过》

利德布洛克，问题重重的她成了桃李老师班上第7个"孩子"。不同的是，她是个33岁的漂亮妈妈。童年创伤、酗酒成性、自闭症孩子、婚姻破裂……她走投无路，游戏生活，甚至不惜扭曲自己。直到遇见桃莉老师，紧闭的心扉开始慢慢打开……

《玛拉的向日葵森林》

玛拉有着艰辛而不堪回首的往事，她是当年纳粹喜欢的雅利安人，在少女时期就开始遭受强暴和折磨，生下了第一个男孩克劳斯。而当克劳斯被纳粹夺走后，她就深陷失子之痛，直到四十年过去，竟然把一个叫托比的小男孩当成克劳斯，以至于最终走上不归路……

《总想逃跑的席拉》

六岁就成为绑架案主角的问题少女席拉走进了桃莉·海顿的特教班，她得到了家庭不可能给予她的温暖和关怀。但这一切在特教班课程结束时又回到原点。

七年后与席拉再次相遇，桃莉发现她的心结仍未解开，她一直无法走出被亲生母亲遗弃的阴影，甚至因为桃莉在课程结束时同样离自己而去而将她和遗弃自己的母亲混为一谈，长久地怨恨着她……

《微光中的孩子》

9岁的卡珊德拉有着神话般的名字和面孔,却满嘴谎话,酷爱暴力,挑衅老师,想要自杀……4岁的金发小男孩德雷克活泼迷人,却只跟她的妈妈说过话,此外再也无法发声……

微光中的孩子,心事诉给谁人听……

《猫头鹰男孩》

大卫偶然间捡到一颗猫头鹰的蛋,他和同班的天才女孩梅比一起孵育它。蛋壳破了,小猫头鹰探出头来,大卫第一次有了属于自己的东西!直到有一天,小猫头鹰生病了,最后死在大卫的家里……

因为它的存在,大卫改变了,他终于知道生活里有的不只是痛苦,同时还会伴随着欣喜和希望……

《月球上有三棵树》

抱着猫玩具的自闭症男孩康纳,
与他富有天才想象力的母亲萝拉。
两条线索交叉铺叙,游离于真实与虚幻之间。
是天生自闭?还是精神创伤?
惊人的秘密一点一点浮出水面……